KB177606

일단 합격하고 오겠습니다

JLPT 일본어 능력시험 단어장

김기범 저

동양북스

일단 합격하고 오겠습니다

JLPT N1

일본어 능력시험 **단어장**

초판 5쇄 | 2023년 10월 1일

저 자 | 김기범
발행인 | 김태웅
책임 편집 | 길혜진, 이선민
디자인 | 남은혜, 김지혜
마케팅 | 나재승
제 작 | 현대순

발행처 | (주)동양북스
등 록 | 제 2014-000055호
주 소 | 서울시 마포구 동교로22길 14 (04030)
구입 문의 | 전화 (02)337-1737 팩스 (02)334-6624
내용 문의 | 전화 (02)337-1762 dybooks2@gmail.com

ISBN 979-11-5768-442-7 14730
979-11-5768-441-0 (세트)

▶ 도서출판 동양북스에서는 소중한 원고, 새로운 기획을 기다리고 있습니다.
http://www.dongyangbooks.com

이 도서의 국립중앙도서관 출판예정도서목록(CIP)은 서지정보유통지원시스템 홈페이지(http://seoji.nl.go.kr)와
국가자료공동목록시스템(http://www.nl.go.kr/ kolisnet)에서 이용하실 수 있습니다.
(CIP제어번호:CIP2018031345)

머리말

일본어능력시험이 개정되기 전에는 '출제 기준 어휘', '출제 기준 문법'이라는 정해진 범위 안에서 출제되어, 시험에 대비하는 방법이 비교적 쉬웠습니다. 하지만 2010년에 새롭게 개정되면서 많은 수험자들이 일본어능력시험 공부의 어려움을 호소하고 있습니다. 또한 과거의 시험은 절대평가였지만, 개정된 시험에서는 '절대평가 + 상대평가'로 바뀌었습니다.

그렇다면 시험 준비를 어떻게 해야 할까요?

필자는 매년 시험장에 가서 일본어능력시험을 직접 응시하면서 수험자의 입장을 몸소 체험하고 있습니다. 따라서 2010년부터 출제된 기출 문제를 집중적으로 분석 연구하였기에, 수험자의 입장과 출제자의 입장에서 집필할 수 있었습니다. 본 교재에 수록되어 있는 어휘는 기출 어휘와 출제 예상 어휘로 구성되어 있습니다. 이를 통해 출제 어휘의 난이도와 경향을 자연스럽게 익힐 수 있고, 출제 예상 어휘를 공부할 수도 있습니다.

외국어를 공부하는 방법은 여러 가지가 있습니다. 하지만 '반복 → 매일 → 계속'만큼 중요한 것은 없습니다. 단, 즐길 수 있어야 반복할 수 있고, 매일 할 수 있으며, 계속할 수 있습니다. 매일 조금씩이라도 공부를 해서 자신감을 얻고 그 자신감이 조금씩 쌓이면서 어느덧 목표에 다가서게 될 것입니다. 마침내 무엇인가를 이루었을 때의 기쁨과 희열을 느끼는 성취감은 그 무엇과도 바꿀 수 없는 소중한 경험이 될 것입니다.

일본어 공부를 하다가 막히거나 싫증이 날 때는 카페(http://cafe.naver.com/kingjpt)를 활용해서 자신에게 부족한 부분과 관련된 각종 일본어 자료를 활용할 수도 있습니다. 본서와 관련하여 잘 모르는 것이 있거나 이해가 안 되는 내용이 있다면 메일(kgb310310@naver.com)로 저자에게 직접 질문이나 상담 등을 해 보시기 바랍니다.

아무쪼록 본서를 통해서 고득점자와 만점자가 다수 배출될 수 있기를 기원합니다.

저자 김기범

목차

학습 플래너

☐ Day 01 ___ 월 ___ 일 ▸ 명사·동사 ▸ 하루 1분 체크 ☐ 복습 1회 ☐ 복습 2회	☐ Day 02 ___ 월 ___ 일 ▸ 명사·동사 ▸ 하루 1분 체크 ☐ 복습 1회 ☐ 복습 2회	☐ Day 03 ___ 월 ___ 일 ▸ 명사·동사 ▸ 하루 1분 체크 ☐ 복습 1회 ☐ 복습 2회
☐ Day 07 ___ 월 ___ 일 ▸ 명사·동사 ▸ 하루 1분 체크 ☐ 복습 1회 ☐ 복습 2회	☐ Day 08 ___ 월 ___ 일 ▸ 형용사 ▸ 하루 1분 체크 ☐ 복습 1회 ☐ 복습 2회	☐ Day 09 ___ 월 ___ 일 ▸ 형용사 ▸ 하루 1분 체크 ☐ 복습 1회 ☐ 복습 2회
☐ Day 13 ___ 월 ___ 일 ▸ 명사·동사 ▸ 하루 1분 체크 ☐ 복습 1회 ☐ 복습 2회	☐ Day 14 ___ 월 ___ 일 ▸ 명사·동사 ▸ 하루 1분 체크 ☐ 복습 1회 ☐ 복습 2회	☐ Day 15 ___ 월 ___ 일 ▸ 명사·동사 ▸ 하루 1분 체크 ☐ 복습 1회 ☐ 복습 2회
☐ Day 19 ___ 월 ___ 일 ▸ 형용사 ▸ 하루 1분 체크 ☐ 복습 1회 ☐ 복습 2회	☐ Day 20 ___ 월 ___ 일 ▸ 부사·접속사 ▸ 하루 1분 체크 ☐ 복습 1회 ☐ 복습 2회	☐ Day 21 ___ 월 ___ 일 ▸ 명사·동사 ▸ 하루 1분 체크 ☐ 복습 1회 ☐ 복습 2회
☐ Day 25 ___ 월 ___ 일 ▸ 명사·동사 ▸ 하루 1분 체크 ☐ 복습 1회 ☐ 복습 2회	☐ Day 26 ___ 월 ___ 일 ▸ 명사·동사 ▸ 하루 1분 체크 ☐ 복습 1회 ☐ 복습 2회	☐ Day 27 ___ 월 ___ 일 ▸ 명사·동사 ▸ 하루 1분 체크 ☐ 복습 1회 ☐ 복습 2회

✧ 날짜를 기록하면서 진도를 확인해 보세요.

□ **Day 04** ___ 월 ___ 일 ▸ 명사·동사 ▸ 하루 1분 체크 □ 복습 1회 □ 복습 2회	□ **Day 05** ___ 월 ___ 일 ▸ 명사·동사 ▸ 하루 1분 체크 □ 복습 1회 □ 복습 2회	□ **Day 06** ___ 월 ___ 일 ▸ 명사·동사 ▸ 하루 1분 체크 □ 복습 1회 □ 복습 2회
□ **Day 10** ___ 월 ___ 일 ▸ 부사·접속사 ▸ 하루 1분 체크 □ 복습 1회 □ 복습 2회	□ **Day 11** ___ 월 ___ 일 ▸ 명사·동사 ▸ 하루 1분 체크 □ 복습 1회 □ 복습 2회	□ **Day 12** ___ 월 ___ 일 ▸ 명사·동사 ▸ 하루 1분 체크 □ 복습 1회 □ 복습 2회
□ **Day 16** ___ 월 ___ 일 ▸ 명사·동사 ▸ 하루 1분 체크 □ 복습 1회 □ 복습 2회	□ **Day 17** ___ 월 ___ 일 ▸ 명사·동사 ▸ 하루 1분 체크 □ 복습 1회 □ 복습 2회	□ **Day 18** ___ 월 ___ 일 ▸ 형용사 ▸ 하루 1분 체크 □ 복습 1회 □ 복습 2회
□ **Day 22** ___ 월 ___ 일 ▸ 명사·동사 ▸ 하루 1분 체크 □ 복습 1회 □ 복습 2회	□ **Day 23** ___ 월 ___ 일 ▸ 명사·동사 ▸ 하루 1분 체크 □ 복습 1회 □ 복습 2회	□ **Day 24** ___ 월 ___ 일 ▸ 명사·동사 ▸ 하루 1분 체크 □ 복습 1회 □ 복습 2회
□ **Day 28** ___ 월 ___ 일 ▸ 형용사 ▸ 하루 1분 체크 □ 복습 1회 □ 복습 2회	□ **Day 29** ___ 월 ___ 일 ▸ 형용사 ▸ 하루 1분 체크 □ 복습 1회 □ 복습 2회	□ **Day 30** ___ 월 ___ 일 ▸ 부사·접속사 ▸ 하루 1분 체크 □ 복습 1회 □ 복습 2회

이 책의 구성과 활용

본책

미리 보기
오늘 공부할 단어를 미리 살펴봅니다. QR코드를 스캔하면 본문 MP3 파일을 들을 수 있습니다.

공부 단어
합격을 위한 필수 단어를 공부합니다. 기출 단어와 출제 예상 단어가 우선 순위별, 품사별로 정리되어 있어 효과적으로 학습할 수 있습니다.

하루 1분 체크
간단한 형식의 문제 풀이를 통해 단어를 잘 외웠는지 확인할 수 있습니다.

실전 유형 테스트
실제 일본어능력시험 유형에 맞춘 문제를 풀며 단어를 복습하고, 시험에 대비할 수 있습니다.

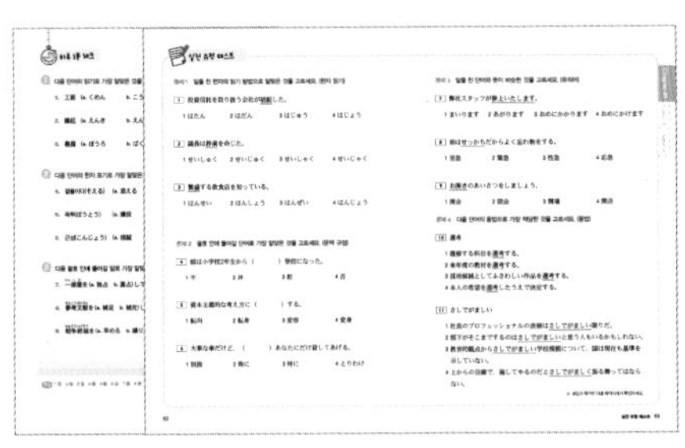

부록

플러스 단어 360
고득점 합격을 위해 알아야 할 중요 단어를 실었습니다.

색인
본문의 단어를 쉽게 찾을 수 있도록 50음도순으로 단어를 정리하였습니다.

핸드북

중요 단어
시험장에서 빠르게 훑어볼 수 있도록 본책의 1순위 단어를 정리했습니다

꿀팁 정리
알아 두면 도움이 될 꿀팁들을 한눈에 볼 수 있도록 정리했습니다.

다시 보기
잘 외워지지 않는 단어들을 정리하여 효과적으로 복습할 수 있습니다.

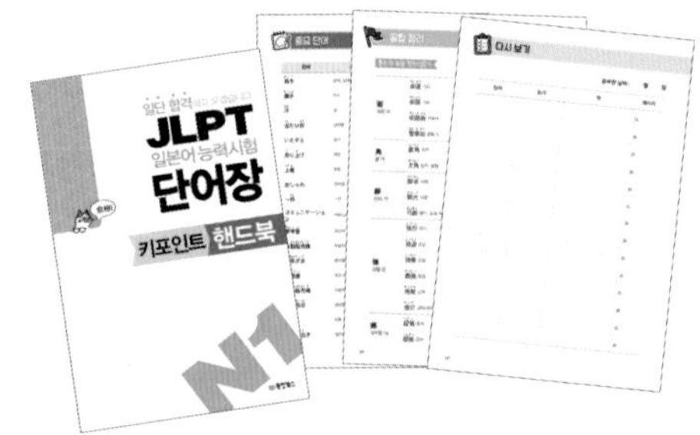

상세보기

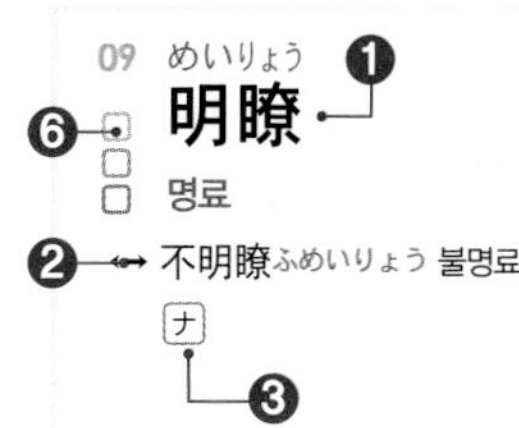

研究目的はできるだけ簡潔明瞭に記載する。
연구 목적은 되도록 간결하고 명료하게 기재한다.

寮 : 동관 료(요)　寮舎(りょうしゃ) 기숙사
療 : 병 고칠 료　治療(ちりょう) 치료
僚 : 동료 료　閣僚(かくりょう) 각료

❶ **표제어:** 합격을 위한 필수 단어입니다. 단어를 외운 뒤 셀로판지로 가리고 복습할 수 있습니다.

❷ **보충 단어:** 표제어와 함께 보면 좋은 유의어(≒), 반의어(↔), 관련 어휘(+)를 정리했습니다.

❸ **추가 품사 표기**

[동] する를 붙여 동사로 활용 가능한 단어임을 나타냅니다.

[명] だ를 빼고 명사로 활용 가능한 단어임을 나타냅니다.
*부사의 경우 명사로도 쓰일 수 있다는 것을 나타냅니다.

[ナ] ナ형용사로도 활용 가능한 단어임을 나타냅니다.

❹ **예문:** 문장을 통해 단어의 뜻과 사용 방법을 자연스럽게 익힐 수 있습니다.

❺ **팁:** 표제어와 관련하여 일본어능력시험 수험자에게 꼭 필요한 팁들을 다음과 같은 유형으로 정리하였습니다.

*틀리기 쉬운 한자 읽기　수험자들이 틀리기 쉬운 한자 읽기를 예시 단어와 함께 정리하였습니다.
*형태가 비슷한 한자　형태가 비슷하여 혼동하기 쉬운 한자를 비교할 수 있도록 정리하였습니다.
*표현 및 뉘앙스 비교　뜻이 비슷한 단어, 동음이의어 등 헷갈리기 쉬운 단어들의 차이를 설명하여 문맥 규정, 용법 문제에 대비할 수 있습니다.
*자·타동사 비교(N3)　틀리기 쉬운 자동사, 타동사를 함께 제시하여 비교하면서 공부할 수 있습니다.

❻ **체크 박스:** 셀로판지로 가리고 읽기와 뜻을 말할 수 있다면 체크 박스에 표시합니다. 완벽한 암기를 위해 복습하는 것을 잊지 마세요.

본 책은 일본어능력시험에 대비하기 위한 맞춤형 단어장으로,
사전으로는 쓰실 수 없습니다.
본 책에서는 동사와 형용사를 모두 기본형으로 제시하며,
ナ형용사는 사전형이 아닌 だ가 붙은 형태로 제시합니다.

이 책의 공부 방법

Step 1 미리 보기

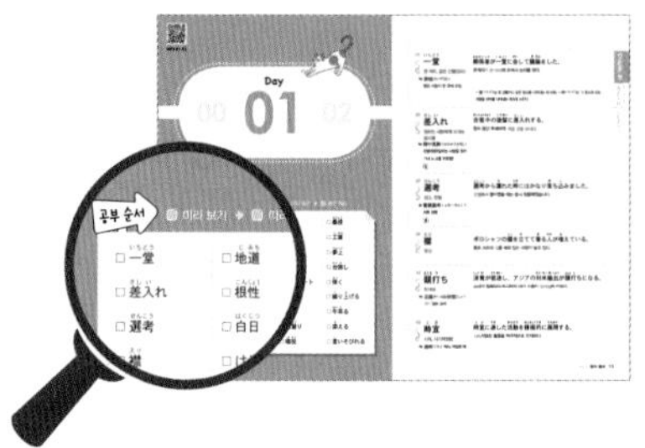

그날 외울 단어를 미리 살펴보고, 이미 알고 있는 단어에 체크합니다. 내가 잘 모르는 단어를 파악할 수 있어 효과적으로 공부할 수 있습니다.

Step 2 따라 읽기

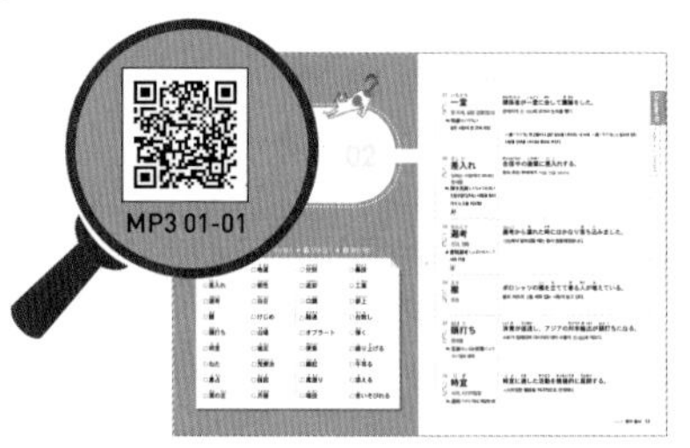

단어를 살펴본 후에는, MP3 음성을 들으며 단어를 따라 읽습니다. 최소 2번 이상 진행합니다. 눈으로 보고, 귀로 듣고, 입으로 읽으면서 암기 효과를 높일 수 있습니다.

▶ MP3 파일 듣는 방법
- 스마트폰에서 [미리 보기] 페이지의 QR코드 스캔하기.
- 동양북스 홈페이지(www.dongyangbooks.com) 도서 자료실에서 다운로드받기.

Step 3 단어 암기

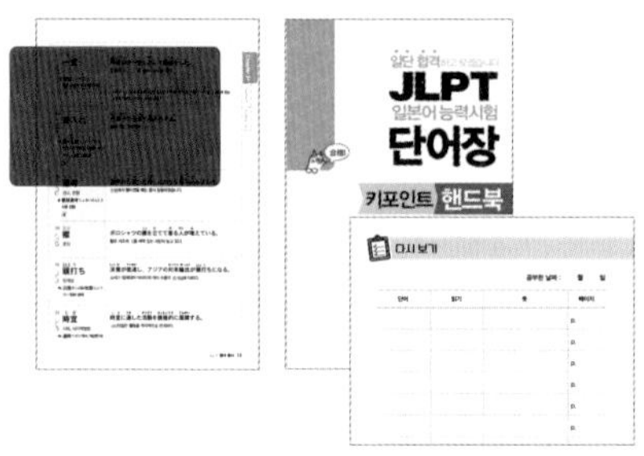

'따라 읽기'를 마쳤다면 단어를 암기합니다. 하루치 단어를 공부한 뒤에는 셀로판지로 단어를 가리며 제대로 외웠는지 확인합니다. 잘 외워지지 않는 단어는 핸드북에 정리하여 틈틈이 복습합니다.

Step 4 확인 학습

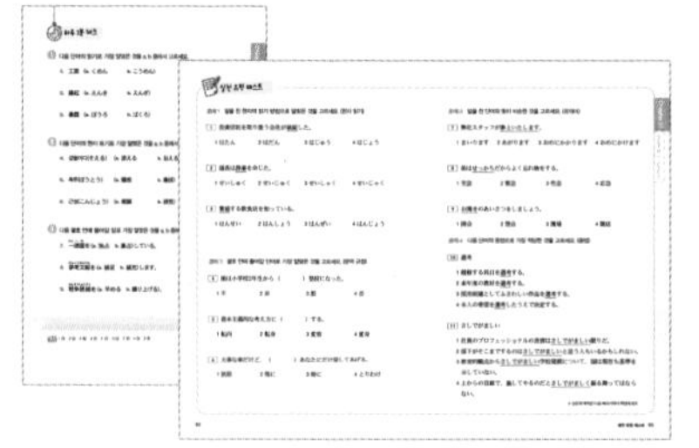

그날그날 단어를 잘 외웠는지 '하루 1분 체크'를 통해 확인합니다. 또한 한 챕터가 끝나면 실전 유형에 맞춘 '실전 유형 테스트'를 풀어 보며 단어를 복습하고, 시험에 대비할 수 있습니다.

★★★

1순위 단어

Day 01~10

MP3 01-01

Day 01

공부 순서 ☐ 미리 보기 → ☐ 따라 읽기 → ☐ 단어 암기 → ☐ 확인 학습

☐ 一堂(いちどう)
☐ 差入れ(さしい)
☐ 選考(せんこう)
☐ 襟(えり)
☐ 頭打ち(あたまう)
☐ 時宜(じぎ)
☐ ねた(ネタ)
☐ 寡占(かせん)
☐ 案の定(あんじょう)

☐ 地道(じみち)
☐ 根性(こんじょう)
☐ 白日(はくじつ)
☐ けじめ
☐ 山場(やまば)
☐ 補足(ほそく)
☐ 荒療治(あらりょうじ)
☐ 指図(さしず)
☐ 月極(つきぎめ)

☐ 分別(ふんべつ)
☐ 返却(へんきゃく)
☐ 口調(くちょう)
☐ 融通(ゆうずう)
☐ オブラート
☐ 便乗(びんじょう)
☐ 縁起(えんぎ)
☐ 素潜り(すもぐ)
☐ 端役(はやく)

☐ 暴投(ぼうとう)
☐ 工面(くめん)
☐ 参上(さんじょう)
☐ 台無し(だいな)
☐ 弾く(はじ)
☐ 繰り上げる(く・あ)
☐ 牛耳る(ぎゅうじ)
☐ 添える(そ)
☐ 言いそびれる(い)

01 いちどう
一堂
한 자리, 같은 건물(장소)
+ 勢揃せいぞろい
많은 사람이 한 곳에 모임

かんけいしゃ いちどう かい ぎろん
関係者が一堂に会して議論をした。
관계자가 한 자리에 모여서 논의를 했다.

一堂いちどう는 한 건물이나 같은 장소를 나타내는 데 비해, 一同いちどう는 그 장소에 있는 사람들 전부(일동)를 나타내는 뜻으로 쓰인다.

02 さしいれ
差入れ
일하는 사람에게 보내는 음식물
+ 陣中見舞じんちゅうみまい
진중위문(일하는 사람을 찾아가서 노고를 위로함)
동

がっしゅくちゅう こうはい さしい
合宿中の後輩に差入れする。
합숙 중인 후배에게 먹을 것을 보내다.

03 せんこう
選考
선고, 전형
+ 書類選考しょるいせんこう
서류 전형
동

せんこう も とき お こ
選考から漏れた時にはかなり落ち込みました。
전형에서 떨어졌을 때는 몹시 침울해졌습니다.

04 えり
襟
옷깃

えり た き ひと ふ
ポロシャツの襟を立てて着る人が増えている。
폴로 셔츠의 깃을 세워 입는 사람이 늘고 있다.

05 あたまうち
頭打ち
한계점
≒ 足踏あしぶみ状態じょうたい 답보 상태

しょうひ ていめい たいべいゆしゅつ あたまう
消費が低迷し、アジアの対米輸出が頭打ちになる。
소비가 침체되어 아시아의 대미 수출이 한계점에 이르다.

06 じぎ
時宜
시의, 시기적절함
≒ 適時てきじ 적시, 적당한 때

じぎ てき かつどう せっきょくてき てんかい
時宜に適した活動を積極的に展開する。
시의적절한 활동을 적극적으로 전개하다.

07 **ねた(ネタ)**

기삿거리, 증거

≒ 証拠しょうこ 증거

簡単(かんたん)に記事(きじ)のネタを探(さが)す方法(ほうほう)をご紹介(しょうかい)します。

간단하게 기삿거리를 찾는 방법을 소개해 드립니다.

08 **寡占(かせん)**

과점, 소수 기업이 독차지함

+ ガリバー型寡占がたかせん 걸리버형 과점

동

米国企業(べいこくきぎょう)の寡占(かせん)はデジタル化(か)の産物(さんぶつ)だ。

미국 기업의 과점은 디지털화의 산물이다.

寡占かせん은 소수의 기업이 생산과 판매 시장을 지배한다는 뜻이고, 独占どくせん은 하나의 기업이 생산과 판매 시장을 지배(독점)한다는 뜻이다.

09 **案の定(あんのじょう)**

생각한 대로

≒ やっぱり 역시, 예상과 같이

案(あん)の定(じょう)、彼(かれ)は疑念(ぎねん)を抱(いだ)いていた。

아니나 다를까, 그는 의심을 품고 있었다.

10 **地道(じみち)**

견실함, 착실함

≒ 一歩一歩いっぽいっぽ 한발 한발

ナ

地道(じみち)にコツコツ頑張(がんば)ると結果(けっか)につながる。

착실하게 꾸준히 열심히 하면 결과로 이어진다.

11 **根性(こんじょう)**

근성, 타고난 성질

≒ ガッツ 근성, 기백

根性(こんじょう)がない人(ひと)は、何事(なにごと)もすぐに諦(あきら)めてしまう。

근성이 없는 사람은 무슨 일이든 바로 포기해 버린다.

- 性(성품 성)
  - せい　理性(りせい) 이성
  - しょう　相性(あいしょう) 궁합이 맞음
  - じょう　根性(こんじょう) 근성

12 **白日(はくじつ)**

백일, 대낮, 백주

+ 白日夢はくじつむ 백일몽

彼(かれ)の悪業(あくごう)は白日(はくじつ)の下(もと)にさらされた。

그의 악업은 백일하에 드러났다.

13 けじめ
구분, 분간

公私(こうし)のけじめをつけることは容易(ようい)ではない。
공과 사의 구분을 짓는 것은 쉽지 않다.

14 山場(やまば)
절정, 고비
≒ クライマックス
클라이맥스(climax)

日本(にほん)はいよいよ予選(よせん)リーグの山場(やまば)を迎(むか)える。
일본은 드디어 예선 리그의 고비를 맞이한다.

15 補足(ほそく)
보족, 보충
+ 補おぎなう
보충하다, 변상하다
동

番組内容(ばんぐみないよう)のレポートと参考文献(さんこうぶんけん)を補足(ほそく)します。
프로그램 내용의 리포트와 참고 문헌을 보충합니다.

補足ほそく는 부족한 부분을 보태어 완전한 것으로 한다는 뜻이고, 補充ほじゅう는 원래 있었던 부분이 줄어든 것을 보태는 것으로 그 부족분을 보충한다는 뜻이다.

16 荒療治(あらりょうじ)
과감한 조치
≒ 大胆だいたんな措置そち
대담한 조치
동

情勢(じょうせい)は荒療治(あらりょうじ)を必要(ひつよう)とする。
정세는 과감한 조치를 필요로 한다.

17 指図(さしず)
지시, 지휘
+ 命めいじる
명하다, 명령하다
동

私(わたし)にあれこれ指図(さしず)するのは、やめてください。
나에게 이러쿵저러쿵 지시하는 것은 그만두세요.

指図さしず는 일상적인 사항에 관련해서 주로 사용하며 그 자리에서 이것저것 시키는 느낌이 강한 데 비해, 指示しじ는 사무적 또는 직무적인 사항에 관련해서 단순히 '지시'한다는 뜻으로 쓰인다.

18 月極(つきぎめ)
월정(月定)
+ 月極駐車場つきぎめちゅうしゃじょう 월정액 주차장

請求額(せいきゅうがく)は、原則月極(げんそくつきぎめ)の購読料(こうどくりょう)となります。
청구액은 원칙적으로 월정 구독료입니다.

19 ふんべつ
分別
분별, 지각
≒ 知恵ちえ 지혜
동

山田やまだには思慮しりょ分別ふんべつのある選手せんしゅに成長せいちょうして欲ほしい。
야마다에게는 사려분별이 있는 선수로 성장하기를 바란다.

分別ふんべつ는 지각한다는 뜻이고, 分別ぶんべつ는 종류에 따라 나누어 가른다는 뜻이다.

20 へんきゃく
返却
반각, 반환
↔ 借用しゃくよう 차용
동

借かりた図書としょは、返却へんきゃく期限きげんまでにお返かえしください。
빌린 도서는 반환 기한까지 돌려주십시오.

返却へんきゃく가 빌린 것, 제출된 것, 받은 것을 다시 소유자에게 돌려준다는 뜻이라면, 返還へんかん은 장기에 걸쳐 양도하고 있던 것, 맡고 있던 것을 원래의 곳으로 돌려준다(반환한다)는 뜻으로 쓰인다.

21 くちょう
口調
어조, 말투
+ 翻訳口調ほんやくくちょう 번역 티가 나는 표현

ドイツ語ごって演説えんぜつ口調くちょうのイメージが強つよい。
독일어는 연설조의 이미지가 강하다.

22 ゆうずう
融通
융통, 융통성
동

学生がくせいの頃ころまでは、融通ゆうずうが利きかない性格せいかくだった。
학생 시절까지는 융통성이 없는 성격이었다.

融通ゆうずう가 어떤 상황에서 적절한 대응을 할 수 있다는 뜻이라면, 柔軟じゅうなん은 상황에 맞춰서 적절한(유연한) 대응을 할 수 있다는 뜻이다.

23
オブラート
오블라토
+ オブラートに包つつむ 완곡하게 말하다

角かどが立たたないようにオブラートに包つつんで話はなす。
모가 나지 않게 완곡하게 에둘러서 말하다.

オブラート는 먹기 어려운 가루약 등을 싸는 얇은 막을 뜻한다.

24 びんじょう
便乗
편승
+ 便乗値上びんじょうねあげ 편승 가격 인상
동

彼かれらは巧たくみに時流じりゅうに便乗びんじょうすることを心得こころえている。
그들은 교묘하게 시류에 편승하는 것을 잘 알고 있다.

25 えんぎ
縁起
□□□
길흉의 조짐(재수)

猫が縁起のいい動物と言われる理由を調べてみた。
고양이가 재수 좋은 동물로 일컬어지는 이유를 조사해 봤다.

- 起(일어날 기)
  き　起源(きげん) 기원
  ぎ　縁起(えんぎ) 운수, 재수

---

26 すもぐ
素潜り
□□□
맨몸으로 잠수함
+ 素顔すがお 맨얼굴
[동]

5メートル潜れるだけでも、素潜りを楽しむことが出来る。
5미터 잠수할 수 있는 것만으로도, 스노클링을 즐길 수 있다.

---

27 はやく
端役
□□□
단역, 하찮은 역할
+ 主役しゅやく 주역. 소설이나 연극 등의 주인공 역할

端役で名前が売れるようになる。
단역으로 이름이 알려지게 되다.

端役はやく가 하찮은 역할을 하는 '단역'이라면, 脇役わきやく는 영화나 연극 등에서 주인공을 도우며 돋보이는 역할을 하는 '조연'의 뜻으로 쓰인다.

---

28 ぼうとう
暴投
□□□
폭투
≒ ワイルドピッチ
와일드 피치
[동]

暴投による失点は投手の自責点となる。
폭투로 인한 실점은 투수의 자책점이 된다.

- 暴(사나울 폭, 사나울 포)
  ぼう　暴投(ぼうとう) 폭투
  ばく　暴露(ばくろ) 폭로

---

29 くめん
工面
□□□
마련, 자금 사정
+ 算段さんだん
마련할 궁리를 세움
[동]

消費者金融からの借金のある人がお金を工面する方法。
소비자 금융(대부업체)의 빚이 있는 사람이 돈을 마련하는 방법.

---

30 さんじょう
参上
□□□
찾아뵘, 뵈러 감
+ あがる 찾아뵙다
[동]

ご連絡を頂ければお迎えに参上致します。
연락을 주시면 마중하러 찾아뵙겠습니다.

31 だいな
台無し
엉망이 됨, 잡침
≒ 水みずの泡あわ
수포, 물거품
ナ

おおあめ りょこう だいな
大雨で旅行は台無しになってしまった。
큰비로 여행은 엉망이 되고 말았다.

32 はじ
弾く
튀기다, (주판을) 놓다, 겉돌게 하다
≒ 飛とばす
날리다, 물을 튀기다

け みず はじ ぼうすい はたら
ヤクの毛は水を弾くため防水の働きをする。
야크의 털은 물을 튀겨 내기 때문에 방수의 작용을 한다.

33 く あ
繰り上げる
(날짜 등을) 앞당기다
↔ 繰くり下さげる 차례로 뒤로(다음으로) 돌리다

しゅっぱつ じかん よてい く あ
出発の時間を予定より繰り上げる。
출발 시간을 예정보다 앞당기다.

繰くり上あげる는 예정이나 이미 결정된 일에 대해 쓰이고, 早はやめる는 본래의 예정보다 빨리 하는 경우에 사용할 수 있지만, 차례차례 다음으로 보내는 의미는 없다.

34 ぎゅうじ
牛耳る
좌지우지하다
☞ 1그룹(五段) 활용
+ コントロール
컨트롤(control)

そうさい かんじちょう とう ぎゅうじ
総裁ではなく幹事長が党を牛耳っている。
총재가 아니라 간사장이 당을 좌지우지하고 있다.

35 そ
添える
첨부하다, 곁들이다
+ 言いい添そえる
덧붙여 말하다

おく もの そ てがみ か
贈り物に添える手紙ってどう書けばいいんだろう？
선물에 곁들이는 편지는 어떻게 쓰면 좋을까?

添そえる는 종류가 다른 것을 중심이 되는 것의 곁에 곁들이거나 첨부한다는 뜻이고, 加くわえる는 같은 종류의 것이나 다른 종류의 것을 '더하다(보태다, 늘리다)'라는 뜻으로 쓰인다.

36 い
言いそびれる
말할 기회를 놓치다
≒ 言いい損そこなう
말할 것을 깜박 잊다

ちょくせつい きかい な い
直接言える機会が無くて言いそびれてしまった。
직접 말할 수 있는 기회가 없어서 할 말을 못하고 말았다.

하루 1분 체크

1 다음 단어의 읽기로 가장 알맞은 것을 a, b 중에서 고르세요.

1. 工面 (**a.** くめん **b.** こうめん)

2. 縁起 (**a.** えんき **b.** えんぎ)

3. 便乗 (**a.** べんじょう **b.** びんじょう)

2 다음 단어의 한자 표기로 가장 알맞은 것을 a, b 중에서 고르세요.

4. 곁들이다(そえる) (**a.** 添える **b.** 沿える)

5. 폭투(ぼうとう) (**a.** 爆投 **b.** 暴投)

6. 근성(こんじょう) (**a.** 根誠 **b.** 根性)

3 다음 괄호 안에 들어갈 말로 가장 알맞은 것을 a, b 중에서 고르세요.

7. 関係者(かんけいしゃ)が (**a.** 一堂に **b.** 一同に) 会する。

8. 参考文献(さんこうぶんけん)を (**a.** 補足 **b.** 補充) します。

9. 時間(じかん)を予定(よてい)より (**a.** 繰り上げる **b.** 早める)。

정답 1ⓐ 2ⓑ 3ⓑ 4ⓐ 5ⓑ 6ⓑ 7ⓐ 8ⓐ 9ⓐ

MP3 01-02

Day 02

공부 순서 ▢ 미리 보기 → ▢ 따라 읽기 → ▢ 단어 암기 → ▢ 확인 학습

□ 前向き（まえむ）	□ そしり	□ 極楽（ごくらく）	□ 拷問（ごうもん）
□ 抜粋（ばっすい）	□ 補導（ほどう）	□ 手取り（てど）	□ 本領（ほんりょう）
□ 月並み（つきな）	□ 遣り繰り（やくり）	□ 呆然（ぼうぜん）	□ 裾（すそ）
□ 静粛（せいしゅく）	□ 主眼（しゅがん）	□ 世渡り（よわた）	□ 飲み込む（のこ）
□ 添付（てんぷ）	□ 累卵（るいらん）	□ 密封（みっぷう）	□ 脅かす（おびや）
□ 端（たん）	□ 早とちり（はや）	□ 入念（にゅうねん）	□ 朽ちる（く）
□ 屁理屈（へりくつ）	□ 発端（ほったん）	□ 別途（べっと）	□ 長ける（た）
□ 図星（ずぼし）	□ 役目（やくめ）	□ 介護（かいご）	□ ねだる
□ 明瞭（めいりょう）	□ 前途（ぜんと）	□ 不登校（ふとうこう）	□ 誂える（あつら）

Chapter 01 | Chapter 02 | Chapter 03

01 まえむ
前向き
적극적임
≒ ポジティブ
포지티브(positive)
ナ

読書(どくしょ)はジメジメした気分(きぶん)を前向(まえむ)きに変(か)えてくれる。
독서는 질척한 기분을 긍정적으로 바꾸어 준다.

02 ばっすい
抜粋
발췌
≒ 選択せんたく 선택
동

記事(きじ)は過去(かこ)に書(か)いた論文(ろんぶん)の一部分(いちぶぶん)を抜粋(ばっすい)した。
기사는 과거에 쓴 논문의 일부분을 발췌했다.

03 つきな なみ
月並み(並)
평범함, 진부함
↔ 風変ふうがわり
색다른 모양
ナ

一般(いっぱん)の方(かた)で、すごい月並(つきな)みですが、優(やさ)しい人(ひと)です。
일반인으로, 아주 평범합니다만, 자상한 사람입니다.

04 せいしゅく
静粛
정숙
ナ

他(ほか)の人(ひと)の迷惑(めいわく)にならないよう、静粛(せいしゅく)にすること。
다른 사람에게 폐가 되지 않도록, 정숙할 것.

静粛せいしゅく는 조용하고 엄숙함(정숙)을 나타내지만, 静寂せいじゃく는 조용하고 쓸쓸함(정적)을 나타내는 의미로 쓰인다.

05 てんぷ
添付
첨부
+ 添付てんぷファイル
첨부 파일
동

メールに添付(てんぷ)されている写真(しゃしん)や動画(どうが)は保存(ほぞん)できる。
메일에 첨부된 사진과 동영상은 저장할 수 있다.

添付てんぷ는 안건이나 문서 따위를 덧붙인다(첨부한다)는 뜻이고, 貼付ちょうふ는 사진 등을 서류 등에 붙인다(첩부한다)는 뜻이다.

06 たん
端
실마리, 발단

山田君(やまだくん)の運命(うんめい)も、この時(とき)その端(たん)を開(ひら)いた。
야마다 군의 운명도, 이때 그 실마리가 마련되었다.

07 へりくつ
屁理屈
억지스러운 이론
≒ ナンセンス
난센스(nonsense)

訴訟相手(そしょうあいて)が屁理屈(へりくつ)をこねるやつで困(こま)っている。
소송 상대가 억지를 쓰는 녀석이라 난처하다.

08 ずぼし
図星
급소, 핵심, 적중함
≒ ターゲット 타깃(target)

彼女(かのじょ)に図星(ずぼし)を指(さ)されて僕(ぼく)は恥(は)ずかしくなった。
그녀에게 정곡을 찔려서 나는 부끄러워졌다.

09 めいりょう
明瞭
명료
↔ 不明瞭ふめいりょう 불명료
ナ

研究目的(けんきゅうもくてき)はできるだけ簡潔明瞭(かんけつめいりょう)に記載(きさい)する。
연구 목적은 되도록 간결하고 명료하게 기재한다.

瞭 : 밝을 료(요) 明瞭(めいりょう) 명료
療 : 병 고칠 료 治療(ちりょう) 치료
僚 : 동료 료 閣僚(かくりょう) 각료

10
そしり
비난, 비방
≒ 非難ひなん 비난

「ブラック企業(きぎょう)」のそしりを受(う)ける企業(きぎょう)が後(あと)を絶(た)たない。
'블랙 기업'이라는 비난을 받는 기업이 끊이지 않는다.

11 ほどう
補導
보도
＋導みちびく
인도하다, 이끌다
동

センター職員(しょくいん)が毎日計画的(まいにちけいかくてき)に補導(ほどう)を行(おこな)っている。
센터 직원이 매일 계획적으로 보도를 하고 있다.

補導ほどう는 청소년이 탈선하는 것을 미연에 방지하는 것으로 성인에 대해서는 쓰지 않는다.
한편 善導ぜんどう는 좋은 방향으로 이끈다(선도한다)는 의미로 쓰인다.

12 やくく
遣り繰り
변통
동

20万円(まんえん)で何(なん)とかやりくりできそうだ。
20만 엔으로 그럭저럭 꾸려 나갈 수 있을 것 같다.

13 しゅがん
主眼
주안
+ 主眼点しゅがんてん 주안점

生徒の人格の成長に主眼を置いた指導を行う。
학생의 인격 성장에 주안을 둔 지도를 실시하다.

14 るいらん
累卵
누란(몹시 위태로운 형편)
≒ 危機一髪ききいっぱつ 위기일발

今まさに累卵の危うきにあると言える。
지금 바로 누란의 위기에 있다고 할 수 있다.

15 はや
早とちり
지레짐작하여 실수함
≒ 軽率けいそつ 경솔
동

事実が分かる前に、早とちりして言ってしまった。
사실을 알기 전에, 지레짐작해서 말하고 말았다.

16 ほったん
発端
발단
≒ きっかけ 시작, 계기

騒ぎの発端は彼の不注意な発言からだった。
소동의 발단은 그의 부주의한 발언으로부터였다.

- 発(필 발)
  - はつ 揮発(きはつ) 휘발
  - はっ 発達(はったつ) 발달
  - ほっ 発作(ほっさ) 발작

17 やくめ
役目
임무(역할), 직무

どちらを選ぶのかを決めるのはあなたの役目だ。
어느 쪽을 택할 것인가를 정하는 것은 당신의 몫(책임)이다.

役目やくめ는 주로 중요성, 책임, 의무 등을 뜻하고, 役割やくわり는 주로 분담, 담당, 역할 등을 뜻한다.

18 ぜんと
前途
전도, 장래
≒ 将来しょうらい 장래, 미래

彼の前途は君が思うほど有望ではない。
그의 장래는 네가 생각하는 만큼 유망하지는 않다.

19 ごくらく
極楽
극락
≒ パラダイス
파라다이스(paradise)

極楽(ごくらく)とは、この上(うえ)なく楽(たの)しい場所(ばしょ)をいう。
극락이란, 더없이 즐거운 장소를 말한다.

• 極(극진할 극/다할 극)
きょく　南極(なんきょく) 남극
ごく　極楽(ごくらく) 극락

20 てど
手取り
실수입
+ 税込ぜいこみ
세금을 포함한 액수

給料(きゅうりょう)の額(がく)が多(おお)くても、手取(てど)りが減(へ)ることがある。
월급 액수가 많아도, 실수입이 줄어드는 경우가 있다.

21 ぼうぜん
呆然
어이없어함
+ 呆然ぼうぜんたる 망연한

その恐(おそ)ろしい光景(こうけい)に呆然(ぼうぜん)としている。
그 무서운 광경에 망연자실하고 있다.

22 よわた
世渡り
세상살이, 처세
동

世渡(よわた)り上手(じょうず)って聞(き)くと良(よ)い印象(いんしょう)は思(おも)い浮(う)かばない。
처세를 잘한다고 들으면 좋은 인상은 떠오르지 않는다.

23 みっぷう
密封
밀봉
≒ 厳封げんぷう 엄봉
동

密封(みっぷう)した袋(ふくろ)を電子(でんし)レンジにかけると袋(ふくろ)が破裂(はれつ)する。
밀봉한 봉지를 전자레인지에 돌리면 봉지가 파열된다.

• 封(봉할 봉)
ふう　封印(ふういん) 봉인
ぷう　密封(みっぷう) 밀봉
ほう　封建(ほうけん) 봉건

24 にゅうねん
入念
공을 들임
≒ 念入ねんいり 공들임
ナ

警察(けいさつ)は事故原因(じこげんいん)を入念(にゅうねん)に調査(ちょうさ)した。
경찰은 사고 원인을 꼼꼼하게 조사했다.

Chapter 01 Chapter 02 Chapter 03

25 べっと
別途
별도
+ 別途支給べっとしきゅう
별도 지급

寄宿料(きしゅくりょう)のほか、水道光熱費(すいどうこうねつひ)を別途(べっと)徴収(ちょうしゅう)する。
기숙사 비용 이외에, 수도 광열비를 별도 징수한다.

26 かいご
介護
개호
+ 介護福祉士かいごふくしし
개호 복지사
동

介護(かいご)サービスを効果的(こうかてき)に利用(りよう)する。
개호(간병) 서비스를 효과적으로 이용한다.

介護かいご가 비의료행위로 일상생활이 불편한 사람(노인, 장애인)을 돌보는 의미라면, 介抱かいほう는 비전문가가 부상자나 환자를 돌보는 의미(간호, 병구완, 돌봄)로 쓰인다.

27 ふとうこう
不登校
등교 거부
+ ひきこもり
은둔형 외톨이

中学校(ちゅうがっこう)で受(う)けたいじめからの不登校(ふとうこう)を乗(の)り越(こ)える。
중학교에서 받은 왕따(괴롭힘)에서 생긴 등교 거부를 극복하다.

28 ごうもん
拷問
고문
동

拷問(ごうもん)によって得(え)られた自白(じはく)は証拠(しょうこ)として使(つか)えない。
고문을 해서 얻은 자백은 증거로 사용할 수 없다.

拷 : 칠 고　　拷問(ごうもん) 고문
考 : 생각할 고　考慮(こうりょ) 고려

29 ほんりょう
本領
본령
≒ 特色とくしょく 특색

プレゼンテーションで本領(ほんりょう)を発揮(はっき)する。
프레젠테이션에서 본령을 발휘하다.

30 すそ
裾
옷자락, 기슭

身分(みぶん)が高(たか)いほど裾(すそ)が長(なが)い。
신분이 높을수록 옷자락이 길다.

Day 02

31 飲の み込こむ

□□□ 삼키다, 이해하다

≒ 理解りかいする 이해하다

素早すばやくコツを掴つかんで飲のみ込こんでいく。

재빨리 요령을 파악해서 이해해 간다.

32 脅おびやかす

□□□ 위협하다, 위태롭게 하다

大気汚染たいきおせんは我々われわれの生存せいぞんを脅おびやかすものになるだろう。

대기 오염은 우리의 생존을 위태롭게 하는 것이 될 것이다.

脅おびやかす는 불안정한 상태에 빠지게 한다는 뜻이고, 脅おどかす는 깜짝 놀라게 한다는 뜻으로 사용되며, 脅おどす는 폭력단이나 강도가 돈 등을 공갈쳐서 빼앗는 경우에만 사용된다.

33 朽くちる

□□□ 썩다, 쇠퇴하다

+ 老朽ろうきゅう 노후

彼かれの名なは永遠えいえんに朽くちることはない。

그의 이름은 영원히 쇠퇴할 일은 없다.

34 長たける

□□□ 뛰어나다

+ 長所ちょうしょ 장점

音楽おんがくや学問がくもんに長たけていたと言いわれている。

음악과 학문에 뛰어났다고 일컬어진다.

長たける는 경험을 쌓은 결과, 그것에 자신 있다는 뜻이고, 勝まさる · 優まさる는 능력, 자질, 상태 등 폭넓은 사항에 대해서 그것이 다른 것과 비교해서 뛰어나다(우수하다)는 뜻이다.

35 ねだる

□□□ 조르다

≒ 甘あまえる 응석 부리다

子供こどもは新あたらしいおもちゃを買かってくれとねだった。

아이는 새로운 장난감을 사 달라고 졸랐다.

ねだる는 응석 부려서 요구하는 의미이고, せがむ는 해 달라는 듯이 요구하는 의미(졸라대다)이며, せびる는 금전 등을 무리하게 요구하는 의미(조르다, 강요하다)이다.

36 誂あつらえる

□□□ 주문하다, 맞추다

+ オーダー 오더(order)

世界せかいにたったひとつの服ふくを誂あつらえる。

세계에 단 하나인 옷을 맞추다.

하루 1분 체크

1 다음 단어의 읽기로 가장 알맞은 것을 a, b 중에서 고르세요.

1. 極楽 (**a.** きょくらく **b.** ごくらく)

2. 発端 (**a.** ほつたん **b.** ほったん)

3. 別途 (**a.** べつど **b.** べっと)

2 다음 단어의 한자 표기로 가장 알맞은 것을 a, b 중에서 고르세요.

4. 고문(ごうもん) (**a.** 考問 **b.** 拷問)

5. 썩다(くちる) (**a.** 朽ちる **b.** 腐ちる)

6. 뛰어나다(たける) (**a.** 長ける **b.** 優ける)

3 다음 괄호 안에 들어갈 말로 가장 알맞은 것을 a, b 중에서 고르세요.

7. メールに(**a.** 添付 **b.** 貼付)されている。

8. (**a.** 図星 **b.** ターゲット)を指(さ)されて恥(は)ずかしくなった。

9. 大気汚染(たいきおせん)は我々(われわれ)の生存(せいぞん)を(**a.** 脅す **b.** 脅かす)。

정답 1ⓑ 2ⓑ 3ⓑ 4ⓑ 5ⓐ 6ⓐ 7ⓐ 8ⓐ 9ⓑ

MP3 01-03

Day 03

공부 순서 ▢ 미리 보기 ➔ ▢ 따라 읽기 ➔ ▢ 단어 암기 ➔ ▢ 확인 학습

□ 餌食(えじき)	□ 絵空事(えそらごと)	□ 逆上(ぎゃくじょう)	□ 破綻(はたん)
□ 袋小路(ふくろこうじ)	□ 細心(さいしん)	□ 弛緩(しかん)	□ 一掃(いっそう)
□ 疑念(ぎねん)	□ 斡旋(あっせん)	□ 軒並み(のきなみ)	□ 手掛かり(てがかり)
□ 重箱(じゅうばこ)	□ 異議(いぎ)	□ 微細(びさい)	□ 労う(ねぎらう)
□ 憂い(うれい)	□ 徒労(とろう)	□ フィッシング	□ 憚る(はばかる)
□ 軸(じく)	□ 手腕(しゅわん)	□ 玄人(くろうと)	□ 悔いる(くいる)
□ 一抹(いちまつ)	□ お開き(おひらき)	□ 糧(かて)	□ 詰る(なじる)
□ 瀬戸際(せとぎわ)	□ 替え玉(かえだま)	□ 堕落(だらく)	□ 庇う(かばう)
□ 低迷(ていめい)	□ 網羅(もうら)	□ 折り合い(おりあい)	□ 口走る(くちばしる)

01 えじき
餌食
먹이, 희생물
≒ 食くい物もの 희생물

彼らはマスコミの餌食になってしまった。
그들은 매스컴의 희생물이 되어 버렸다.

02 ふくろこうじ
袋小路
막다른 골목
≒ 行ゆき詰づまり
막다른 곳

ついに被疑者を袋小路に追い詰めた。
마침내 피의자를 막다른 골목에 몰아넣었다

03 ぎねん
疑念
의념, 의심

結論は出たのだが、疑念が残った。
결론은 난 것이지만, 의심이 남았다.

04 じゅうばこ
重箱
찬합
＋重箱料理じゅうばこりょうり
찬합 요리

重箱の隅を楊枝でほじくる。
찬합의 구석을 이쑤시개로 후비다(사소한 일까지 문제 삼아 까다롭게 따지다).

• 重(무거울 중)
じゅう 重箱(じゅうばこ) 찬합
ちょう 慎重(しんちょう) 신중

05 うれ
憂い
근심, 걱정
＋憂うれえる
근심하다, 걱정하다

「備えあれば憂いなし」という諺がある。
'유비무환'이라는 속담이 있다.

06 じく
軸
축
≒ コア 코어(core)

ペルソナを軸としたWEBマーケティングの事例。
페르소나(인격)를 축으로 한 웹 마케팅의 사례.

07 いちまつ
一抹
일말
≒ 一脈いちみゃく 일맥

かのじょ　いちまつ　ざいあくかん
彼女には一抹の罪悪感があった。
그녀에게는 일말의 죄책감이 있었다.

08 せとぎわ
瀬戸際
운명의 갈림길
＋瀬戸際政策せとぎわせいさく 벼랑 끝 정책

おうしゅうけいざい　せいちょう　せとぎわ
欧州経済は成長しておらず、デフレの瀬戸際にある。
유럽 경제는 성장하고 있지 않고, 디플레이션의 갈림길에 있다

09 ていめい
低迷
저미(침체)
＋暗雲低迷あんうんていめい 먹구름이 감돎
동

ながびけいきていめい　きぎょう　せいちょう　そがい
長引く景気低迷が企業の成長を阻害している。
길어지는 경기 침체가 기업의 성장을 저해하고 있다.

10 えそらごと
絵空事
새빨간 거짓, 허풍

おお　けっ　えそらごと
大げさなようだが、決して絵空事ではない。
과장된 것 같지만, 결코 허풍은 아니다.

11 さいしん
細心
세심
↔ 放胆ほうたん 매우 대담함
ナ

えいせいかんり　さいしん　ちゅうい
衛生管理にも細心の注意をしている。
위생 관리에도 세심한 주의를 하고 있다.

12 あっせん
斡旋
알선
≒ 周旋しゅうせん 주선
동

しんぶん　きゅうじんこうこく　あっせん　おこな
新聞などの求人広告の斡旋を行っております。
신문 등의 구인 광고의 알선을 하고 있습니다.

斡旋あっせん이 원하는 것을 찾는 사람에게 소개하는 의미라면, 周旋しゅうせん은 물건 매매, 취직, 고용 등에서 양측 사이에 서서 이야기가 잘 되도록 하는 의미(주선)로 쓰인다.

Chapter 01 Chapter 02 Chapter 03

13 **異議** いぎ
이의

採決さいけつしたいと思おもいますが、ご異議いぎありませんか。
채결하려고 합니다만, 이의 없으십니까?

異議いぎ는 남과는 다른 의견이나 논의라는 뜻도 있지만, 주로 반대 또는 불복이나 불만의 뜻을 표명하는 경우에 쓰이고, **異論**いろん은 남과의 다른 의견이나 논의의 의미(이론)로 쓰인다.

14 **徒労** とろう
도로, 헛수고

今いままでの努力どりょくが徒労とろうに終おわった。
지금까지의 노력이 헛수고로 끝났다.

15 **手腕** しゅわん
수완
+ 手腕家しゅわんか 수완가

彼女かのじょの政治的せいじてきな手腕しゅわんは高たかく評価ひょうかされている。
그녀의 정치적인 수완은 높이 평가되고 있다.

16 **お開き** おひらき
끝냄, 폐회
≒ 閉会へいかい 폐회

この辺あたりでお開ひらきとさせていただきます。
이쯤에서 끝내기로 하겠습니다.

17 **替え玉** かえだま
대역, 사리(추가되는 면)
+ 替かえ玉だま受験じゅけん 대리 수험

組織的そしきてきな替かえ玉投票だまとうひょうが行おこなわれた。
조직적인 대리 투표가 행하여졌다.

18 **網羅** もうら
망라
+ 網羅的もうらてき 망라적
동

日本全国にほんぜんこくを網羅もうらする物流拠点ぶつりゅうきょてん。
일본 전국을 망라하는 물류 거점.

網 : 그물 망　網羅(もうら) 망라
綱 : 벼리 강　要綱(ようこう) 요강

19 ぎゃくじょう
逆上
욱함
+逆切ぎゃくぎれ 적반하장
동

ぶちょう ぶか し ぎゃくじょう
部長は部下のミスを知って逆上した。
부장은 부하의 실수를 알고 욱했다.

20 しかん
弛緩
이완
↔ 緊張きんちょう 긴장
동

とくてい きんにく きんちょう しかん いしきてき く かえ
特定の筋肉の緊張と弛緩を意識的に繰り返す。
특정 근육의 긴장과 이완을 의식적으로 반복한다.

21 のきな
軒並み
집집마다
+軒並のきなみに
모두, 다같이

けいじ のきな き
刑事が軒並みに聞いてまわる。
형사가 집집마다 묻고 다니다.

22 びさい
微細
미세
↔ 巨大きょだい 거대
ナ

びさいかこう め み ちい せかい
微細加工は目に見えないほどの小さな世界である。
미세 가공은 눈에 보이지 않을 정도의 작은 세계이다.

微 : 작을 미　微細(びさい) 미세
徵 : 징계할 징　徵役(ちょうえき) 징역

23
フィッシング
피싱(phishing)
+ボイスフィッシング
보이스 피싱

へいさ ひがい よぼう
フィッシングサイトを閉鎖して被害を予防する。
피싱 사이트를 폐쇄해서 피해를 예방하다.

24 くろうと
玄人
전문가
↔ 素人しろうと 아마추어

くろうと かおま うでまえ
玄人も顔負けするほどの腕前。
전문가도 무색할 정도의 솜씨.

Chapter 01
Chapter 02
Chapter 03

25 かて
糧
식량, 양식

どんなことだって全(すべ)ては未来(みらい)への糧(かて)になる。
어떤 것이든 모든 것은 미래의 양식이 된다.

26 だらく
堕落
타락
+ 墜落ついらく 추락
동

堕落(だらく)した生活(せいかつ)を送(おく)っている。
타락한 생활을 보내고 있다.

27 おりあい
折り合い
타협

値引(ねび)き交渉(こうしょう)で価格(かかく)の折(お)り合(あ)いがついた。
가격 인하 협상으로 가격 타협이 되었다.

28 はたん
破綻
파탄
동

高齢化(こうれいか)で日本経済(にほんけいざい)が破綻(はたん)するかもしれない。
고령화로 일본 경제가 파탄할지도 모른다.

29 いっそう
一掃
일소(한꺼번에 제거함)
+ 走者一掃そうしゃいっそう 주자 일소
동

政府(せいふ)は貧困(ひんこん)を一掃(いっそう)することを約束(やくそく)した。
정부는 빈곤을 일소할 것을 약속했다.

30 てがかり
手掛かり
단서
≒ 糸口いとぐち 실마리

切手(きって)を手掛(てが)かりに事件(じけん)を解決(かいけつ)する刑事(けいじ)もいる。
우표를 단서로 사건을 해결하는 형사도 있다.

Day
03

31 ねぎら
労う
위로하다

≒ 労(いた)わる
친절하게 돌보다

忘年会(ぼうねんかい)には一年(いちねん)の労(ろう)をねぎらう意味(いみ)がある。
망년회에는 1년의 노고를 위로하는 의미가 있다.

労(ねぎら)う는 구체적인 행위가 수반되는 의미이지만, 労(いたわ)る는 구체적인 행위가 수반되지 않고 정신적인 형태로 나타나는 감사의 의미(친절하게 돌보다, 노고를 위로하다)로 쓰인다.

---

32 はばか
憚る
꺼리다

≒ 遠慮(えんりょ)する
사양하다

悪(わる)いことをして人目(ひとめ)をはばかる。
나쁜 짓을 해서 남의 눈을 꺼리다.

---

33 く
悔いる
뉘우치다

≒ 後悔(こうかい)する
후회하다

あなたの忠告(ちゅうこく)に従(したが)わなかったことを悔(く)いる。
당신의 충고에 따르지 않았던 것을 후회한다.

悔(く)いる는 유감스럽게 생각하는 것으로 반성하거나 고민한다는 의미로 쓰이지만, 悔(く)やむ는 돌이킬 수 없는 것에 대해서 분하다고 생각하는 감정이 강한 의미(후회하다, 뉘우치다)로 쓰인다.

---

34 なじ
詰る
힐책하다
☞ 1그룹(五段) 활용

≒ 詰問(きつもん)する
나무라고 따지다

結果(けっか)を出(だ)さなければなじられる。
결과를 내지 않으면 힐책받는다.

---

35 かば
庇う
두둔하다

＋肩(かた)を持(も)つ 편들다

先輩(せんぱい)がさりげなくフォローをしてかばってくれる。
선배가 아무렇지도 않은 듯이 보조를 하고 감싸 준다.

---

36 くちばし
口走る
엉겁결에 말하다
☞ 1그룹(五段) 활용

≒ 口外(こうがい)する
입 밖에 내다

つい余計(よけい)なことを口走(くちばし)って失敗(しっぱい)してしまった。
그만 쓸데없는 말을 지껄여서 실패하고 말았다.

하루 1분 체크

1 다음 단어의 읽기로 가장 알맞은 것을 a, b 중에서 고르세요.

1. 餌食 (a. えじき b. えしょく)

2. 重箱 (a. ちょうばこ b. じゅうばこ)

3. 一掃 (a. いちそう b. いっそう)

2 다음 단어의 한자 표기로 가장 알맞은 것을 a, b 중에서 고르세요.

4. 도로(とろう) (a. 道労 b. 徒労)

5. 대역(かえだま) (a. 替え玉 b. 代え玉)

6. 망라(もうら) (a. 綱羅 b. 網羅)

3 다음 괄호 안에 들어갈 말로 가장 알맞은 것을 a, b 중에서 고르세요.

7. 広告(こうこく)の (a. 斡旋 b. 周旋) を行(おこな)う。

8. 採決(さいけつ)に (a. 異議 b. 異論) ありませんか。

9. 政治的(せいじてき)な (a. 手腕 b. 腕前) がある。

정답 1ⓐ 2ⓑ 3ⓑ 4ⓑ 5ⓐ 6ⓑ 7ⓐ 8ⓐ 9ⓐ

MP3 01-04

Day 04

공부 순서 ▢ 미리 보기 → ▢ 따라 읽기 → ▢ 단어 암기 → ▢ 확인 학습

☐ 幸先(さいさき)	☐ 日付(ひづけ)	☐ 馴れ合い(なれあい)	☐ 珍重(ちんちょう)
☐ 陳謝(ちんしゃ)	☐ 下馬評(げばひょう)	☐ 惨事(さんじ)	☐ 郷愁(きょうしゅう)
☐ 追及(ついきゅう)	☐ 籍(せき)	☐ 総出(そうで)	☐ 宥める(なだめる)
☐ 手柄(てがら)	☐ 脚色(きゃくしょく)	☐ 閉口(へいこう)	☐ 欺く(あざむく)
☐ 雪辱(せつじょく)	☐ 参照(さんしょう)	☐ 毅然(きぜん)	☐ 競り合う(せりあう)
☐ 償い(つぐない)	☐ エール	☐ 束の間(つかのま)	☐ 踏み出す(ふみだす)
☐ 使途(しと)	☐ 転向(てんこう)	☐ 手数(てすう)	☐ 戒める(いましめる)
☐ 心得(こころえ)	☐ 終息(しゅうそく)	☐ 憤慨(ふんがい)	☐ 搾る(しぼる)
☐ 目録(もくろく)	☐ 機(き)	☐ 根回し(ねまわし)	☐ 悟る(さとる)

01 さいさき
幸先
좋은 징조

しんねんそうそう きちじ さいさきよ
新年早々に吉事があり、幸先良さそうだ。
새해 일찌감치 경사가 있으니, 징조가 좋을 것 같다.

02 ちんしゃ
陳謝
진사(사과하고 용서를 빎)
+ 土下座どげざ
바닥에 엎드려 조아림
동

こんかい けん げんしゅく う と ちんしゃ
今回の件を厳粛に受け止め、陳謝いたします。
이번 건을 엄숙히 받아들이며, 사과드립니다.

謝罪しゃざい가 죄나 잘못을 인정하고 사과하는 의미라면, 陳謝ちんしゃ는 사정을 설명하고 사과하는 의미를 나타낸다.

03 ついきゅう
追及
뒤쫓음, 추궁
동

けいえいせきにん ついきゅう もと こえ
経営責任の追及を求める声があがる。
경영 책임의 추궁을 요구하는 목소리가 높아지다.

04 てがら
手柄
공적
+ 手柄顔てがらがお
뽐내는 듯한 얼굴

はじ しあい おお てがら た
初めての試合で大きな手柄を立てる。
첫 경기에서 큰 공을 세우다.

手柄てがら는 칭찬을 받을 만한 훌륭한 일을 한 것에 쓰이고, 功績こうせき는 일이나 연구 등으로 국가, 사회, 집단을 위해 최선을 다한 훌륭한 '공적'에 쓰인다.

05 せつじょく
雪辱
설욕
동

しあい とうじ せつじょく は
この試合はあの当時の雪辱を果たすチャンスだ。
이 경기는 그 당시의 설욕을 할 기회다.

06 つぐな
償い
보상, 속죄
≒ 補償ほしょう 보상

いちにち はや ひがいしゃ たい つみ つぐな
一日も早く被害者に対する罪の償いをしたい。
하루라도 빨리 피해자에 대한 죗값을 치르고 싶다.

Day 04

07 しと
使途
(돈의) 용도
+ 使途不明金しとふめいきん 용도 불명금

補助金収入の使途を明らかにする。
보조금 수입의 용도를 밝히다.

08 こころえ
心得
마음가짐, 소양

茶道の心得を分かりやすく解説します。
다도에 대한 소양을 알기 쉽게 해설합니다.

09 もくろく
目録
목록
≒ リスト 리스트(list)

公文書の目録をインターネットで検索できる。
공문서의 목록을 인터넷에서 검색할 수 있다.

録 : 기록할 록	目録(もくろく) 목록
緑 : 푸를 록/초록빛 록	新緑(しんりょく) 신록
縁 : 인연 연	縁談(えんだん) 혼담

10 ひづけ
日付
일부, 날짜
+ 日付欄ひづけらん 날짜 적는 난

領収書の日付は発行した日付を記入する。
영수증의 날짜는 발행한 날짜를 기입한다.

11 げばひょう
下馬評
하마평
≒ 噂うわさ 소문

下馬評では山田氏の当選が有力だ。
하마평으로는 야마다 씨의 당선이 유력하다.

12 せき
籍
적, 호적

専門学校に在籍しながら大学に籍を置く。
전문학교에 재적하며 대학에 적을 두다.

13 きゃくしょく
脚色
각색
≒ アレンジ
어레인지(arrange)
[동]

テレビドラマは漫画原作を脚色した作品が多い。
TV 드라마는 만화 원작을 각색한 작품이 많다.

- 色(빛 색)
  しょく　脚色(きゃくしょく) 각색
  しき　景色(けしき) 경치

14 さんしょう
参照
참조
＋脚注参照きゃくちゅうさんしょう 각주 참조
[동]

なお、詳細は説明書をご参照ください。
또한, 상세한 점은 설명서를 참조하여 주십시오.

参照さんしょう는 자료나 기술되어 있는 것을 참조한다는 뜻이고, 参考さんこう는 여러 가지 것을 서로 비교해서 자신의 생각이나 방법을 결정하는 단서(참고)로 삼는다는 뜻이다.

15
エール
엘(yell), 성원
≒ 声援せいえん 성원

私達は彼のユニークな研究にエールを送った。
우리는 그의 독특한 연구에 성원을 보냈다.

16 てんこう
転向
전향
＋転向文学てんこうぶんがく 전향 문학
[동]

投手として成功できなくて打者へ転向する。
투수로서 성공할 수 없어서 타자로 전향하다.

転向てんこう가 새롭게 다른 방향을 목표로 한다는 의미(전향)라면, 転身てんしん은 대체로 직업이나 신분을 확 바꾼다는 의미(전신)로 쓰인다.

17 しゅうそく
終息
종식
≒ ピリオド
피리어드(period)
[동]

インフルエンザの流行は終息に向かっている。
인플루엔자의 유행은 종식을 향하고 있다.

18 き
機
계기, 기회

結果を分析し、機を逸することなく対応する。
결과를 분석하여, 기회를 놓치는 일 없이 대응하다.

19 なあ **馴れ合い**

담합

≒ ぐる 한패, 공모

はっちゅうしゃ じゅちゅうしゃ な あ ふせい う
発注者と受注者の馴れ合いが不正を生む。

발주자와 수주자의 담합이 부정을 낳는다.

---

20 さんじ **惨事**

참사

かれ うんてん だいさんじ まね
彼はむちゃな運転をして大惨事を招いた。

그는 터무니없는 운전을 해서 대참사를 초래했다.

- 惨(참혹할 참)

  さん　惨事(さんじ) 참사

  ざん　惨酷(ざんこく) 참혹

---

21 そうで **総出**

총출동

+ 一家総出いっかそうで 온 가족 총출동

しゃいんそうで きゅうじつしゅっきん かさ ま あ
社員総出で休日出勤を重ねても間に合わない。

사원이 총출동해서 휴일 출근을 거듭해도 시간에 대지 못한다.

---

22 へいこう **閉口**

항복

≒ 降参こうさん 항복

동

れんじつ あつ へいこう
連日の暑さには、すっかり閉口しております。

연일 더위에는 완전히 항복하고 있습니다.

閉口へいこう는 입을 다물고 아무 말도 못한다는 뜻에서, '아무 말도 하기 싫을 정도로 질색함'을 나타내지만, 降参こうさん은 상대에게 져서 항복한다는 뜻에서, '이제 질렸음'을 뜻한다.

---

23 きぜん **毅然**

의연

きぜん ぼうりょく た む
毅然として暴力に立ち向かう。

의연하게 폭력에 맞서다.

---

24 つかま **束の間**

잠깐 동안

≒ 一瞬いっしゅん 일순간

せんしゅうまつ つか ま きゅうそく や きゅうかんせん い
先週末は束の間の休息でプロ野球観戦に行った。

지난 주말은 잠깐 동안의 휴식으로 프로 야구를 관전하러 갔다.

25 てすう
手数
□□□ 수고, 귀찮음
+ 手数料てすうりょう 수수료

お手数(てすう)おかけしますが、またご連絡(れんらく)いたします。
수고를 끼쳐 드립니다만, 다시 연락드리겠습니다.

26 ふんがい
憤慨
□□□ 분개
≒ 怒いかり 분노
동

汚職事件(おしょくじけん)ばかり起(お)こす政治家(せいじか)に憤慨(ふんがい)する。
부정 사건만 일으키는 정치인에게 분개하다.

慨 : 분개할 개　憤慨(ふんがい) 분개
概 : 대개 개　概要(がいよう) 개요

27 ねまわ
根回し
□□□ 사전 교섭
≒ ロビー活動かつどう
로비 활동
동

円滑(えんかつ)に進(すす)めるためには、根回(ねまわ)しする必要(ひつよう)がある。
원활하게 수행하기 위해서는 사전 교섭을 할 필요가 있다.

28 ちんちょう
珍重
□□□ 진중
≒ 重宝ちょうほう
소중히 여김
동

日本(にほん)からの輸入品(ゆにゅうひん)が最高級品(さいこうきゅうひん)として珍重(ちんちょう)されている。
일본에서의 수입품이 최고급품으로서 귀하게 여겨지고 있다.

29 きょうしゅう
郷愁
□□□ 향수
≒ ノスタルジア
노스탤지어(nostalgia)

窓(まど)の外(そと)には郷愁(きょうしゅう)を誘(さそ)う風景(ふうけい)が広(ひろ)がる。
창밖에는 향수를 자아내는 풍경이 펼쳐진다.

30 なだ
宥める
□□□ 달래다
≒ 慰なぐさめる
위로하다, 달래다

母親(ははおや)が泣(な)きじゃくる子供(こども)をなだめる。
어머니가 흐느껴 우는 아이를 달랜다.

31 あざむ
欺く
속이다

ふせいかく せつめい こくみん あざむ
不正確な説明をして国民を欺いている。
부정확한 설명을 해서 국민을 속이고 있다.

32 せ あ
競り合う
서로 다투다
≒ 張はり合あう 경쟁하다

にほん じどうしゃ ゆしゅつ べいこく せ あ
日本は自動車輸出で米国と競り合っている。
일본은 자동차 수출에서 미국과 경쟁하고 있다.

競せり合あう가 서로 지지 않으려고 격렬하게 다툰다는 의미라면, 張はり合あう는 라이벌끼리 서로 대항하며 겨룬다는 의미(서로 지지 않으려고 다투다)로 쓰인다.

33 ふ だ
踏み出す
착수하다, 진출하다
≒ 取とり掛かかる
착수하다

むすこ たび で せかい ふ だ かがや
息子に旅に出て世界へ踏み出して輝いてほしい。
아들이 여행을 떠나 세계로 진출하여 빛나길 바란다.

34 いまし
戒める
훈계하다
≒ 言いい聞きかせる
타이르다

しまつしょ ていしゅつ しょうらい いまし
始末書を提出させて将来を戒める。
시말서를 제출하게 해서 장래를 잡도리하다.

35 しぼ
搾る
짜내다, 호되게 혼내다

たんにん せんせい しぼ
担任の先生にこってりと搾られた。
담임 선생님에게 호되게 혼났다.

搾しぼる는 과즙, 우유 등을 손으로 짜낸다는 뜻이고, 絞しぼる는 줄이나 양끝을 잡고 강하게 비틀면서 서서히 짜낸다는 뜻(쥐어짜다)이다.

36 さと
悟る
깨닫다
≒ 察知さっちする
알아차리다

かくへいき ひさん まな じんるい おろ さと
核兵器の悲惨さについて学び、人類の愚かさを悟る。
핵무기의 비참함에 대해서 배우며, 인류의 어리석음을 깨닫다.

하루 1분 체크

1 다음 단어의 읽기로 가장 알맞은 것을 a, b 중에서 고르세요.

1. 脚色　(**a.** きゃくしき　**b.** きゃくしょく)

2. 惨事　(**a.** ざんじ　**b.** さんじ)

3. 束の間　(**a.** たばのま　**b.** つかのま)

2 다음 단어의 한자 표기로 가장 알맞은 것을 a, b 중에서 고르세요.

4. 목록(もくろく)　(**a.** 目録　**b.** 目緑)

5. 분개(ふんがい)　(**a.** 憤概　**b.** 憤慨)

6. 사전 교섭(ねまわし)　(**a.** 値回し　**b.** 根回し)

3 다음 괄호 안에 들어갈 말로 가장 알맞은 것을 a, b 중에서 고르세요.

7. 試合(しあい)で (**a.** 功績　**b.** 手柄) を立(た)てる。

8. 始末書(しまつしょ)を提出(ていしゅつ)させて将来(しょうらい)を (**a.** 戒める　**b.** 搾る)。

9. 経営責任(けいえいせきにん)の (**a.** 追及　**b.** 幸先) を求(もと)める声(こえ)があがる

정답 1ⓑ 2ⓑ 3ⓑ 4ⓐ 5ⓑ 6ⓑ 7ⓑ 8ⓐ 9ⓐ

MP3 01-05

Day 05

공부 순서 □ 미리 보기 → □ 따라 읽기 → □ 단어 암기 → □ 확인 학습

- □ 繁盛(はんじょう)
- □ 随所(ずいしょ)
- □ 了解(りょうかい)
- □ 正念場(しょうねんば)
- □ 見通し(みとおし)
- □ 徳用(とくよう)
- □ 根拠(こんきょ)
- □ 商戦(しょうせん)
- □ 二つ返事(ふたつへんじ)
- □ 袂(たもと)
- □ 預金(よきん)
- □ 誘惑(ゆうわく)
- □ 配偶者(はいぐうしゃ)
- □ 接種(せっしゅ)
- □ レート
- □ 示唆(しさ)
- □ 魂(たましい)
- □ 返済(へんさい)
- □ 取り柄(とりえ)
- □ 装飾(そうしょく)
- □ 利便性(りべんせい)
- □ 低落(ていらく)
- □ 嫉妬(しっと)
- □ 術中(じゅっちゅう)
- □ 内緒(ないしょ)
- □ 水際(みずぎわ)
- □ 撤去(てっきょ)
- □ しきたり
- □ 逸する(いっする)
- □ 仕立てる(したてる)
- □ 試みる(こころみる)
- □ 差し控える(さしひかえる)
- □ 立て替える(たてかえる)
- □ 繰り延べる(くりのべる)
- □ 戸惑う(とまどう)
- □ 損ねる(そこねる)

01 はんじょう
繁盛
번성(번창)
≒ 繁栄はんえい 번영
동

いんしょくてん はんじょう りゆう
飲食店が繁盛するには理由がある。
음식점이 번창하는 데는 이유가 있다.

繁盛はんじょう는 장사에 대해서 사용하는 경우가 많지만, 繁栄はんえい는 장사에 대해서는 사용하지 않고, 국가나 거리 등의 규모가 큰 것에 사용한다.

02 ずいしょ
随所
도처
≒ あちこち 여기저기

くら いろど くわ くふう ずいしょ
暮しに彩りを加える工夫が随所にあります。
생활에 구색을 더한 궁리가 도처에 있습니다.

03 りょうかい
了解
이해, 양해
≒ 了承りょうしょう
양해, 승낙

えいごけん ぶんか あんもく りょうかい
英語圏でも文化によるが、暗黙の了解がある。
영어권에도 문화에 따라 다르겠지만, 암묵적인 이해(불문율)가 있다.

了解りょうかい는 대등한 입장에서의 상호 이해, 동의를 나타내지만, 了承りょうしょう는 상대가 제시한 안(案) 등을 인정하는 수속상의 행위와 주관적인 감정을 넣지 않은 표현을 나타낸다.

04 しょうねんば
正念場
중요한 국면
≒ クライマックス
클라이맥스(climax)

にほん せいぞうぎょう しょうねんば むか
日本の製造業は正念場を迎えている。
일본의 제조업은 중요한 국면을 맞이하고 있다.

05 みとお
見通し
조망, 전망
≒ 見込みこみ 전망, 장래성

みとお ひび おく
見通しのつかない日々を送ることになった。
전망이 서지 않는 나날을 보내게 되었다.

見通みとおし가 장래나 미래가 어떻게 되는지 확신을 가지고 헤아려 아는 것이라면, 見込みこみ는 장래에 그렇게 되었으면 좋겠다는 희망이나 기대가 포함되어 있는 경우가 많다.

06 とくよう
徳用
덕용, 쓸모가 있음
+ 徳用品とくようひん
덕용품
ナ

ねだん たか ほう とくよう
値段は高くともこの方が徳用です。
가격은 비싸더라도 이쪽이 쓸모가 있습니다.

Day 05

07 こんきょ
根拠
근거
+根拠地こんきょち 근거지

科学的根拠に基づいた教育を行っている。
과학적인 근거에 의거한 교육을 실시하고 있다.

- 拠(의거할 거)
  - こ　証拠(しょうこ) 증거
  - きょ　根拠(こんきょ) 근거

08 しょうせん
商戦
상전, 판매 경쟁
+年末商戦ねんまつしょうせん 연말 판매 경쟁

販売店にとって年末商戦期が重要な時期である。
판매점의 경우에는 연말 판매 경쟁 시기가 중요한 시기이다.

09 ふたへんじ
二つ返事
쾌히 승낙함
↔ 生返事なまへんじ 건성으로 대답함

新入社員の歓迎会に二つ返事で参加した。
신입사원 환영회에 쾌히 참가했다.

10 たもと
袂
소매, 기슭
+袂たもとを分わかつ 작별하다, 결별하다

二人はここで南北に袂を分かつことになった。
두 사람은 여기에서 남북으로 헤어지게 되었다.

11 よきん
預金
예금
+タンス預金よきん 장롱 예금
동

銀行に預金をする場合には金利が付く。
은행에 예금을 하는 경우에는 금리가 붙는다.

預金よきん은 금융전문기관(은행, 신용금고, 신용조합)에 맡겨 둔 돈을 뜻하고, 貯金ちょきん은 우체국이나 농협, 어협 등에 맡겨 둔 돈(저금)을 뜻한다.

12 ゆうわく
誘惑
유혹
동

誘惑に耐えることで人格が決まる。
유혹에 견디는 것으로 인격이 정해진다.

13 はいぐうしゃ
配偶者
배우자
≒ パートナー
파트너(partner)

こども はいぐうしゃ な
子供のいないまま配偶者を亡くされた。
아이가 없는 채 배우자를 잃으셨다.

14 せっしゅ
接種
접종
+ 予防接種よぼうせっしゅ
예방 접종
동

こと しゅるい せっしゅ ひつよう
異なった種類のワクチンを接種する必要がある。
다른 종류의 백신을 접종할 필요가 있다.

15
レート
레이트(rate), 비율, 율
+ 為替かわせレート 환율

がいこくかわせしじょう かわせ きゅうげき へんどう
外国為替市場において為替レートが急激に変動した。
외환 시장에서 환율이 급격하게 변동했다.

16 しさ
示唆
시사
동

にほん こくさいか しさ と いっさつ
日本の国際化にむけても示唆に富む一冊。
일본의 국제화를 위해서도 시사하는 바가 많은 한 권.

- 示(보일 시)
  じ 指示(しじ) 지시
  し 示唆(しさ) 시사

17 たましい
魂
혼, 영혼

じしん も めいしこうかん たましい こ
ハキハキと自信を持ち、名刺交換にも魂を込める。
시원시원하게 자신감을 갖고, 명함 교환에도 정성을 들인다.

18 へんさい
返済
반제(변제)
+ 債務返済さいむへんさい
채무 변제
동

ゆうしきん いちぶ く あ へんさい
融資金の一部を繰り上げて返済する。
융지금의 일부를 앞당겨서 변제하다.

19 とえ
取り柄
좋은 점, 장점
≒ メリット 메리트(merit)

僕は何の取り柄もない人生を送っていた。
나는 아무 쓸모도 없는 인생을 보내고 있었다.

20 そうしょく
装飾
장식
≒ デコレーション 데코레이션(decoration)
동

花で装飾されたスイートルームで過ごす。
꽃으로 장식된 스위트룸에서 보내다.

- 装(꾸밀 장)
  そう　装飾(そうしょく) 장식
  しょう　衣装(いしょう) 의상

21 りべんせい
利便性
편의성

観光客利便性向上のためフリーWi-Fiを導入した。
관광객 편의성 향상을 위해 무료 와이파이를 도입했다.

22 ていらく
低落
저락, 하락
↔ 高騰こうとう 고등(앙등)
동

原料の価格が低落しコストが安くついた。
원료 가격이 하락하여 비용이 저렴하게 들었다.

底 : 밑 저　海底(かいてい) 해저
低 : 낮을 저　低落(ていらく) 하락
抵 : 막을 저　抵抗(ていこう) 저항

23 しっと
嫉妬
질투
≒ ジェラシー 젤러시(jealousy)
동

高級ブランドを持っている友達に嫉妬する。
고급 브랜드를 갖고 있는 친구를 질투하다.

24 じゅっちゅう
術中
술중, 술책
≒ 計略けいりゃく 계략

まんまと敵の術中に陥ってしまった。
감쪽같이 적의 술책에 빠지고 말았다.

25 ないしょ
内緒
비밀, 몰래 함
+ 内緒話ないしょばなし 내밀한 이야기

これは秘密だから内緒だよ。
이것은 비밀이니까 비밀이야.

内緒ないしょ는 구어체여서 공적인 자리에서는 사용할 수 없지만, 秘密ひみつ는 문어체적 표현으로, 공공연한 비밀 혹은 감춰져 있는 일 그 자체를 뜻한다.

---

26 みずぎわ
水際
물가, 상륙하기 직전

感染症の侵入を水際で食い止める。
감염증의 침입을 감염 직전에 차단하다.

---

27 てっきょ
撤去
철거
↔ 設置せっち 설치
[동]

撤去した自転車などは自転車集積所で保管します。
철거한 자전거 등은 자전거 집적소에서 보관합니다.

撤 : 거둘 철　撤去(てっきょ) 철거
徹 : 통할 철　徹夜(てつや) 철야

28
しきたり
관습, 관례
≒ 慣例かんれい 관례

日本の伝統的な生活のしきたりを解説します。
일본의 전통적인 생활 관습을 해설합니다.

---

29 いっ
逸する
놓치다, 빠뜨리다

パニック状況になると、人は常軌を逸する。
패닉 상황이 되면, 사람은 상궤를 벗어난다.

逸いっする는 사람이나 동물을 대상으로 사용할 수 없고, 逃のがす(놓치다)는 분함과 책임이 동반되며, 逃にがす(놓아주다)는 어쩔 수 없다는 단념이 내포되어 있다.

---

30 し た
仕立てる
옷을 만들다, 양성하다
+ 洋服ようふくを仕立したてる 양복을 짓다

花嫁のボディーに合わせてドレスを仕立てられます。
신부의 몸매에 맞추어 드레스를 만들 수 있습니다.

Day
05

31 こころ
試みる
☐☐☐ 시도해 보다
≒ 試ためす 실제로 해 보다

まど　へや　だっしゅつ　こころ
窓のない部屋からの脱出を試みるゲームです。
창문이 없는 방에서 탈출을 시도해 보는 게임입니다.

試こころみる는 어떤 결과가 될지 모르면서 해 본다는 뜻이고, 試ためす는 대상으로 하는 것의 성능이나 실태를 알기 위해서 시험해 본다는 뜻이다.

---

32 さ　ひか
差し控える
☐☐☐ 보류하다, 삼가다
≒ 遠慮えんりょする
사양하다

さ　ひか
コメントは差し控えさせていただきます。
코멘트는 보류하도록 하겠습니다.

---

33 た　か
立て替える
☐☐☐ 대신 치르다
≒ 用立ようだてる
빌려주다

ともだち　こうつうひ　た　か　かえ
友達の交通費を立て替えたが、返してくれない。
친구의 교통비를 대신 치렀지만, 갚지 않는다.

---

34 く　の
繰り延べる
☐☐☐ (날짜나 시각을) 미루다, 연기하다
≒ 持もち越こす
넘기다, 미루다

あめ　うんどうかい　らいしゅう　く　の
雨で運動会を来週に繰り延べます。
비 때문에 운동회를 다음 주로 연기합니다.

繰くり延のべる는 정해진 행사, 행위, 계약 등을 어떤 이유 때문에 뒤로 미룬다는 뜻이고, 持もち越こす는 해결 또는 처리되지 않은 문제를 어쩔 수 없이 넘기거나 미룬다는 뜻이다.

---

35 と まど
戸惑う
☐☐☐ 당황하다, 망설이다
≒ まごまごする
우물쭈물하다

よそう　しつもん　とまど
予想しなかった質問をされて戸惑う。
예상치 못한 질문을 받아서 당황하다.

---

36 そこ
損ねる
☐☐☐ 파손하다, 상하게 하다
≒ 損そこなう
파손하다, 상하게 하다

かれ　きげん　そこ　まちが
彼の機嫌を損ねたのは間違いないよ。
그의 기분을 상하게 한 것은 틀림없어.

損そこねる · 損そこなう는 거의 같은 의미로 사용되며, 損そこねる 쪽이 약간 친근한 느낌을 준다.

하루 1분 체크

1 다음 단어의 읽기로 가장 알맞은 것을 a, b 중에서 고르세요.

1. 根拠 (**a.** こんきょ **b.** こんこ)

2. 示唆 (**a.** しさ **b.** じさ)

3. 装飾 (**a.** しょうしょく **b.** そうしょく)

2 다음 단어의 한자 표기로 가장 알맞은 것을 a, b 중에서 고르세요.

4. 저락(ていらく) (**a.** 低落 **b.** 底落)

5. 철거(てっきょ) (**a.** 徹去 **b.** 撤去)

6. 물가(みずぎわ) (**a.** 水祭 **b.** 水際)

3 다음 괄호 안에 들어갈 말로 가장 알맞은 것을 a, b 중에서 고르세요.

7. 飲食店(いんしょくてん)が (**a.** 繁栄 **b.** 繁盛) する。

8. 暗黙(あんもく)の (**a.** 了解 **b.** 了承)。

9. 脱出(だっしゅつ)を (**a.** 試みる **b.** 試す) ゲーム。

정답 1ⓐ 2ⓐ 3ⓑ 4ⓐ 5ⓑ 6ⓑ 7ⓑ 8ⓐ 9ⓐ

MP3 01-06

Day 06

공부 순서 미리 보기 → 따라 읽기 → 단어 암기 → 확인 학습

□ 買(か)い溜(だ)め
□ 尋常(じんじょう)
□ 暗躍(あんやく)
□ 承諾(しょうだく)
□ お愛想(あいそ)
□ 遊説(ゆうぜい)
□ 冷笑(れいしょう)
□ 底値(そこね)
□ 用心(ようじん)

□ 異動(いどう)
□ 疾駆(しっく)
□ 受(う)け持(も)ち
□ 蓄積(ちくせき)
□ 一足飛(いっそくと)び
□ 束縛(そくばく)
□ 痛手(いたで)
□ 決裁(けっさい)
□ 愁傷(しゅうしょう)

□ 利(き)いた風(ふう)
□ 草分(くさわ)け
□ 委任(いにん)
□ 極(きわ)め付(つ)き
□ 焦眉(しょうび)
□ 御社(おんしゃ)
□ 競売(きょうばい)
□ 精算(せいさん)
□ 絆(きずな)

□ 賞味期限(しょうみきげん)
□ アポ
□ 被(こうむ)る
□ 耐(た)える
□ 堪(こら)える
□ ばてる
□ 熟(こな)す
□ 企(たくら)む
□ 凝(こ)る

01 かだ
買い溜め
□□□ 사재기
≒ 買かい占しめ 매점
동

後日ごじつに備そなえて品物しなものを買かい溜だめする。
후일을 대비해서 물건을 사재기하다.

買かい溜だめは 부족해지거나 가격이 오를 것을 예상하고 필요 이상으로 구입한다는 뜻이고, 買かい占しめは 상품, 주식 등을 독점으로 다량 구입한다는 뜻이다.

02 じんじょう
尋常
□□□ 심상, 보통, 평범
≒ 普通ふつう 보통
ナ

尋常じんじょうの手段しゅだんでは返済へんさいできる金額きんがくではない。
보통 수단으로는 반제할 수 있는 금액이 아니다.

03 あんやく
暗躍
□□□ 암약(남 몰래 행동함)
≒ 暗中飛躍あんちゅうひやく 암중비약
동

彼かれは地位ちいを得えようとして暗躍あんやくしていた。
그는 지위를 얻고자 암약하고 있었다.

04 しょうだく
承諾
□□□ 승낙
≒ 承認しょうにん 승인
동

両親りょうしんから結婚けっこんの承諾しょうだくを得える。
부모로부터 결혼 승낙을 얻다.

承諾しょうだくは 상대방의 신청이나 어떤 요청을 받아들인다는 뜻이고, 承認しょうにんは 주로 공적인 내용을 국가 기관이나 개인이 공적인 입장에서 인정한다는 뜻이다.

05 あいそ
お愛想
□□□ 대접, 계산서
≒ 勘定かんじょう 계산

何なんのお愛想あいそもなくて失礼しつれいいたしました。
아무 대접도 못 해 드려서 죄송합니다.

06 ゆうぜい
遊説
□□□ 유세
≒ アピール 어필(appeal)
동

自転車じてんしゃで選挙遊説せんきょゆうぜいする女性候補者じょせいこうほしゃもいる。
자전거로 선거 유세하는 여성 후보자도 있다.

• 説(말씀 설)
せつ　伝説(でんせつ) 전설
ぜつ　演説(えんぜつ) 연설
ぜい　遊説(ゆうぜい) 유세

Day 06

07 れいしょう
冷笑
냉소
동

かれ　め　う　れいしょう　き　い
彼の目に浮かんだ冷笑が気に入らなかった。
그의 눈에 떠오른 냉소가 마음에 들지 않았다.

冷笑れいしょう는 쌀쌀한 태도로 비웃는 것을 뜻하고, 失笑しっしょう는 어처구니가 없어 저도 모르게 툭 터져 나오는 웃음(실소)을 뜻한다.

08 そこ ね
底値
최저 가격
↔ 天井値てんじょうね 최고가

ていきん り　そこ ね　こうにゅう
低金利の底値でマイホームを購入した。
저금리의 최저 가격으로 내 집을 구입했다.

09 ようじん
用心
조심
동

ひ ごろ　なにごと　ようじん　おこた
日頃から何事にも用心を怠るな。
평소부터 매사에 주의를 게을리하지 마라.

10 い どう
異動
이동
+ 人事異動じんじいどう 인사 이동
동

ぜんにんしゃ　しゃない い どう　こうにん　ぼ しゅう
前任者が社内異動するため、後任を募集します。
전임자가 사내 이동하기 때문에, 후임을 모집합니다.

異動いどう는 직장에서 지위나 근무처 등이 변하는 것을 뜻하고, 移動いどう는 어느 장소에서 다른 장소로 옮기는 것을 뜻한다.

11 しっ く
疾駆
질구, 질주
≒ 疾走しっそう 질주
동

しっ く　かれ　じょせい　ちゅうもく　あつ
疾駆する彼のスポーツカーは女性の注目を集めた。
질주하는 그의 스포츠카는 여성의 주목을 끌었다.

疾走しっそう가 아주 빨리 달리는 것을 나타내는 데 비해, 疾駆しっく는 차나 말을 빨리 달리게 하는 것으로, 일반적으로 사람에게는 사용하지 않는다.

12 う　も
受け持ち
담당, 담임
≒ 担当たんとう 담당

にゅういん　たいいん　う　も　かん ご し　せきにん
入院から退院まで受け持ち看護師が責任をもちます。
입원에서 퇴원까지 담당 간호사가 책임을 집니다.

13 ちくせき
蓄積
☐☐☐ 축적
↔ 消耗しょうもう 소모
[동]

ファックスで受信(じゅしん)した文書(ぶんしょ)を機器(きき)に蓄積(ちくせき)する。
팩스로 수신한 문서를 기기에 축적한다.

蓄 : 모을 축　蓄積(ちくせき) 축적
畜 : 짐승 축　畜産(ちくさん) 축산

14 いっそく と
一足飛び
☐☐☐ 일약, 한달음

復活(ふっかつ)のステップは一足飛(いっそくと)びにはいかないです。
부활의 스텝은 한달음에는 되지 않습니다.

15 そくばく
束縛
☐☐☐ 속박
↔ 解放かいほう 해방
[동]

過度(かど)な詮索(せんさく)は束縛(そくばく)につながる。
과도한 탐색(천착)은 속박으로 이어진다.

16 いた で
痛手
☐☐☐ 큰 상처, 큰 손해
≒ ダメージ 대미지(damage)

貿易戦争(ぼうえきせんそう)で痛手(いたで)を受(う)けるのはどこなのか。
무역 전쟁에서 타격을 받는 것은 어디일까?

17 けっさい
決裁
☐☐☐ 결재
＋決裁済けっさいずみ 결재 완료
[동]

課長(かちょう)の決裁(けっさい)を得(え)て、関係各所(かんけいかくしょ)の担当者(たんとうしゃ)に連絡(れんらく)した。
과장의 결재를 얻어, 관계 각처의 담당자에게 연락했다.

決裁けっさい가 결정할 권한이 있는 상관이 부하가 제출한 안건을 허가하거나 승인하는 의미라면,
決済けっさい는 증권 또는 대금의 지불로 인해서 매매 거래를 끝낸다는 의미(결제)로 쓰인다.

18 しゅうしょう
愁傷
☐☐☐ 수상, 슬퍼함
＋ご愁傷様しゅうしょうさま 참으로 애통하시겠어요

お母上(ははうえ)が亡(な)くなられ、ご愁傷様(しゅうしょうさま)です。
어머님이 돌아가셔서 참으로 애통하시겠습니다.

19 き ふう
利いた風
아는 체함, 건방짐
≒ 生意気なまいき 건방짐
[ナ]

し き ふう くち き
知らないくせに、利いた風な口を利くんじゃないよ。
모르는 주제에, 건방진 말을 내뱉는 게 아냐.

利きいた風ふう가 아는 척하며 지나친 언동을 한다는 뜻이라면, 生意気なまいき는 거기에 어울리는 신분이나 연령이 아닌데 지나친 언동을 한다는 뜻이다.

---

20 くさ わ
草分け
황무지를 개척함, 창시자, 선구자
≒ 創始者そうししゃ 창시자

おんがく か くさ わ てきそんざい
その音楽家は草分け的存在だ。
그 음악가는 선구자적인 존재이다.

---

21 い にん
委任
위임
＋委任状いにんじょう 위임장
[동]

そ しょう てい き こうしょう べん ご し い にん
訴訟を提起され、交渉を弁護士に委任した。
소송이 제기되어, 협상을 변호사에게 위임했다.

委 : 맡길 위　委任(いにん) 위임
季 : 계절 계　四季(しき) 사계절

---

22 きわ つ
極め付き
감정서가 붙어 있음 (정평이 남)
≒ 折おり紙がみつき
감정 보증의 딱지가 붙은 것

じゅうどうかい きわ つ めいせんしゅ
柔道界では極め付きの名選手だ。
유도계에서는 정평이 난 명선수이다.

---

23 しょう び
焦眉
초미

くんれんせんよう ひ こうじょう けんせつ しょう び もんだい
訓練専用飛行場の建設は焦眉の問題となっている。
훈련 전용 비행장 건설은 초미의 문제가 되고 있다.

---

24 おんしゃ
御社
귀사
≒ 貴社きしゃ 귀사

おんしゃ こ じんじょうほう も
御社のサイトから個人情報が漏れています。
귀사의 사이트로부터 개인 정보가 새고 있습니다.

御社おんしゃ는 주로 회화체(면접, 방문 등)로 사용하지만, 貴社きしゃ는 주로 문장체(이력서, 편지 등)로 사용한다.

25 きょうばい
競売
경매
≒ オークション
옥션(auction)
동

きょうばい さまざま はっせい
競売になると様々なデメリットが発生してしまう。
경매가 되면 여러 가지 불이익이 발생해 버린다.

• 競(다툴 경)
きょう　競売(きょうばい) 경매
けい　競馬(けいば) 경마

26 せいさん
精算
정산
↔ 概算がいさん 개산, 어림(셈)
동

の こ ばあい お えき せいさん
乗り越しの場合、降りる駅で精算すればいいです。
하차할 역을 지나친 경우, 내리는 역에서 정산하면 됩니다.

27 きずな
絆
끊기 어려운 정, 유대

つよ きずな むす
強い絆で結ばれているカップル。
강한 유대로 맺어져 있는 커플.

28 しょうみきげん
賞味期限
상미 기한, 유통 기한
＋消費期限しょうひきげん
소비 기한

ぎゅうにゅう しょうみきげん す
この牛乳は賞味期限を過ぎたようだよ。
이 우유는 유통 기한을 넘긴 것 같아.

賞味期限しょうみきげん은 과자류, 음료, 통조림 등 비교적 장기간 보관할 수 있는 제품에 해당되는 데 비해, 消費期限しょうひきげん은 도시락, 샌드위치, 케이크 등 대체로 보관 기간이 5일 이내인 제품에 해당된다.

29
アポ
약속
≒ アポイントメント
어포인트먼트(appointment)

かいがい と
海外のビジネスパートナーとアポを取る。
해외의 비즈니스 파트너와 약속을 잡다.

30 こうむ
被る
(양해를) 받다,
(손해를) 입다

ごめんこうむ はい
ちょっと御免被って入らせてもらいます。
잠시 양해를 구하고 들어가겠습니다.

Day 06

31 た
耐える
참다, 견디다
+ ～に堪たえない
차마 ～할 수 없다

さむ　た　た　み　た　さんじ
寒さに耐える(堪える)。／ 見るに堪えない惨事。
추위에 견디다.　차마 눈 뜨고 볼 수 없는 참사.

耐たえる・堪たえる는 '(쓰라림이나 괴로움을) 참다', '(외부의 힘이나 자극 등에) 견디다'란 뜻으로 쓰이는데, '～할 만하다', '감당하다'의 뜻일 경우에는 堪たえる가 쓰인다.

32 こら
堪える
참다, 억제하다
+ ～を堪こらえる
～를 참다(억제하다)

かのじょ　なみだ　こら　ふか　いき　す
彼女は涙を堪えるように深く息を吸った。
그녀는 눈물을 참으려는 듯 숨을 깊이 들이쉬었다.

耐たえる・堪たえる가 외부로부터의 압력 등을 참는다는 의미라면, 堪こらえる는 내부에서 생기는 감정을 억제한다는 의미로 쓰인다. ～にたえる, ～をこらえる처럼 쓰이므로, 조사에 주의한다.

33
ばてる
지치다, 녹초가 되다
+ 夏なつばて 여름을 탐

あつ　いね　おな
暑さにばてるのは稲も同じだろう。
더위에 녹초가 되는 것은 벼도 마찬가지일 것이다.

34 こな
熟す
(계획대로) 해치우다, 익숙하게 다루다
+ 熟じゅくす
잘 익다, 숙련되다

にほんご　えいご　じゆうじざい
日本語と英語を自由自在にこなせる。
일본어와 영어를 자유자재로 구사할 수 있다.

35 たくら
企む
계획하다, 못된 일을 꾸미다
≒ 計画けいかくする
계획하다

かれ　なに　たくら　わ
彼らが何を企んでいるのか分からない。
그들이 무엇을 꾸미고 있는 것인지 모르겠다.

36 こ
凝る
열중하다, 공들이다
≒ 耽ふける 열중하다, 골몰하다
☞ 1그룹(五段) 활용

こ　いっこうべんきょう
テレビに凝って一向勉強しない。
텔레비전에 미쳐서 도무지 공부를 하지 않다.

凝こる가 독서, 낚시 등과 같이 취미와 관련된 것에 열중한다는 뜻이라면, 耽ふける는 한 가지 일에 지나치게 열중하거나 골몰한다는 뜻으로 쓰인다.

하루 1분 체크

1 다음 단어의 읽기로 가장 알맞은 것을 a, b 중에서 고르세요.

1. 遊説　(a. ゆうぜい　b. ゆうせつ)
2. 競売　(a. きょうばい　b. けいばい)
3. 御社　(a. ごしゃ　b. おんしゃ)

2 다음 단어의 한자 표기로 가장 알맞은 것을 a, b 중에서 고르세요.

4. 축적(ちくせき)　(a. 畜積　b. 蓄積)
5. 결재(けっさい)　(a. 決済　b. 決裁)
6. 위임(いにん)　(a. 委任　b. 季任)

3 다음 괄호 안에 들어갈 말로 가장 알맞은 것을 a, b 중에서 고르세요.

7. 両親(りょうしん)から結婚(けっこん)の(a. 承認　b. 承諾)を得(え)る。
8. 強(つよ)い(a. 手綱　b. 絆)で結(むす)ばれているカップル。
9. 前任者(ぜんにんしゃ)が社内(しゃない)(a. 異動　b. 移動)する。

정답 1ⓐ 2ⓐ 3ⓑ 4ⓑ 5ⓑ 6ⓐ 7ⓑ 8ⓑ 9ⓐ

MP3 01-07

Day 07

공부 순서 ▢ 미리 보기 ➔ ▢ 따라 읽기 ➔ ▢ 단어 암기 ➔ ▢ 확인 학습

- ☐ 控除（こうじょ）
- ☐ 有頂天（うちょうてん）
- ☐ 圧巻（あっかん）
- ☐ 圧倒（あっとう）
- ☐ 存否（そんぴ）
- ☐ 峠（とうげ）
- ☐ クレーマー
- ☐ 祝儀（しゅうぎ）
- ☐ 人質（ひとじち）
- ☐ 尽力（じんりょく）
- ☐ 頭ごなし（あたま）
- ☐ 興行（こうぎょう）
- ☐ 吐露（とろ）
- ☐ 意表（いひょう）
- ☐ 人相（にんそう）
- ☐ 表舞台（おもてぶたい）
- ☐ 伴奏（ばんそう）
- ☐ 一喝（いっかつ）
- ☐ 通常（つうじょう）
- ☐ 手口（てぐち）
- ☐ 乙（おつ）
- ☐ 一段落（いちだんらく）
- ☐ 絶句（ぜっく）
- ☐ 断腸（だんちょう）
- ☐ 疎開（そかい）
- ☐ 過ち（あやま）
- ☐ 誤り（あやま）
- ☐ 新米（しんまい）
- ☐ 行き届く（ゆ・とど）
- ☐ 言い張る（い・は）
- ☐ 垣間見る（かいまみ）
- ☐ 滲む（にじ）
- ☐ 染みる（し）
- ☐ しくじる
- ☐ 尊ぶ（とうと）
- ☐ 崇める（あが）

01 こうじょ
控除
공제
+ 控除額こうじょがく 공제액
동

医療控除の対象は多岐に渡っている。
의료비 공제 대상은 여러 방면에 걸쳐 있다.

除 : 덜 제, 사월 여　控除(こうじょ) 공제
徐 : 천천히 할 서　徐行(じょこう) 서행

02 うちょうてん
有頂天
기뻐서 어찌할 줄 모름
ナ

彼は有名な会社に入って有頂天になっている。
그는 유명한 회사에 들어가서 기뻐서 어쩔 줄 모르고 있다.

03 あっかん
圧巻
압권
≒ ハイライト
하이라이트(highlight)

地球を守った主人公の戦闘シーンは圧巻だった。
지구를 지킨 주인공의 전투 장면은 압권이었다.

04 あっとう
圧倒
압도
+ 圧倒的あっとうてき 압도적
동

俳優たちは素晴らしく、他の映画を圧倒していた。
배우들은 훌륭해서, 다른 영화를 압도하고 있었다.

圧巻あっかん은 하나의 사물이나 일 속에서 가장 뛰어난 부분으로, 비교할 대상이 내부에 있는 데 반해, 圧倒あっとう는 주위보다도 뛰어난 것으로, 비교할 대상이 외부에 있다.

05 そんぴ
存否
존재(생존) 여부
≒ 安否あんぴ 안부, 안위

微生物の存否を検出する方法を提供する。
미생물의 존재 유무를 검출하는 방법을 제공한다.

06 とうげ
峠
산마루, 고비

事件がようやく峠を越えたようだ。
사건이 겨우 고비를 넘은 것 같다.

07 **クレーマー**

클레이머(claimer)

企業(きぎょう)に悪質(あくしつ)なクレームを行(おこな)うクレーマー。

기업에 악질적인 클레임을 하는 진상 고객.

08 **祝儀**(しゅうぎ)

축의, 축의금, 팁

≒ チップ 팁(tip)

結婚式(けっこんしき)の御祝儀(ごしゅうぎ)に二万円(にまんえん)というのは駄目(だめ)らしい。

결혼식의 축의금에 2만 엔이라는 것은 안 되는 것 같다.

義 : 옳을 의　講義(こうぎ) 강의

議 : 의논할 의　議論(ぎろん) 논의

儀 : 거동 의　祝儀(しゅうぎ) 축의

09 **人質**(ひとじち)

인질

+ 身代金みのしろきん

유괴 등에서의 몸값

警察(けいさつ)は人質(ひとじち)となった職員(しょくいん)などを保護(ほご)した。

경찰은 인질이 된 직원 등을 보호했다.

10 **尽力**(じんりょく)

진력(있는 힘을 다함)

≒ 努力どりょく 노력

동

工事(こうじ)は多(おお)くの人(ひと)の尽力(じんりょく)で成功(せいこう)した。

공사는 많은 사람의 진력으로 성공했다.

11 **頭ごなし**(あたま)

불문곡직

(옳고 그름을 따지지 않음)

原因(げんいん)の解明(かいめい)をせず、ただ頭(あたま)ごなしに怒鳴(どな)る。

원인의 해명을 하지 않고 그냥 덮어놓고 야단치다.

12 **興行**(こうぎょう)

흥행

+ 興行師こうぎょうし

흥행사, 프로모터

동

全世界興行収入(ぜんせかいこうぎょうしゅうにゅう)が10億(おく)ドルを記録(きろく)した。

전 세계 흥행 수입이 10억 달러를 기록했다.

• 興(일 흥)

こう　興行(こうぎょう) 흥행

きょう　興味(きょうみ) 흥미

Chapter 01 Chapter 02 Chapter 03

13 とろ
吐露
토로
+打うち明あける
숨김없이 이야기하다
동

カウンセラーをしている友人(ゆうじん)に心情(しんじょう)を吐露(とろ)した。
상담사를 하고 있는 친구에게 심정을 토로했다.

14 いひょう
意表
의표, 뜻밖

中国株式市場(ちゅうごくかぶしきしじょう)の大幅上昇(おおはばじょうしょう)で意表(いひょう)を突(つ)かれた。
중국 주식 시장의 대폭 상승으로 의표를 찔렸다.

15 にんそう
人相
인상, 관상

環境(かんきょう)や文化(ぶんか)の影響(えいきょう)を受(う)けて人相(にんそう)は変(か)わっていく。
환경이나 문화의 영향을 받아 관상은 변해 간다.

16 おもてぶたい
表舞台
정식 무대(표면)
+舞台裏ぶたいうら 무대 뒤

第一線(だいいっせん)から退(しりぞ)いて表舞台(おもてぶたい)に立(た)たない。
제일선에서 물러나 표면에 서지 않는다.

17 ばんそう
伴奏
반주
+伴奏者ばんそうしゃ 반주자
동

ソロがうまいからと言(い)って伴奏(ばんそう)がうまいわけじゃない。
솔로를 잘한다고 해서 반주를 잘하는 것은 아니다.

• 伴(짝 반)
はん　同伴(どうはん) 동반
ばん　伴奏(ばんそう) 반주

18 いっかつ
一喝
일갈
≒ 大喝だいかつ 대갈
동

部下(ぶか)を一喝(いっかつ)することがたまにあります。
부하를 일갈하는 일이 가끔 있습니다.

Day 07

19 つうじょう
通常
통상
≒ 普通ふつう 보통

通常の業務とは別に個別に対応しなければならない。
통상 업무와는 별도로 개별적으로 대응하지 않으면 안 된다.

通常つうじょう는 습관처럼 늘 행하여지거나 변함이 없는 것을 나타내는 형식적인 말투이고, 普通ふつう는 다른 것과 비교해서 흔하게 있는 것을 나타내며 사용 범위가 넓다.

20 てぐち
手口
(범죄 등의) 수법

同じ手口の犯罪であっても少しずつ変化していく。
동일 수법의 범죄라 하더라도 조금씩 변화해 간다.

21 おつ
乙
을, 제2위
+ 乙おつに 묘하게, 별스럽게
ナ

甲は、乙に損害賠償を請求できるものとする。
갑은 을에게 손해배상을 청구할 수 있는 것으로 한다.

22 いちだんらく
一段落
일단락
≒ 一区切ひとくぎり 일단락
동

子供が高校生になり子育てが一段落した。
아이가 고등학생이 되어 육아가 일단락되었다.

一段落いちだんらく는 일의 한 단계가 끝나는 것을 나타내고, 一区切ひとくぎり는 시나 문장에서 내용상으로 일단 끊어지는 곳을 나타낸다.

23 ぜっく
絶句
절구, 말이 막힘
≒ 唖然あぜん 아연
동

悲しさがこみ上げてきて絶句する。
슬픔이 복받쳐서 말이 막히다.

24 だんちょう
断腸
단장, 애가 끊어질 듯함
동

表情には出さないが、断腸の思いをしている。
표정에는 드러내지 않지만, 애끊는 심정이다.

25 そかい
疎開
소개(분산・분리시킴)
+ 強制疎開きょうせいそかい 강제 소개
동

そかい こんなん じどう しゅうだんそかい おこな
疎開が困難な児童のため、集団疎開が行われた。
소개가 어려운 아동 때문에, 집단 소개가 실시되었다.

疎開そかい는 공습이나 재해에 의한 피해를 줄이기 위해 주민이나 건물 등을 지방으로 분산시키는 것을 뜻한다.

26 あやま
過ち
잘못, 과실

もっと かしこ ひと あやま おか
最も賢い人でも過ちを犯す。
가장 현명한 사람이라도 잘못을 저지른다.

27 あやま
誤り
잘못, 오류
+ 漢字かんじの誤あやまり 한자의 오류

おお あやま ちい あやま かずおお かか
大きな過ちは、小さな誤りを数多く抱えている。
큰 과실은 작은 잘못을 수많이 안고 있다.

誤あやまり는 올바른지의 기준에 따라서 판단을 내리고, 추상적인 사항에 쓰이는 경우가 많다. 過あやまち는 주로 사회 규범, 도덕적인 측면에서 돌이킬 수 없는 실수나 과실 등에 쓰인다.

28 しんまい
新米
햅쌀, 풋내기
≒ 新前しんまえ 신출내기

きんちょう しっぱい しんまい
緊張と失敗ばかりの新米アナウンサー。
긴장과 실수뿐인 신출내기 아나운서.

29 ゆ とど
行き届く
구석구석까지 미치다
≒ 行ゆき渡わたる 빠짐없이 고루 미치다

こま ちゅうい ゆ とど
細かいところまで注意が行き届く。
세세한 데까지 두루 주의가 미치다.

行ゆき届とどく는 구석구석까지 생각이 미치거나 두루 마음이 쓰인다는 뜻이고, 行ゆき渡わたる는 전체에 빠짐없이 미친다는 뜻으로 쓰인다.

30 い は
言い張る
우겨대다, 주장하다
+ 言いい切きる 단언하다
☞ 1그룹(五段) 활용

あいて しょうひん う と い は
相手が商品を受け取ってないと言い張る。
상대방이 상품을 받지 않았다고 우긴다.

Day 07

31 かいまみ
垣間見る
틈 사이로 보다
≒ ちらと目(め)にする
언뜻 보다

さくひん つぎ ほうこうせい かいまみ でき
この作品は次の方向性を垣間見ることが出来る。
이 작품은 다음의 방향성을 살짝 엿볼 수 있다.

---

32 にじ
滲む
번지다, 배다

ち にじ どりょく えいご しゅうとく
血の滲むような努力をして英語を習得した。
피나는 노력을 해서 영어를 습득했다.

---

33 し
染みる
스며들다, 깊이 느끼다

み し
あなたのありがたさが身に染みる。
당신의 고마움이 뼈저리게 느껴진다.

染(し)みる는 액체, 기체, 냄새, 맛, 외부로부터의 자극 등이 내부에까지 들어온다는 뜻이고, 滲(にじ)む는 그 부분에서부터 주위로 퍼지거나 내부에서 표면으로 나온다는 뜻으로 쓰인다.

34
しくじる
실패하다, 실수하다
☞ 1그룹(五段) 활용
≒ 失敗(しっぱい)する
실패하다

かた すす
そういうやり方で進めていくとしくじるよ。
그런 방식으로 진행해 가면 실패해.

---

35 とうと
尊ぶ
공경하다, 존중하다
≒ 敬(うやま)う
공경하다, 존경하다

みんしゅしゅぎ なに しょうすう いけん とうと
民主主義とは何か、少数意見を尊ぶことである。
민주주의란 무엇인가, 소수 의견을 존중하는 것이다.

尊(とうと)ぶ는 신불, 인간의 행위나 정신 등에 넓게 사용하는 데 비해, 敬(うやま)う는 대상을 고위의 것이나 상위의 것으로 생각하며 예를 다한다는 뜻으로, 친밀한 상대에게도 사용한다.

---

36 あが
崇める
우러러 받들다, 숭상하다
↔ 卑(いや)しめる
경멸하다, 멸시하다

たいこ むかし ひとびと たいよう あが
太古の昔、人々は太陽を崇めていた。
태고의 옛날, 사람들은 태양을 숭상하고 있었다.

하루 1분 체크

1 다음 단어의 읽기로 가장 알맞은 것을 a, b 중에서 고르세요.

1. 興行 (**a.** こうぎょう **b.** きょうぎょう)

2. 伴奏 (**a.** ばんそう **b.** はんそう)

3. 控除 (**a.** こうじょ **b.** くうじょ)

2 다음 단어의 한자 표기로 가장 알맞은 것을 a, b 중에서 고르세요.

4. 공제(こうじょ) (**a.** 控徐 **b.** 控除)

5. 축의(しゅうぎ) (**a.** 祝儀 **b.** 祝義)

6. 압권(あっかん) (**a.** 圧巻 **b.** 圧圏)

3 다음 괄호 안에 들어갈 말로 가장 알맞은 것을 a, b 중에서 고르세요.

7. (**a.** 普通 **b.** 通常)の業務(ぎょうむ)。

8. あなたのありがたさが身(み)に(**a.** 染みる **b.** 滲む)。

9. 細(こま)かいところまで注意(ちゅうい)が(**a.** 行き届く **b.** 行き渡る)。

정답 1ⓐ 2ⓐ 3ⓐ 4ⓑ 5ⓐ 6ⓐ 7ⓑ 8ⓐ 9ⓐ

MP3 01-08

Day 08

공부 순서 ☐ 미리 보기 → ☐ 따라 읽기 → ☐ 단어 암기 → ☐ 확인 학습

- ☐ 差(さ)し出(で)がましい
- ☐ 恩義(おんぎ)せがましい
- ☐ 著(いちじる)しい
- ☐ 紛(まぎ)らわしい
- ☐ ややこしい
- ☐ 煩(わずら)わしい
- ☐ うっとうしい
- ☐ 潔(いさぎよ)い
- ☐ 清(きよ)い
- ☐ 気(き)まずい
- ☐ 決(き)まり悪(わる)い
- ☐ 望(のぞ)ましい
- ☐ 好(この)ましい
- ☐ 馴(な)れ馴(な)れしい
- ☐ 水臭(みずくさ)い
- ☐ 歯痒(はがゆ)い
- ☐ やばい
- ☐ 物足(ものた)りない
- ☐ 乏(とぼ)しい
- ☐ 待(ま)ち遠(どお)しい
- ☐ 巧(たく)みだ
- ☐ 微(かす)かだ
- ☐ 拙劣(せつれつ)だ
- ☐ 気(き)ままだ
- ☐ 丹念(たんねん)だ
- ☐ 億劫(おっくう)だ
- ☐ 頑固(がんこ)だ
- ☐ 強情(ごうじょう)だ
- ☐ 頑(かたく)なだ
- ☐ 和(なご)やかだ
- ☐ 穏(おだ)やかだ
- ☐ のどかだ
- ☐ 奇抜(きばつ)だ
- ☐ 気軽(きがる)だ
- ☐ 手軽(てがる)だ
- ☐ 疎(まば)らだ

01 差し出がましい(さしでがましい)
주제넘다

差し出(さしで)がましいことを言(い)うようですが……。
주제넘은 말을 하는 것 같습니다만…….

02 恩着(おんき)せがましい
생색을 내다
≒ 恩(おん)がましい
*문어체형

恩着(おんき)せがましくて見返(みかえ)りを求(もと)めようとする。
생색을 내고 대가를 요구하려고 한다.

03 著(いちじる)しい
현저하다
≒ 目立(めだ)つ 눈에 띄다

人口(じんこう)の著(いちじる)しい増加(ぞうか)で、予想以上(よそういじょう)に交通量(こうつうりょう)が増(ふ)えた。
인구의 현저한 증가로, 예상 이상으로 교통량이 늘어났다.

04 紛(まぎ)らわしい
비슷해서 혼동하기 쉽다, 헷갈리기 쉽다

漢字(かんじ)を理解(りかい)できない外国人(がいこくじん)にとっては紛(まぎ)らわしい。
한자를 이해 못하는 외국인에게는 헷갈리기 쉽다.

05 ややこしい
복잡해서 알기 어렵다, 까다롭다

ややこしいことになったにちがいない。
까다롭게 된 것임에 틀림없다.

06 煩(わずら)わしい
번거롭다, 성가시다
≒ 面倒臭(めんどうくさ)い 아주 귀찮다

いろいろと煩(わずら)わしい仕事(しごと)がある。
여러 가지로 성가신 일이 있다.

煩(わずら)わしい는 부담이 되는 행위를 불쾌하게 느끼는 모양, 面倒臭(めんどうくさ)い는 관심을 갖고 있지 않아 그 행위를 하고자 하는 생각이 들지 않는 모양을 나타낸다.

07 **うっとうしい**

찌무룩하여 개운치 않다, 성가시다

≒ グルーミー 침울함, 우울함(gloomy)

すべてがうっとうしくて何(なに)をしても楽(たの)しくない。

모든 것이 성가셔서 무엇을 해도 즐겁지 않다.

うっとうしい는 어떤 대상이 적당한 범위를 넘어선 것을 불쾌하게 느끼거나 배제하고 싶다고 느끼는 모양을 뜻한다.

08 **潔(いさぎよ)い**

결백하다, 미련 없이 깨끗하다

試合(しあい)で彼(かれ)らは負(ま)けたが、卑怯(ひきょう)な手(て)は使(つか)わず潔(いさぎよ)かった。

시합에서 그들은 패했지만, 비겁한 수는 사용하지 않고 깨끗했다.

09 **清(きよ)い**

깨끗하다, 도덕적으로 순수하다

結婚(けっこん)するまでは、清(きよ)い交際(こうさい)をすることに賛成(さんせい)ですか。

결혼하기까지는 깨끗한 교제를 하는 것에 찬성입니까?

10 **気(き)まずい**

서먹서먹하다, 거북하다

≒ ばつが悪(わる)い 겸연쩍다, 거북하다

彼(かれ)が現(あらわ)れると気(き)まずい沈黙(ちんもく)が広(ひろ)がった。

그가 나타나자 어색한 침묵이 퍼졌다.

11 **決(き)まり悪(わる)い**

쑥스럽다, 멋쩍다

≒ ばつが悪(わる)い 겸연쩍다, 거북하다

誤(あやま)りを指摘(してき)されて決(き)まり悪(わる)い思(おも)いをした。

잘못을 지적받아서 멋쩍은 기분이 들었다.

12 **望(のぞ)ましい**

바람직하다

彼(かれ)が明日(あした)までにそこに着(つ)くことが望(のぞ)ましい。

그가 내일까지 거기에 도착하는 것이 바람직하다.

13 この
好ましい

마음에 들다(호감이 가다), 바람직하다

≒ 好このもしい 바람직하다
*문어체형

ふくそう この
それなりにきちんとした服装が好ましい。
나름대로 깔끔한 복장이 마음에 든다.

好このましい는 호감의 의미가 동반되고, 望のぞましい는 그러하기를 희망하는 것이지 반드시 그래야만 한다는 것은 아니라는 뜻을 나타낸다.

14 な な
馴れ馴れしい

허물없다, 버릇없다

しょたいめん な な ひと おも
初対面でも馴れ馴れしい人をどう思いますか。
첫 대면에서도 허물없는 사람을 어떻게 생각합니까?

15 みずくさ
水臭い

싱겁다, 남 대하듯 하다

≒ よそよそしい
서먹서먹하다, 데면데면하다

せいぼ じき き つか みずくさ
お歳暮の時期に気を遣うのもなんか水臭い。
연말 시기에 신경을 쓰는 것도 왠지 남 대하듯 하는 것 같다.

16 はがゆ
歯痒い

조바심이 나다, 답답하다

≒ もどかしい
답답하다, 안타깝다

かれ しごと み はがゆ
彼の仕事ぶりを見ていると歯痒くなる。
그의 일하는 꼴을 보고 있으면 답답해진다.

歯痒はがゆい는 남이 하는 것이 시간이 걸리거나 잘 되지 않아서 안달한다는 뜻이고, もどかしい는 서두르고 있음에도 시간이 걸릴 것 같기 때문에 안달한다는 뜻이다.

17
やばい

위태롭다, 위험하다

+ この料理りょうりやばい
이 요리 최고다

きんちょう けっきょく
緊張してたけど、結局そんなやばくはなかった。
긴장했는데, 결국 그렇게 위태롭지는 않았다.

18 ものた
物足りない

어딘가 부족하다

ものた じゅく い
物足りないので、塾に行くことにした。
어딘가 부족하기 때문에, 학원에 가기로 했다.

Day 08

19 とぼ
乏しい
모자라다, 결핍하다
+ 満みちる 차다, 충족되다

えいようぶん とぼ かんきょう かんが
栄養分に乏しい環境であるからと考えられる。
영양분이 부족한 환경이기 때문이라고 생각된다.

20 ま どお
待ち遠しい
몹시 기다려지다

つゆ あ ま どお きょう ごろ
梅雨明けが待ち遠しい今日この頃です。
장마 끝나기가 몹시 기다려지는 요즈음입니다.

21 たく
巧みだ
교묘하다
+ 言葉巧ことばたくみ
교묘한 말
명

う ちゅう ひ こう し たく あやつ
宇宙飛行士は、ロボットアームを巧みに操った。
우주 비행사는 로봇 팔을 능숙하게 다뤘다.

22 かす
微かだ
희미하다, 어렴풋하다
≒ 仄ほのかだ
아련하다, 어렴풋하다

かれ め かな いろ
彼の目にはかすかに悲しみの色があった。
그의 눈에는 희미하게 슬픈 기색이 있었다.

かすかだ는 소리, 형태 등이 사라져 가는 '아주 조금'을 뜻하고, ほのかだ는 전체가 아련해서 확실하지 않은 색이나 기분의 느낌으로, 훈훈하고 따뜻한 이미지를 갖는다.

23 せつれつ
拙劣だ
졸렬하다
≒ 下手へただ 서툴다
명

ひんじゃく そう ち せつれつ えん ぎ しば い
貧弱な装置や拙劣な演技の芝居。
빈약한 장치와 졸렬한 연기의 연극.

24 き
気ままだ
내키는 대로다
명

りょこう す ふう ふ き
ここは、旅行が好きな夫婦の気ままなブログです。
이곳은 여행을 좋아하는 부부의 내키는 대로 블로그입니다.

気きままだ가 자유롭게 행동한다는 뜻이라면, 勝手かってだ는 자신만의 형편이나 판단으로 행동하는 것이 중심이고, わがままだ는 태도나 성격 전체에 대해서 말하는 의미로 쓰인다.

25 たんねん
丹念だ

꼼꼼히 하다

명

この本(ほん)は丹念(たんねん)に読(よ)まなければならない。

이 책은 꼼꼼히 읽지 않으면 안 된다.

26 おっくう
億劫だ

귀찮다

+ おっくうがる
귀찮아하다

명

休(やす)みが長過(なが す)ぎると、仕事(し ごと)に戻(もど)るのがおっくうになる。

휴가가 너무 길면, 업무에 복귀하는 것이 귀찮아진다.

27 がんこ
頑固だ

완고하다, 끈질기다

명

彼(かれ)は多少(た しょう)頑固(がんこ)なところがあるが、人柄(ひとがら)はいい。

그는 다소 완고한 부분이 있지만, 인품은 좋다.

28 ごうじょう
強情だ

고집이 세다, 완강하다

명

彼(かれ)はあまり強情(ごうじょう)だから、最後(さい ご)の手段(しゅだん)をとったのだ。

그는 너무나 완강하기 때문에, 마지막 수단을 취한 것이다.

強情ごうじょうだ가 남의 말을 듣지 않는 모양을 나타낸다면, 頑固がんこだ는 자신의 생각을 적극적으로 통하게 한다는 뜻으로, 사람 이외의 끈질긴 것에도 사용한다.

29 かたく
頑なだ

완고하다, 고집스럽다

↔ 素直すなおだ
고분고분하다, 순진하다

父親(ちちおや)は、自分(じ ぶん)の気持(き も)ちを頑(かたく)なに変(か)えない性格(せいかく)です。

아버지는 자신의 마음을 완고하게 바꾸지 않는 성격입니다.

30 なご
和やかだ

온화하다, 화목하다

彼(かれ)らは和(なご)やかな雰囲気(ふんい き)の中(なか)で話(はな)し合(あ)った。

그들은 온화한 분위기 속에서 이야기를 나누었다.

Day 08

31 おだ
穏やかだ
평온하다, 온건하다

この歌は私たちを穏やかな気持ちにさせてくれます。
이 노래는 우리를 평온한 기분으로 만들어 줍니다.

和なごやかだ는 마음을 터 놓아 기분 좋은 상태나 분위기와 관계되는 것에 사용하지만, 穏おだやかだ는 기복이 적고 안정된 상태로 따뜻함이 있으며 사람, 사물, 현상에 사용한다.

32
のどかだ
화창하다, 한가롭다

これほどのどかな風景を見たことがない。
이렇게 화창한 광경을 본 적이 없다.

のどかだ는 주로 자연 환경 또는 그와 관련이 깊은 사물이나 현상에 사용한다.

33 きばつ
奇抜だ
기발하다
명

参考になる奇抜なデザイン作品。
참고가 되는 기발한 디자인 작품.

34 きがる
気軽だ
소탈하다, 마음 편하다

問題があれば、気軽に私に電話してください。
문제가 있으면, 편하게 저에게 전화해 주세요.

35 てがる
手軽だ
손쉽다, 간편하다
+ 手軽てがるい 손쉽다, 간이하다
명

必要な情報のみを手軽に閲覧できるようにする。
필요한 정보만을 간단하게 열람할 수 있도록 한다.

36 まば
疎らだ
드문드문하다, 드물게 일어나다
≒ ちらほら 드문드문 보이는 모양, 여기저기

畑は果樹がまばらに植えられていた。
밭은 과수가 듬성듬성 심어져 있었다.

하루 1분 체크

1 다음 단어의 읽기로 가장 알맞은 것을 a, b 중에서 고르세요.

1. 煩わしい (**a.** ややこしい **b.** わずらわしい)

2. 潔い (**a.** きよい **b.** いさぎよい)

3. 強情だ (**a.** ごうじょうだ **b.** きょうじょうだ)

2 다음 단어의 한자 표기로 가장 알맞은 것을 a, b 중에서 고르세요.

4. まぎらわしい (**a.** 粉らわしい **b.** 紛らわしい)

5. なごやかだ (**a.** 和やかだ **b.** 穏やかだ)

6. まばらだ (**a.** 疎らだ **b.** 隔らだ)

3 다음 괄호 안에 들어갈 말로 가장 알맞은 것을 a, b 중에서 고르세요.

7. 卑怯(ひきょう)な手(て)は使(つか)わず(**a.** 清かった **b.** 潔かった)。

8. (**a.** かすかに **b.** ほのかに)悲(かな)しみの色(いろ)があった。

9. (**a.** 手軽に **b.** 気軽に)電話(でんわ)してください。

정답 1ⓑ 2ⓑ 3ⓐ 4ⓑ 5ⓐ 6ⓐ 7ⓑ 8ⓐ 9ⓑ

MP3 01-09

Day 09

공부 순서 ▢ 미리 보기 → ▢ 따라 읽기 → ▢ 단어 암기 → ▢ 확인 학습

- ☐ すばしこい
- ☐ 素早(すばや)い
- ☐ 心強(こころづよ)い
- ☐ 心細(こころぼそ)い
- ☐ おびただしい
- ☐ 初々(ういうい)しい
- ☐ あっけない
- ☐ おっかない
- ☐ そっけない
- ☐ 渋(しぶ)い
- ☐ あくどい
- ☐ 遠慮深(えんりょぶか)い
- ☐ 暑苦(あつくる)しい
- ☐ 息苦(いきぐる)しい
- ☐ 堅苦(かたくる)しい
- ☐ 見苦(みぐる)しい
- ☐ 見窄(みすぼ)らしい
- ☐ しぶとい
- ☐ わびしい
- ☐ 快(こころよ)い
- ☐ 愚(おろ)かだ
- ☐ 疎(おろそ)かだ
- ☐ ぞんざいだ
- ☐ せっかちだ
- ☐ 貪欲(どんよく)だ
- ☐ 滑(なめ)らかだ
- ☐ 莫大(ばくだい)だ
- ☐ 甚大(じんだい)だ
- ☐ 懇(ねんご)ろだ
- ☐ 温厚(おんこう)だ
- ☐ 温和(おんわ)だ
- ☐ 清(きよ)らかだ
- ☐ シビアだ
- ☐ 頑丈(がんじょう)だ
- ☐ 几帳面(きちょうめん)だ
- ☐ 貧弱(ひんじゃく)だ

01 すばしこい
재빠르다, 민첩하다
≒ すばしっこい
날렵하다, 기민하다

昆虫(こんちゅう)は触覚(しょっかく)をもっていて、すばしこく動(うご)き回(まわ)る。
곤충은 촉각을 가지고 있고, 재빠르게 움직인다.

すばしこい는 동작이나 반응이 아주 짧은 시간에 이루어지는 모양이고, 허술한 점이 없는 모양에도 사용한다.

02 素早(すばや)い
재빠르다, 약삭빠르다

素早(すばや)い処置(しょち)を必要(ひつよう)とする患者(かんじゃ)が運(はこ)ばれてくる。
재빠른 조치를 필요로 하는 환자가 실려 온다.

素早すばやい는 동작이나 머리 회전이 활발한 모양이고, 동작 등이 계속되는 시간이 비교적 짧은 경우에도 사용한다.

03 心強(こころづよ)い
마음 든든하다, 믿음직스럽다

援助資金(えんじょしきん)が増加傾向(ぞうかけいこう)にあることも心強(こころづよ)いことです。
원조 자금이 증가 경향에 있는 것도 마음 든든한 일입니다.

04 心細(こころぼそ)い
어쩐지 마음이 안 놓이다, 불안하다

老後(ろうご)に便(たよ)りになる身内(みうち)がいないのは心細(こころぼそ)い。
노후에 의지가 될 가족(친척)이 없는 것은 불안하다.

05 夥(おびただ)しい
(수량이) 매우 많다, (정도가) 심하다
≒ 甚はなはだしい
(정도가) 심하다, 대단하다

彼(かれ)のやり方(かた)はだらしないことおびただしい。
그의 방식은 칠칠치 못하기가 이루 말할 수 없다.

夥おびただしい는 '~ことおびただしい(~하기가 이루 말할 수 없다)'라는 표현에 한정해서 바람직하지 않음을 나타내고, 甚はなはだしい는 보통 바람직하지 않은 것에 대해서 사용한다.

06 初々(ういうい)しい
싱싱하고 청순하다

娘(むすめ)の初初(ういうい)しい花嫁姿(はなよめすがた)を見(み)た。
딸의 청순한 신부 모습을 봤다.

07 あっけ
呆気ない
싱겁다, 어이없다
≒ しょぼい 맥 빠지다

あまりにもあっけない結末(けつまつ)だった。
너무나도 어이없는 결말이었다.

08
おっかない
무섭다, 두렵다
≒ 恐(おそ)ろしい 무섭다(두렵다), 걱정스럽다

あっち、おっかないから行(い)きたくないよ。
저쪽, 무섭기 때문에 가고 싶지 않아.

おっかない가 주관적이고 속어적인 표현이라면, おそろしい는 객관적이면서 약간 격식을 차린 표현이고, こわい는 주관적인 표현이다.

09 そ け
素っ気ない
무정하다, 냉담하다

彼(かれ)は彼女(かのじょ)のそっけない態度(たいど)にいらいらした。
그는 그녀의 냉담한 태도에 조바심이 났다.

10 しぶ
渋い
떫다, (표정이) 떠름하다

彼(かれ)は顔(かお)をしかめて渋(しぶ)い表情(ひょうじょう)をした。
그는 얼굴을 찡그리고 떨떠름한 표정을 했다.

11
あくどい
색이 칙칙하다, 악랄하다

目的(もくてき)のためなら、どんなあくどい事(こと)でも平気(へいき)でする。
목적을 위해서라면 어떤 악랄한 일이든 아무렇지도 않게 한다.

12 えんりょぶか
遠慮深い
조심성이 많다

彼(かれ)は地味(じみ)でおとなしく遠慮深(えんりょぶか)い性格(せいかく)に見(み)える。
그는 수수하고 얌전하며 조심성이 많은 성격으로 보인다.

13 あつくる
暑苦しい
숨 막힐 듯이 덥다

昨夜は暑苦しくてよく眠れなかった。
어젯밤은 숨 막힐 듯이 더워서 잘 못 잤다.

---

14 いきぐる
息苦しい
숨이 막히다

人が多すぎてこの部屋は息苦しい。
사람이 너무 많아서 이 방은 숨이 막힐 것 같다.

---

15 かたくる
堅苦しい
너무 엄격하다, 딱딱하다

過剰な敬語表現は相手に堅苦しい印象を与える。
지나친 경어 표현은 상대방에게 딱딱한 인상을 준다.

---

16 みぐる
見苦しい
보기 흉하다

≒ みっともない
꼴사납다, 창피하다

相手の逃げ腰の態度が、見ていて見苦しかった。
상대방의 발뺌하는 태도가, 보고 있자니 볼꼴 사나웠다.

見苦みぐるしい는 상대에게 불쾌감을 주거나 짜증나게 한다는 표현인 데 비해, みっともない는 남들이 보는 앞에서는 창피해서 못하겠다는 본인의 기분을 나타내는 표현이다.

---

17 みすぼ
見窄らしい
초라하다, 빈약하다

外見はみすぼらしくても、中身は立派だ。
외관은 볼품이 없어도, 내용물은 훌륭하다.

18
しぶとい
고집이 세다, 강인하다

しぶとい人はやっぱり最後まで生き残れるものだ。
강인한 사람은 역시 끝까지 살아남을 수 있기 마련이다.

Day 09

19 わび
侘しい
쓸쓸하다, 적적하다

≒ 寂さびしい
허전하다, 쓸쓸하다

そこには草くさもなく、わびしい庭にわが見みえるだけだ。
거기에는 풀도 없으며, 적적한 정원이 보일 뿐이다.

侘わびしい는 비참하고 안타까움에 더해 초라함도 나타내는 데 비해, 寂さびしい는 한적해서 마음이 놓이지 않거나 어딘가 부족하다는 느낌을 나타낸다.

20 こころよ
快い
유쾌하다, 기분 좋다

≒ 心地ここちよい
기분이 상쾌하다

快こころよい笑顔えがおで彼女かのじょは私わたしに挨拶あいさつした。
유쾌한 미소로 그녀는 나에게 인사했다.

21 おろ
愚かだ
어리석다

+ 愚おろかしい
바보 같다, 어리석다

彼かれは自分じぶんの愚おろかな間違まちがいを恥はじた。
그는 자신의 어리석은 실수를 부끄러워했다.

22 おろそ
疎かだ
소홀하다, 등한히 하다

≒ 等閑なおざりだ
등한히 하다, 소홀하다

これは子供こどもの教育きょういくを疎おろそかにした結果けっかだ。
이것은 아이의 교육을 소홀히 한 결과다.

23
ぞんざいだ
소홀하다, 조략하다

商品しょうひんをぞんざいに扱あつかってはいけない。
상품을 함부로 다루어서는 안 된다.

24
せっかちだ
성급하다, 조급하다

+ 性急せいきゅう 성급 명

せっかちな運転手うんてんしゅが赤信号あかしんごうを無視むしした。
성급한 운전사가 적신호를 무시했다.

Chapter 01 Chapter 02 Chapter 03

25 どんよく
貪欲だ
탐욕스럽다
+ 欲張よくばり
욕심이 많음, 욕심꾸러기
명

かれ きょうみ どんよく ついきゅう
彼は興味のあることは貪欲に追求する。
그는 흥미가 있는 것은 탐욕스럽게 추구한다.

貪欲どんよく는 좋은 의미로 사용되는 경우도 있지만, 欲張よくばり는 대부분 나쁜 뜻으로 쓰이고, 가장 흔한 표현이다.

26 なめ
滑らかだ
매끄럽다, 순조롭다

なめ なが ぶんしょう えいご はな
もっと滑らかに、もっと長い文章で英語を話したい。
좀 더 막힘없이, 좀 더 긴 문장으로 영어를 말하고 싶다.

27 ばくだい
莫大だ
막대하다
명

しょうじょ そふ ばくだい いさん そうぞく
その少女は祖父から莫大な遺産を相続した。
그 소녀는 할아버지로부터 막대한 유산을 상속받았다.

28 じんだい
甚大だ
심대하다, 지대하다
명

なが つづ かん しゅうかく じんだい ひがい
長く続く干ばつが収穫に甚大な被害をもたらした。
오래 계속되는 가뭄이 수확에 몹시 큰 피해를 가져왔다.

莫大ばくだいだ가 단순히 정도, 수량이 매우 큰 모양을 나타내는 데 비해, 甚大じんだいだ는 피해, 손해 등 좋지 않은 것의 정도가 아주 큰 모양을 나타낸다.

29 ねんご
懇ろだ
공손하다, 정성스럽다

たびさき りょかん ねんご う
旅先の旅館で懇ろなもてなしを受けた。
여행지의 여관에서 정성어린 대접을 받았다.

30 おんこう
温厚だ
온순하다, 온후하다
명

せいかく おんこう かんけいしゃ いろん
性格の温厚であることは関係者に異論がない。
성격이 온후하다는 것은 관계자 사이에 이견이 없다.

Day 09

31 おんわ
温和だ
온화하다
명

優しくて温和で冷静な態度で、行動すること。
자상하고 온화하며 냉정한 태도로 행동할 것.

温和おんわだ는 성격, 태도가 온화하고 거칠지 않은 모양 및 날씨가 맑고 따뜻하며 바람이 부드러운 것을 나타내고, 温厚おんこうだ는 성격, 태도가 온화하고 거칠지 않은 모양을 나타낸다.

32 きよ
清らかだ
맑다, 깨끗하다
≒ 清潔せいけつだ 청결하다

水が大切に使われ、清らかに流れている。
물이 소중하게 사용되어, 맑게 흐르고 있다.

清きよらかだ는 청명해서 산뜻하고 아름답다는 의미로도 사용되는 데 비해, 清潔せいけつだ는 위생적인 뜻을 담거나 '清潔せいけつな選挙せんきょ(청결한 선거)'처럼 부정이 없다는 뜻으로 사용되기도 한다.

33
シビアだ
냉엄하다, 혹독하다, 엄격하다(severe)
≒ 手厳てきびしい
매우 엄하다, 호되다

試食したうえで、お客様目線でシビアに評価します。
시식한 후에, 고객님 시선으로 엄격하게 평가합니다.

34 がんじょう
頑丈だ
튼튼하다, 옹골차다
명

この骨は大きくて頑丈で、原始的な特徴がある。
이 뼈는 크고 단단하며, 원시적인 특징이 있다.

35 きちょうめん
几帳面だ
꼼꼼하다
명

彼は勘定を几帳面にしないと承知しない。
그는 계산을 꼼꼼하게 하지 않으면 승낙하지 않는다.

36 ひんじゃく
貧弱だ
빈약하다
명

貧弱な英語力で、私の考えを伝えるのは大変だ。
빈약한 영어 실력으로 나의 생각을 전달하는 것은 힘들다.

貧弱ひんじゃくだ는 크기와 내용이 매우 뒤떨어져 있거나, '빈약한 어휘', '빈약한 자원'처럼 모자라거나 부족하다는 뜻을 나타내고, みすぼらしい는 외관(겉모습)이 매우 뒤떨어져 보이는 모양을 나타낸다.

하루 1분 체크

1 다음 단어의 읽기로 가장 알맞은 것을 a, b 중에서 고르세요.

1. 貪欲だ (a. とんよくだ b. どんよくだ)

2. 頑丈だ (a. かんじょうだ b. がんじょうだ)

3. 貧弱だ (a. ひんじゃくだ b. びんじゃくだ)

2 다음 단어의 한자 표기로 가장 알맞은 것을 a, b 중에서 고르세요.

4. ういういしい (a. 初々しい b. 生々しい)

5. おろかだ (a. 愚かだ b. 疎かだ)

6. かたくるしい (a. 固苦しい b. 堅苦しい)

3 다음 괄호 안에 들어갈 말로 가장 알맞은 것을 a, b 중에서 고르세요.

7. (a. 素早い b. すばしこい)処置(しょち)。

8. だらしないこと(a. おびただしい b. はなはだしい)。

9. (a. 甚大な b. 莫大な)遺産(いさん)。

정답 1ⓑ 2ⓑ 3ⓐ 4ⓐ 5ⓐ 6ⓑ 7ⓐ 8ⓐ 9ⓑ

MP3 01-10

Day 10

미리 보기 → 따라 읽기 → 단어 암기 → 확인 학습

□ ぐっと	□ ふっと	□ 強ち(あながち)	□ よくよく
□ ぞっと	□ ほっと	□ 必ずしも(かならずしも)	□ すると
□ 軽々(かるがる)	□ はっと	□ 独りでに(ひとりでに)	□ それなら
□ 軽々に(けいけいに)	□ 無理に(むりに)	□ 自ずから(おのずから)	□ それでは
□ 折り入って(おりいって)	□ 強いて(しいて)	□ 自ずと(おのずと)	□ けれども
□ 総じて(そうじて)	□ 敢えて(あえて)	□ 自ら(みずから)	□ それなのに
□ 概して(がいして)	□ 押して(おして)	□ せっせと	□ それから
□ 殊に(ことに)	□ うんざり	□ こつこつ	□ また
□ とりわけ	□ 満更(まんざら)	□ つくづく	□ そればかりか

01
ぐっと
꿀꺽(쭉), 뭉클
≒ ぐいと 꿀꺽(쭉)

苦(にが)い薬(くすり)を目(め)をつぶってぐっと飲(の)む。
쓴 약을 눈을 감고 꿀꺽(단숨에) 삼키다.

02
ぞっと
오싹
+ ぞっとしない
신통치 않다

その話(はなし)を聞(き)いてぞっとした。
그 이야기를 듣고 오싹했다.

03 かるがる
軽々
가뿐히, 가볍게
≒ やすやす 거뜬히, 간단히

体(からだ)が軽(かる)く、軽々(かるがる)と体(からだ)を動(うご)かしている。
몸이 가벼워, 가뿐히 몸을 움직이고 있다.

04 けいけい
軽々に
경솔하게, 가볍게
+ 軽々かるがるしい
경솔하다

あまりに軽々(けいけい)に見(み)ているようだ。
너무나 가볍게 보고 있는 듯하다.

軽々かるがる는 무거운 물건을 가볍게 다루거나 쉽게 일을 하는 모양이고, 軽々けいけいに는 언동이 신중하지 못하거나 경솔한 모양을 나타낸다.

05 お い
折り入って
긴히, 각별히
≒ ぜひとも 꼭

折(お)り入(い)ってお願(ねが)いしたい事(こと)があります。
각별히 부탁드리고 싶은 것이 있습니다.

06 そう
総じて
대체로, 전체적으로
+ だいたい 대체로, 대강

若(わか)い人(ひと)は総(そう)じて辛抱(しんぼう)が足(た)りない。
젊은 사람은 대체로 참을성이 부족하다.

Day 10

07 がい
概して
대체로, 일반적으로
≒ 一般いっぱんに 일반적으로

ことし さくもつ できがい
今年の作物の出来は概していいようだ。
금년 작황은 대체로 좋은 것 같다.

概がいしては 전체를 쭉 대충 파악하는 모양이고, 総そうじては 예외는 다소 있어도 그 대부분을 나타낸다.

08 こと
殊に
각별히, 특히
≒ 特とくに 특히, 특별히

じつぎょうかい こと じかん まも ひつよう
実業界では殊に時間を守ることが必要だ。
실업계에서는 특히 시간을 지키는 것이 필요하다.

特とくには 다른 것과 구별해서 특별하게 취급한다는 뜻이고, 殊ことには 다른 것과 비교해서 정도가 한층 크다는 뜻으로 쓰인다.

09
とりわけ
특히, 그중에서도
≒ 特とくに 특히, 특별히

はな なか す
花の中でもとりわけバラが好きだ。
꽃 중에서도 특히 장미를 좋아한다.

殊ことには 상태에 대해서 사용하고, 주관적인 판단을 말하는 경우에는 잘 사용하지 않는다. とりわけ는 전반적으로 그러하지만 그중에서도 특별하다는 뜻으로 쓰인다.

10
ふっと
갑자기, 문득
≒ ふと 뜻밖에, 문득

あたま う しつもん
ふっと頭に浮かんだので質問します。
문득 머리에 떠올라서 질문합니다.

11
ほっと
안심하는 모양

じょうきゃく けが だい
乗客の怪我が大したこともなくてほっとした。
승객의 부상이 대수롭지 않아서 안심했다.

12
はっと
퍼뜩, 깜짝

くるま
車にぶつかりそうになってはっとする。
차에 부딪힐 뻔해서 깜짝 놀라다.

13 むり
無理に
억지로, 무리하게
+無理押むりおし 강행함

かれ れつ なか むり わ こ
彼は列の中に無理に割り込んだ。
그는 열 속에 무리하게 끼어들었다.

14 し
強いて
억지로, 굳이

の い し の
飲みたくないと言うなら強いて飲ませることはない。
마시고 싶지 않다고 한다면 굳이 마시게 할 필요는 없다.

強しいては 그렇게 할 필요가 있다는 전제에서 무리하게 한다는 뜻이고, 無理むりには 마이너스적인 결과가 되는 것도 개의치 않고 무엇인가를 강행한다는 뜻이다.

15 あ
敢えて
굳이, 특별히(별로)

あ じっこう ひと
これらを敢えて実行する人はあまりいません。
이것들을 굳이 실행하는 사람은 별로 없습니다.

16 お
押して
무리하게, 억지로
+~をおして ~을 무릅쓰고

いそが お ねが
お忙しいでしょうが、なお押してお願いします。
바쁘시겠지만, 그래도 무리하게 부탁드립니다.

押おしては 대체로 남에게 무엇인가를 의뢰하는 경우에 사용하고, 敢あえては 무리하게 그렇게 할 필요는 없지만 한다는 뜻으로 쓰인다.

17
うんざり
지긋지긋, 몹시 싫증남
≒げんなり 싫증이남, 질림 ナ

わたし まいにちおな
私は毎日同じことをするのにうんざりです。
저는 매일 똑같은 일을 하는 것에 질렸습니다.

18 まんざら
満更
반드시, 꼭, 아주
+満更まんざらでもない 마음이 내키지 않는 것도 아니다, 아주 나쁜 것만도 아니다

かれ えんぜつ す
彼の演説はまんざら捨てたものではなかった。
그의 연설은 아주 버릴 것은 아니었다.

Day 10

19 あなが
強ち
☐☐☐ 반드시, 꼭

かれ い まちが
彼の言うことはあながち間違っていない。
그가 말하는 것은 반드시 틀린 것은 아니다.

満更まんざら는 마이너스 평가인 것을 부정하고 반대의 플러스 측면도 있다는 뜻이고, 強あながち는 판정에 강하게 반대하는 뜻으로 쓰인다.

20 かなら
必ずしも
☐☐☐ 반드시, 꼭

えんだか かなら にほんけいざい よ かぎ
円高は必ずしも日本経済に良いとは限らない。
엔고는 반드시 일본 경제에 좋은 것은 아니다.

21 ひと
独りでに
☐☐☐ 저절로, 자연히

かぜ やなぎ き おお ゆ
風もないのに柳の木がひとりでに大きく揺れた。
바람도 없는데 버드나무가 저절로 크게 흔들렸다.

22 おの
自ずから
☐☐☐ 자연히, 당연히

じじつ あき
事実はおのずから明らかではないか。
사실은 자연히(당연히) 분명하지 않은가.(더 긴 설명이 필요 없음)

自おのずから는 문어체적인 표현으로 '당연하다'는 뉘앙스이고, 独ひとりでに는 회화체적인 표현으로 自おのずから와 같이 사용할 수 있지만, 초자연적인 사항에는 사용할 수 없다.

23 おの
自ずと
☐☐☐ 저절로, 자연히

おんがく き さけ の
この音楽を聞くとおのずと酒が飲みたくなる。
이 음악을 들으면 저절로 술이 마시고 싶어진다.

自おのずと는 自おのずから의 약간 회화체적인 표현으로, 自おのずから와 호환성은 있지만, 일종의 조건 반사적인 일의 경우에는 같이 사용할 수 없다.

24 みずか
自ら
☐☐☐ 자기 자신, 스스로

명

こうちょうみずか せんとう た で
校長自らが先頭に立ってデモに出かける。
교장 자신이 선두에 서서 데모에 나서다.

自みずから는 명사로 쓰인 경우에는 자기 자신의 격 있는 표현으로 사용하지만, 부사로 쓰인 경우에는 자신의 몸을 움직여서 무엇인가를 하는 것을 나타낸다.

25 **せっせと**
□□□ 부지런히, 열심히

彼(かれ)は一日中(いちにちじゅう)せっせと絵(え)を描(えが)いて楽(たの)しく過(す)ごした。
그는 하루 종일 열심히 그림을 그리며 즐겁게 보냈다.

26 **こつこつ**
□□□ 꾸준히 노력하는 모양, 꾸준히

こつこつと勉強(べんきょう)を続(つづ)け、難(むずか)しい試験(しけん)に合格(ごうかく)した。
꾸준히 공부를 계속하여, 어려운 시험에 합격했다.

こつこつ는 눈에 띄지 않지만 장기간 끈질기게 꾸준히 힘쓴다는 뜻이고, せっせと는 쉬지 않고 열심히 힘쓴다는 뜻으로 쓰인다.

27 **つくづく**
□□□ 곰곰이, 절실히
≒ しみじみ 곰곰이, 절실히

彼(かれ)は、自分(じぶん)の不幸(ふこう)をつくづく考(かんが)えた。
그는 자신의 불행을 곰곰이 생각했다.

つくづく는 考(かんが)える(생각하다), 眺(なが)める(바라보다) 등의 행위를 나타내는 단어와 함께 사용하지만, しみじみ는 「しみじみとした~(절실한)」 문형으로 사용할 수 있고 상태를 나타내는 데에 쓰인다.

28 **よくよく**
□□□ 차근차근히, 꼼꼼히

よくよく考(かんが)えてみれば、自分(じぶん)が悪(わる)かった。
차근차근히 생각해 보면, 내가 나빴다.

29 **すると**
□□□ 그러자, 그랬더니
≒ そうすると 그렇게 하니

扉(とびら)が開(あ)いた。すると、若(わか)い男(おとこ)が中(なか)からあらわれた。
문이 열렸다. 그러자, 젊은 남자가 안에서 나타났다.

30 **それなら**
□□□ 그러면, 그럼

それなら、これで失礼(しつれい)します。
그럼, 이만 실례하겠습니다.

31 **それでは**
□□□ 그렇다면, 그럼

それでは、こう考(かんが)えればいいわけだ。
그럼, 이렇게 생각하면 되겠다.

それなら・それでは는 문장 뒤에 말하는 사람의 판단, 명령, 의지 등 다양한 표현이 올 수 있지만, すると는 문장 뒤에 명령이나 의지 등은 사용할 수 없다.

32 **けれども**
□□□ 그러나, 하지만

便利(べんり)なものです。けれども、少(すこ)し値段(ねだん)が高(たか)すぎます。
편리한 물건입니다. 하지만, 좀 값이 너무 비쌉니다.

けれども는 공손한 형태에 이어지고, 회의 등의 공식적인 상황에서도 사용하지만, けれど는 약간 회화체(구어체)적이고 딱딱하지 않은 문장에서도 사용할 수 있다.

33 **それなのに**
□□□ 그런데도
≒ しかるに 그런데도

収入(しゅうにゅう)は十分(じゅうぶん)ある。それなのにいつも赤字(あかじ)だ。
수입은 충분히 있다. 그런데도 언제나 적자다.

けれども는 문장 뒤에 사실 외에 말하는 사람의 판단, 명령, 의지 등 다양한 표현이 올 수 있지만, それなのに는 문장 뒤에 기본적인 사실만 올 수 있다.

34 **それから**
□□□ 그리고, 그 다음에

宿題(しゅくだい)は以上(いじょう)です。あ、それから次(つぎ)の試験(しけん)は金曜日(きんようび)に行(おこな)います。
숙제는 이상입니다. 아, 그리고 다음 시험은 금요일에 실시합니다.

35 **また**
□□□ 또한, 게다가
+ それから
그리고, 그 다음에

外交官(がいこうかん)でもあり、また詩人(しじん)でもある。
외교관이기도 하고, 또 시인이기도 하다.

また는 한 가지의 물건이나 내용에 관하여 다른 정보를 덧붙이는 경우에 사용하고 명사를 추가시키는 경우에는 사용할 수 없지만, それから는 명사를 추가시키는 경우에도 사용할 수 있다.

36 **そればかりか**
□□□ 그것뿐인가
+ それどころか
그렇기는커녕

鈴木(すずき)さんは英語(えいご)が話(はな)せる。そればかりか韓国語(かんこくご)もフランス語(ご)も話(はな)せる。
스즈키 씨는 영어를 말할 수 있다. 그것뿐만 아니라 한국어도 프랑스어도 말할 수 있다.

そればかりか는 처음 부분에 정도가 가벼운 것에 대해서 서술한 다음에 정도가 높은 것을 덧붙일 때 쓰이고, それどころか는 상대방의 예상과 반대되는 사항을 말할 때 쓰인다.

하루 1분 체크

1 다음 단어의 일본어 표현으로 알맞은 것을 a, b 중에서 고르세요.

1. 뭉클 (a. ぞっと b. ぐっと)

2. 경솔하게 (a. 軽々 b. 軽々に)

3. 무리하게 (a. 押して b. 強いて)

4. 아주 (a. うんざり b. まんざら)

5. 자기 자신 (a. 自ら b. 自ずから)

2 다음 빈칸에 들어갈 가장 알맞은 단어를 보기에서 고르세요.

보기	a. ふっと	b. ほっと	c. はっと

6. 車(くるま)にぶつかりそうになって(　　　)する。

7. (　　　)頭(あたま)に浮(う)かんだので質問(しつもん)します。

8. 乗客(じょうきゃく)の怪我(けが)が大(たい)したこともなくて(　　　)した。

3 다음 괄호 안에 들어갈 말로 가장 알맞은 것을 a, b 중에서 고르세요.

9. 剣道(けんどう)は若者(わかもの)の健康(けんこう)によい。
(a. それどころか b. そればかりか)、人格形成(じんかくけいせい)にも大(おお)いに役立(やくだ)つ。

정답 1ⓑ 2ⓑ 3ⓐ 4ⓑ 5ⓐ 6ⓒ 7ⓐ 8ⓑ 9ⓑ

해석 9. 검도는 젊은이의 건강에 좋다. 그뿐인가, 인격 형성에도 크게 도움이 된다.

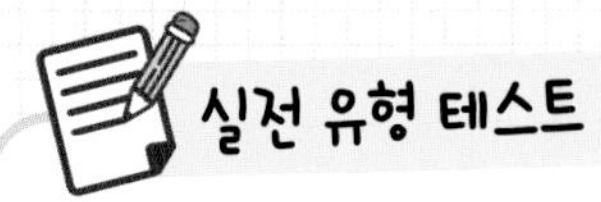

문제 1　밑줄 친 한자의 읽기 방법으로 알맞은 것을 고르세요. (한자 읽기)

1 投資信託を取り扱う会社が<u>破綻</u>した。

1 はたん　　2 はだん　　3 はじゅう　　4 はじょう

2 議長は<u>静粛</u>を命じた。

1 せいしゅく　　2 せいじゅく　　3 せいしゃく　　4 せいじゃく

3 <u>繁盛</u>する飲食店を知っている。

1 はんせい　　2 はんしょう　　3 はんぜい　　4 はんじょう

문제 2　괄호 안에 들어갈 단어로 가장 알맞은 것을 고르세요. (문맥 규정)

4 娘は小学校2年生から（　　　　）登校になった。

1 不　　2 非　　3 拒　　4 否

5 資本主義的な考え方に（　　　　）する。

1 転向　　2 転身　　3 変容　　4 変身

6 大事な傘だけど、（　　　　）あなたにだけ貸してあげる。

1 別段　　2 殊に　　3 特に　　4 とりわけ

문제 3 밑줄 친 단어와 뜻이 비슷한 것을 고르세요. (유의어)

7 弊社スタッフが参上いたします。

1 まいります　2 あがります　3 おめにかかります　4 おめにかけます

8 弟はせっかちだからよく忘れ物をする。

1 至急　2 緊急　3 性急　4 応急

9 お開きのあいさつをしましょう。

1 開会　2 閉会　3 開場　4 開店

문제 4 다음 단어의 용법으로 가장 알맞은 것을 고르세요. (용법)

10 選考

1 履修する科目を選考する。
2 来年度の教材を選考する。
3 採用候補としてふさわしい作品を選考する。
4 本人の希望を選考したうえで決定する。

11 さしでがましい

1 社員のプロフェッショナルの表情はさしでがましい限りだ。
2 部下がそこまでするのはさしでがましいと思う人もいるかもしれない。
3 教育的観点からさしでがましい学校規模について、国は現在も基準を示していない。
4 上からの目線で、施してやるのだとさしでがましく振る舞ってはならない。

➔ 정답과 해석은 다음 페이지에서 확인하세요.

실전 유형 테스트 정답과 해석

 1① 2① 3④ 4① 5① 6③ 7② 8③ 9② 10③ 11②

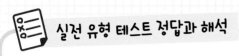

	문제 해석	복습하기
1	투자신탁을 취급하는 회사가 파탄했다.	→ p.33
2	의장은 정숙을 명령했다.	→ p.21
3	번창하는 음식점을 알고 있다.	→ p.45
4	딸은 초등학교 2학년부터 등교 거부가 되었다.	→ p.25
5	자본주의적인 사고방식으로 전향하다	→ p.39
6	소중한 우산이지만, 특별하게 당신한테만 빌려준다.	→ p.86
7	저희 스태프(담당자)가 찾아뵙겠습니다. 1 가겠습니다 2 찾아뵙겠습니다 3 만나뵙겠습니다 4 보여 드리겠습니다	→ p.17
8	동생은 성급해서 자주 물건을 잊는다. 1 급히 2 긴급 3 성급 4 응급	→ p.80
9	폐회 인사를 합시다. 1 개회 2 폐회 3 개장 4 개점	→ p.31
10	전형 1 이수하는 과목을 선택한다.〈選択〉 2 내년도의 교재를 선정한다.〈選定〉 3 채용 후보로서 적합한 작품을 전형한다. 4 본인의 희망을 고려한 후에 결정한다.〈考慮〉	→ p.13
11	주제넘다 1 사원의 프로페셔널한 표정은 듬직할 따름이다.〈頼もしい〉 2 부하가 거기까지 하는 것은 오지랖 넓다고 생각하는 사람도 있을지 모른다. 3 교육적인 관점에서 바람직한 학교 규모에 대해서, 국가는 현재도 기준을 제시하고 있지 않다.〈望ましい〉 4 위로부터의 시선으로, 베풀어 주는 것이라고 생색을 내며 행동해서는 안 된다.〈恩着せがましく〉	→ p.69

★★☆

2순위 단어

Day 11~20

MP3 01-11

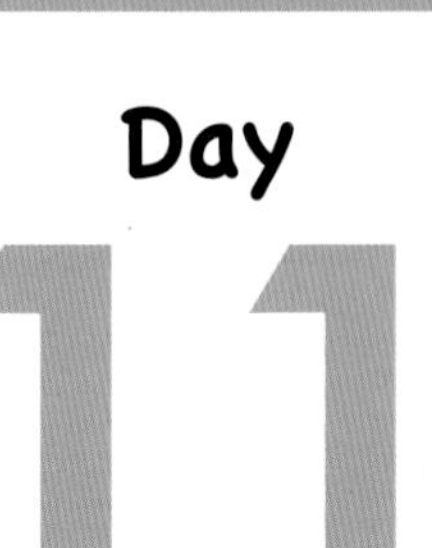

Day 11

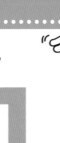

공부 순서 □ 미리 보기 → □ 따라 읽기 → □ 단어 암기 → □ 확인 학습

- □ 苦渋(くじゅう)
- □ 遍在(へんざい)
- □ しかと(シカト)
- □ 辻褄(つじつま)
- □ 拙速(せっそく)
- □ カートン
- □ 享受(きょうじゅ)
- □ 霧(きり)
- □ 金回り(かねまわり)
- □ 偶発(ぐうはつ)
- □ 手綱(たづな)
- □ 形見(かたみ)
- □ 都度(つど)
- □ 喫緊(きっきん)
- □ 地滑り(じすべり)
- □ 敷居(しきい)
- □ 危篤(きとく)
- □ 小児科(しょうにか)
- □ 出納(すいとう)
- □ 隔離(かくり)
- □ 切迫(せっぱく)
- □ 言い分(いいぶん)
- □ 言い訳(いいわけ)
- □ 衝(しょう)
- □ 瓦解(がかい)
- □ 素姓(すじょう)
- □ 折り返し(おりかえし)
- □ 疾病(しっぺい)
- □ 臨む(のぞむ)
- □ 際する(さいする)
- □ 鈍る(にぶる)
- □ 弱まる(よわまる)
- □ 弱る(よわる)
- □ 潜む(ひそむ)
- □ 潜る(もぐる)
- □ 甘える(あまえる)

01 くじゅう
苦渋
괴로워함
[동]

ことば かれ くじゅう ひとこと
この言葉は、彼には苦渋の一言だった。
이 말은, 그에게는 괴로운 한마디였다.

02 へんざい
偏在
편재
↔ 遍在へんざい
편재. 두루 퍼져 있음
[동]

とうほく ち ほう へんざい ほっかいどうなん ぶ しゅつ ど
東北地方に偏在し、北海道南部からも出土する。
동북 지방에 편재하며, 홋카이도 남부에서도 출토된다.

偏 : 치우칠 편 偏在(へんざい) 편재
遍 : 두루 편 普遍(ふへん) 보편
編 : 엮을 편 編集(へんしゅう) 편집

03
しかと(シカト)
남을 무시함
≒ 無視むし 무시
[동]

かいしゃ どうりょう
会社で同僚にシカトされた。
회사에서 동료에게 무시당했다.

04 つじつま
辻褄
조리, 이치
≒ 筋道すじみち 사리, 조리

けっきょく さいご あ
結局、最後にはつじつまが合うようになっている。
결국, 마지막에는 앞뒤가 맞도록 되어 있다.

05 せっそく
拙速
졸속
≒ 性急せいきゅう 성급
[ナ]

けいかくけってい せっそく ひ はん たいしょう
計画決定の拙速さが批判の対象となった。
계획 결정의 졸속함이 비판의 대상이 되었다.

06
カートン
카턴(carton), 담배 10갑

か
タバコをカートンで買うとライターがもらえる。
담배를 보루로 사면 라이터를 받을 수 있다.

07 きょうじゅ
享受
향수, 음미하며 누림
동

きほんてきじんけん きょうじゅ あ まえ
基本的人権を享受するのは当たり前のことだ。
기본적인 인권을 누리는 것은 당연한 일이다.

08 きり
霧
안개
+ 霜しも 서리, 성에

きり こ なに み
霧が濃くて何も見えなかった。
안개가 짙어서 아무것도 보이지 않았다.

09 かねまわ
金回り
돈의 유통, 주머니 형편
≒ 財政状況ざいせいじょうきょう 재정 상황

ふけいき かねまわ わる
不景気で金回りが悪い。
불경기로 돈의 유통이 잘 안 된다.

10 ぐうはつ
偶発
우발
+ 偶発犯ぐうはつはん 우발범
동

ぐうはつてき できごと けってい
偶発的な出来事によって決定される。
우발적인 사건에 의해서 결정되다.

偶 : 짝 우　偶発(ぐうはつ) 우발
遇 : 만날 우　遭遇(そうぐう) 조우

11 たづな
手綱
(말)고삐

かれ たづな ゆる なま はじ
彼はちょっとでも手綱を緩めると怠け始める。
그는 조금이라도 고삐를 늦추면 게으름 피우기 시작한다.

12 かたみ
形見
기념물, 유품
≒ 遺品いひん 유품

そふ かたみ とけい
祖父が形見にくれたのはこの時計である。
할아버지가 유품으로 준 것은 이 시계이다.

形見かたみ가 고인이 남긴 물건으로, 남겨진 이에게 추억이 되는 물건이라면, 遺品いひん은 고인이 남기고 간 물건으로, 특히 고인이 애용했던 물건을 말한다.

13 つど
都度
~때마다, 매번
≒ 毎回まいかい 매회, 매번

いんさつ つど もじ びみょう こと
印刷の都度、文字のイメージが微妙に異なる。
인쇄할 때마다 문자의 이미지가 미묘하게 다르다.

14 きっきん
喫緊
중요함, 시급
≒ 大切たいせつ 중요, 소중
ナ

のうぎょうぶんや たいさく きっきん かだい にんしき
農業分野の対策が喫緊の課題であると認識している。
농업 분야의 대책이 시급한 과제라고 인식하고 있다.

15 じすべ
地滑り
(산)사태, 대변동
+ 地滑じすべり的てき
압도적, 점차적
동

ほしゅせいけん じすべ てきしょうり お
保守政権の地滑り的勝利に終わった。
보수 정권의 압도적 승리로 끝났다.

16 しきい
敷居
문지방, 문턱

かね か かれ いえ しきい たか
お金を借りっぱなしで、彼の家の敷居が高くなった。
돈을 빌린 상태여서, 그의 집 문지방이 높아졌다(방문하기가 거북하다).

17 きとく
危篤
위독
≒ 重体じゅうたい 중태

じゅうだん むね かんつう かれ きとくじょうたい おちい
銃弾が胸を貫通し、彼は危篤状態に陥った。
총알이 가슴을 관통하여, 그는 위독 상태에 빠졌다.

危篤きとく는 단순히 병세가 나쁜 것이 아니라 금방이라도 죽을 것 같은 상태이고, 重体じゅうたい는 위독한 정도는 아니지만 병세가 심하게 나쁜 상태이다.

18 しょうにか
小児科
소아과

わたし しょうにか がいらい かんごし はたら
私は小児科外来で看護師として働いています。
저는 소아과 외래에서 간호사로 일하고 있습니다.

- 児(아이 아)
  じ 児童(じどう) 아동
  に 小児科(しょうにか) 소아과

19 すいとう
出納
출납
+ 出納簿すいとうぼ 출납부
동

ぎんこうべつすいとうちょう　ごうけいすいとうひょう　じどうさくせい
銀行別出納帳から合計出納表を自動作成する。
은행별 출납부에서 합계 출납표를 자동 작성한다.

20 かくり
隔離
격리
+ 隔離病舎かくりびょうしゃ 격리 병동
동

でんせんびょう　ひろ　かくり
伝染病が広がらないように隔離する。
전염병이 퍼지지 않도록 격리한다.

21 せっぱく
切迫
절박, 임박
≒ 緊迫きんぱく 긴박
동

かれ　せっぱく　じぶん　ようきゅう　しゅちょう
彼はかなり切迫して自分の要求を主張した。
그는 상당히 절박해서 자신의 요구를 주장했다.

切迫せっぱく는 막다른 곳에 몰린 상태를 말하며 시간이나 기한 등이 임박했다는 뜻으로도 쓰이지만, 緊迫きんぱく는 정세가 긴장된(긴박한) 상태에 놓였다는 뜻으로 쓰인다.

22 い　ぶん
言い分
하고픈 말, 불만
≒ 文句もんく 불평, 불만

い　ぶん　い
言い分があるなら言ってみろ。
할 말이 있거든 말해 봐라.

23 い　わけ
言い訳
변명
≒ 釈明しゃくめい 해명
동

やくそく　じかん　おく　い　わけ
約束の時間に遅れた言い訳をする。
약속 시간에 늦은 변명을 하다.

言いい訳わけ는 실패나 잘못에 대하여 자신을 정당화하기 위해 설명하는 것이고, 釈明しゃくめい는 상대의 오해나 비난에 대하여 자기 입장의 정당성을 밝히기 위해 객관적으로 설명하는 것이다.

24 しょう
衝
요충, 중요한 역할
≒ 要所ようしょ 요소

にほん　せかいこうつう　しょう　あ
日本は世界交通の衝に当たる。
일본은 세계 교통의 요충지에 해당한다.

25 がかい
瓦解
와해
[동]

かれ し じぎょう がかい
彼が死んだら、あの事業が瓦解してしまう。
그가 죽으면 그 사업이 와해되어 버린다.

26 すじょう
素性
혈통, 신원, 내력
+ 生うまれ素性すじょう 태어난 가문

ひと き じぶん すじょう あ
人に聞くときには、まず自分から素姓を明かす。
남에게 물을 때는 우선 자신부터 신원을 밝힌다.

27 お かえ
折り返し
되돌아감(옴), 받은 즉시
+ 折おり返かえし運転うんてん (사고 등으로) 중간에서 되돌아가는 운전

お かえ へんじ ねが
折り返しお返事をお願いします。
받은 즉시 답장을 부탁드립니다.

28 しっぺい
疾病
질병
+ 疾病保険しっぺいほけん 질병 보험

りよう しっぺいかんり
インターネットを利用した疾病管理システム。
인터넷을 이용한 질병 관리 시스템.

- 病(병 병)
  びょう　仮病(けびょう) 꾀병
  ぺい　疾病(しっぺい) 질병

29 のぞ
臨む
면하다, 임하다

かちょう きび たいど ぶか のぞ
課長はいつも厳しい態度で部下に臨む。
과장은 항상 엄한 태도로 부하를 대한다.

30 さい
際する
즈음하다, 임하다

けんがく さい ちゅういじこう
見学に際する注意事項。
견학에 즈음한 주의사항.

際さいするは 어떤 상황을 실질적으로 접하게 되는 경우에 사용되고, 臨のぞむは 자신의 의지로 어떤 일에 접근하거나 그 일이 자신에게 매우 중요한 경우, 또는 어떤 상황에 이르기까지 모종의 과정이 있었기 때문임을 암시하는 경우에 사용된다.

31 にぶ
鈍る
둔해지다, 무디어지다
+ 鈍にぶい 둔하다, 느리다

ぜいりし　けっしん　にぶ
税理士になる決心が鈍る。
세무사가 되겠다는 결심이 무디어지다.

32 よわ
弱まる
약해지다, 수그러지다
↔ 強つよまる
강해지다, 세지다

ひるす　あまあし　よわ
昼過ぎにやっと雨脚が弱まった。
정오가 지나서 간신히 빗발이 약해졌다.

33 よわ
弱る
약해지다, 곤란해지다

しりょく　よわ　みみ　よ
視力が弱ると耳が良くなる。
시력이 약해지면 귀가 좋아진다.

弱よわる는 '체력이나 기세 등이 약해지다' 또는 '곤혹스럽다'라는 뜻으로 쓰이고, 弱よわまる는 점점 단계적으로 약해진다는 뜻으로 쓰인다.

34 ひそ
潜む
숨다, 잠재하다

かげ　ひそ　ひとかげ　み
陰に潜んでいる人影を見た。
그늘에 숨어 있는 사람의 그림자를 보았다.

35 もぐ
潜る
잠수하다, 기어들다

いぬ　ふとん　なか　もぐ　ね
うちの犬はいつも布団の中に潜って寝ています。
우리 개는 항상 이불 속으로 기어들어 자고 있습니다.

潜もぐる는 물건의 안이나 아래에 비집고 들어가는 것으로, 남의 눈에 띄지 않는 곳에 모습을 숨겨 무엇인가를 한다는 뜻이고, 潜ひそむ는 몰래 남의 눈을 피한다는 뜻으로 쓰인다.

36 あま
甘える
응석부리다
≒ 甘あまったれる
어리광부리다

ことば　あま　おんしゃ　ほうもん
お言葉に甘えて、御社に訪問させていただきます。
말씀하신 대로, 귀사를 방문하도록 하겠습니다.

甘あまえる는 상대방의 귀여움을 받고자 하는 행동이고, 甘あまったれる는 응석부리는 방식이 도를 지나쳐서 눈꼴사나운 비난이 포함된 회화체적인 표현이다.

하루 1분 체크

1 다음 단어의 읽기로 가장 알맞은 것을 a, b 중에서 고르세요.

1. 小児科 (**a.** しょうじか **b.** しょうにか)

2. 出納 (**a.** すいとう **b.** しゅつのう)

3. 疾病 (**a.** しつびょう **b.** しっぺい)

2 다음 단어의 한자 표기로 가장 알맞은 것을 a, b 중에서 고르세요.

4. 편재(へんざい) (**a.** 偏在 **b.** 編在)

5. 우발(ぐうはつ) (**a.** 遇発 **b.** 偶発)

6. 안개(きり) (**a.** 霜 **b.** 霧)

3 다음 괄호 안에 들어갈 말로 가장 알맞은 것을 a, b 중에서 고르세요.

7. 彼(かれ)はかなり(**a.** 緊迫 **b.** 切迫)して自分(じぶん)の要求(ようきゅう)を主張(しゅちょう)した。

8. 遅(おく)れた(**a.** 言い訳 **b.** 釈明)をする。

9. 見学(けんがく)に(**a.** 臨む **b.** 際する)注意事項(ちゅういじこう)。

정답 1ⓑ 2ⓐ 3ⓑ 4ⓐ 5ⓑ 6ⓑ 7ⓑ 8ⓐ 9ⓑ

MP3 01-12

Day 12

□ 門出(かどで)	□ 親御(おやご)	□ どさくさ	□ 御機嫌(ごきげん)
□ 綺麗事(きれいごと)	□ 済し崩し(なしくずし)	□ 渦中(かちゅう)	□ 逃れる(のが)
□ 粉飾(ふんしょく)	□ 駆使(くし)	□ 手本(てほん)	□ 逃げる(に)
□ いさかい	□ 強み(つよ)	□ 葛藤(かっとう)	□ 免れる(まぬか)
□ 収賄(しゅうわい)	□ 匿名(とくめい)	□ 金繰り(かねぐ)	□ 結び付ける(むすつ)
□ お負け(ま)	□ 活況(かっきょう)	□ 寝相(ねぞう)	□ 繋ぐ(つな)
□ 行状(ぎょうじょう)	□ 棚上げ(たなあ)	□ 堅物(かたぶつ)	□ 見極める(みきわ)
□ 手際(てぎわ)	□ 慣れっこ(な)	□ 祭礼(さいれい)	□ 見定める(みさだ)
□ 設計図(せっけいず)	□ 還暦(かんれき)	□ アリバイ	□ 見据える(みす)

01 かどで
門出
집을 떠남, 출발
≒ 旅立たびだち
여행길에 오름
동

じんせい　かどで　いわ　かんぱい
人生の門出を祝って乾杯しましょう。
인생의 출발을 축하하며 건배합시다.

02 きれいごと
綺麗事
허울 좋은 말

きれいごと　なら　なに　か
綺麗事を並べるだけじゃ何も変わらない。
허울 좋은 말을 늘어놓기만 해서는 아무것도 바뀌지 않는다.

03 ふんしょく
粉飾
분식
+ 粉飾決算ふんしょくけっさん 분식결산
동

しきんぐ　つごうじょう　ちゅうしょうきぎょう　ふんしょくけっさん
資金繰りの都合上、中小企業が粉飾決算をする。
자금 융통의 사정상, 중소기업이 분식결산을 한다.

粉 : 가루 분　　粉飾(ふんしょく) 분식
紛 : 어지러워질 분　紛争(ふんそう) 분쟁

04
いさかい
말다툼, 언쟁
≒ 言いい合あい
말다툼, 말시비
동

わたし　ゆうわ　こわ
いさかいで私たちの融和が壊れた。
말다툼으로 우리의 융화가 깨졌다.

05 しゅうわい
収賄
수회, 뇌물을 받음
↔ 贈賄ぞうわい
증회, 뇌물을 줌
동

せいじか　しゅうわいざい　ようぎ　たいほ
その政治家は収賄罪の容疑で逮捕された。
그 정치인은 수회죄(수뢰죄) 혐의로 체포되었다.

06 ま
お負け
값을 깎음, 덤
+ おまけに 그 위에, 게다가
동

こか　こ
パンを２個買ったら、１個おまけしてもらいました。
빵을 2개 샀더니 1개 덤으로 받았습니다.

07 ぎょうじょう
行状
행실, 몸가짐
≒ 身持みもち 몸가짐, 품행

かのじょ ぎょうじょう あば とうこう ぞくぞく よ
彼女の行状を暴く投稿が続々と寄せられた。
그녀의 행실을 폭로하는 투고가 속속 전해졌다.

08 てぎわ
手際
솜씨
+ 不手際ふてぎわ
솜씨가 나쁨

てぎわ あ や
手際よくパンを揚げたり焼いたりしている。
솜씨 있게 빵을 튀기거나 굽거나 하고 있다.

09 せっけいず
設計図
설계도

かいはつしゃ せっけいず こうかい
ソフト開発者が設計図を公開した。
소프트웨어 개발자가 설계도를 공개했다.

- 図(그림 도)
  ず 設計図(せっけいず) 설계도
  と 図書館(としょかん) 도서관

10 おやご
親御
남의 부모의 경칭
+ 両親りょうしん
양친, 자기 부모

おやご げんき
親御さんはお元気ですか。
부모님은 잘 지내십니까?

11 な くず
済し崩し
조금씩 처리함

もんだい な くず かいけつ い
問題を済し崩しに解決して行く。
문제를 조금씩 해결해 가다.

12 くし
駆使
구사
동

ご じゆうじざい くし
フランス語を自由自在に駆使する。
프랑스어를 자유자재로 구사하다.

13 つよ
強み
강한 것, 강점
+ 強つよさ 강도, 강함(세기)

かれ つよ えいご たんのう
彼の強みは英語に堪能なことだ。
그의 강점은 영어에 능통한 것이다.

強つよみ는 강한 것, 강한 정도, 유리하게 뛰어난 점 등을 나타내고, 強つよさ는 외압에 잘 동요하지 않는 것, 승부에 이기는 뛰어난 기량 등을 나타낸다.

14 とくめい
匿名
익명
+ 匿名批評とくめいひひょう 익명 비판

つうじょう ざっし きじ とくめい
通常、雑誌の記事は匿名ではない。
보통, 잡지의 기사는 익명이 아니다.

15 かっきょう
活況
활황, 활기 띤 상황
≒ 好況こうきょう 호황

かぶしきしじょう かっきょう てい
株式市場は活況を呈している。
주식 시장은 활황을 나타내고 있다.

活況かっきょう는 증권 시장이나 경매 시장 등에서 경기가 좋거나 활기찬 상태를 나타내고, 好況こうきょう는 사회적인 규모로 경기가 좋은 것을 나타낸다.

16 たなあ
棚上げ
보류, 뒤로 미뤄 둠
+ 棚たなに上あげる 모른 체하고 문제 삼지 않다
동

ばいしょうきん しはら たなあ
賠償金の支払いは棚上げになった。
배상금 지불은 보류되었다.

17 な
慣れっこ
아주 익숙함

はは こごと な
母の小言には慣れっこになっている。
엄마의 잔소리에는 이골이 나 있다.

18 かんれき
還暦
환갑
+ 還暦祝かんれきいわい 환갑 잔치

かれ かんれき いわ おしご あつ
彼の還暦を祝うために、教え子たちが集まった。
그의 환갑을 축하하기 위해서 제자들이 모였다.

還 : 돌아올 환, 돌 선　還暦(かんれき) 환갑
環 : 고리 환　循環(じゅんかん) 순환

19 **どさくさ**

혼잡한 상태, 혼잡

+ どさくさ紛まぎれ 혼잡한 틈을 탐

동

かれ　　　　　　　　に
彼はどさくさまぎれに逃げてしまった。

그는 혼잡한 틈을 타서 달아나고 말았다.

20 **渦中**(かちゅう)

와중, 사건의 한복판

くに　せんそう　かちゅう　ま　こ
国が戦争の渦中に巻き込まれる。

나라가 전쟁의 와중에 휩쓸리다.

21 **手本**(てほん)

글씨본, 본보기

≒ 模範もはん 모범

われわれ　かれ　てほん
我々は彼を手本とすべきだ。

우리는 그를 본보기로 삼아야만 한다.

手本てほん은 그것을 흉내내어야 하는 점에 중점을 두고 있지만, 模範もはん은 이상적이고 바람직한 상태라는 점에 중점을 두고 있다.

22 **葛藤**(かっとう)

갈등

≒ もつれ 뒤얽힘, 갈등

동

りょうけ　あいだ　なが　かっとう
両家の間には長い葛藤があった。

양가 사이에는 오랜 갈등이 있었다.

23 **金繰り**(かねぐ)

돈의 변통, 돈 마련

≒ 資金しきんぐり 자금의 변통

ふけいき　かねぐ　くろう
不景気で金繰りに苦労する。

불경기로 돈 마련에 고생하다.

24 **寝相**(ねぞう)

잠자는 모습(모양)

≒ 寝姿ねすがた 잠자는 모습

ねぞう　ほうほう
なんとか寝相をよくする方法はないでしょうか。

어떻게든 잠자는 모습을 좋게 하는 방법은 없을까요?

Chapter 01 Chapter 02 Chapter 03

25 かたぶつ
堅物
융통성 없는 사람
≒ 堅人かたじん
고지식한 사람

あんな堅物(かたぶつ)と一緒(いっしょ)にいると息(いき)がつまる。
저런 융통성 없는 사람과 함께 있으면 숨이 막힌다.

26 らいさん
礼賛
예찬
동

先人(せんじん)の業績(ぎょうせき)を礼賛(らいさん)する。
선인의 업적을 예찬하다.

- 礼(예절 례, 예도 례)
  れい　礼儀(れいぎ) 예의
  らい　礼賛(らいさん) 예찬

27
アリバイ
알리바이(alibi)
≒ 不在証明ふざいしょうめい
부재 증명

彼(かれ)のアリバイには矛盾(むじゅん)がない。
그의 알리바이에는 모순이 없다.

28 ごきげん
御機嫌
기분이 아주 좋음
+ 御機嫌斜ごきげんななめ
기분이 언짢음
ナ

何(なに)より赤(あか)ちゃんがご機嫌(きげん)になるのがとても嬉(うれ)しい。
무엇보다 아기가 기분이 좋아지는 것이 너무 기쁘다.

29 のが
逃れる
달아나다, 벗어나다
↔ 捕つかまる 붙잡히다

彼(かれ)は自分(じぶん)の責任(せきにん)を逃(のが)れるために人(ひと)を犠牲(ぎせい)にした。
그는 자신의 책임을 벗어나기 위해서 남을 희생했다.

30 に
逃げる
달아나다, 회피하다

彼(かれ)は問題(もんだい)を解決(かいけつ)せずに逃(に)げる癖(くせ)がある。
그는 문제를 해결하지 않고 도망치는 버릇이 있다.

31 免(まぬか)れる

모면하다, 벗어나다

この場合(ばあい)でも責任(せきにん)を免(まぬか)れることはできない。

이 경우에도 책임을 면할 수는 없다.

免(まぬか)れる는 휩싸이기 전에 멀어지는 것이고, 逃(のが)れる는 이미 붙잡히게 된 것에서 멀어지는 것이다. 또한 逃(に)げる는 위의 두 가지 뜻을 모두 포함한다.

32 結(むす)び付(つ)ける

묶다, 결부시키다

二(ふた)つの事実(じじつ)を結(むす)び付(つ)けて考(かんが)える。

둘의 사실을 결부시켜서 생각하다.

33 繋(つな)ぐ

매다, 가두다, 잇다

雨水(あまみず)で命(いのち)をつなぐ。

빗물로 목숨을 부지하다.

繋(つな)ぐ는 무엇인가가 통하도록 하나의 이어짐을 만든다는 의미를 내포한 경우가 많고, 結(むす)び付(つ)ける는 둘 이상의 것을 묶어 붙이거나, 둘이 하나의 기능을 가지도록 관련 짓는 경우에 주로 쓰인다.

34 見極(みきわ)める

끝까지 지켜보다,
진위를 가려내다

些細(ささい)なことにとらわれず物(もの)の真理(しんり)を見極(みきわ)める。

사소한 일에 얽매이지 않고 사물의 진리를 가려내다.

35 見定(みさだ)める

보고 정하다, 확실히 보다

人柄(ひとがら)を見定(みさだ)めて採用(さいよう)する。

인품을 본 다음에 채용하다.

36 見据(みす)える

눈여겨보다, 확실히 보다

過去(かこ)を振(ふ)り返(かえ)り、未来(みらい)を見据(みす)える。

과거를 돌아보고, 미래를 바라본다.

見据(みす)える는 꼼짝 않고 본다는 의미로도 쓰이고, 見定(みさだ)める는 끝까지 잘 보고 확인한다는 뜻이다. 見極(みきわ)める는 끝까지 잘 보고 확인하여 본질을 간파하고 분명히 한다는 뜻으로 쓰인다.

1 다음 단어의 읽기로 가장 알맞은 것을 a, b 중에서 고르세요.

1. 行状 (**a.** こううじょう **b.** ぎょうじょう)

2. 設計図 (**a.** せっけいず **b.** せっけいと)

3. 礼賛 (**a.** らいさん **b.** れいさん)

2 다음 단어의 한자 표기로 가장 알맞은 것을 a, b 중에서 고르세요.

4. 분식(ふんしょく) (**a.** 粉飾 **b.** 紛飾)

5. 환갑(かんれき) (**a.** 環暦 **b.** 還暦)

6. 융통성 없는 사람(かたぶつ) (**a.** 堅物 **b.** 固物)

3 다음 괄호 안에 들어갈 말로 가장 알맞은 것을 a, b 중에서 고르세요.

7. 問題(もんだい)を(**a.** 手際 **b.** 済し崩し)に解決(かいけつ)して行(い)く。

8. 自分(じぶん)の責任(せきにん)を(**a.** 逃れる **b.** 逃げる)。

9. 二(ふた)つの事実(じじつ)を(**a.** つないで **b.** 結び付けて)考(かんが)える。

정답 1ⓑ 2ⓐ 3ⓐ 4ⓐ 5ⓑ 6ⓐ 7ⓑ 8ⓐ 9ⓑ

MP3 01-13

Day 13

공부 순서 ▢ 미리 보기 ➔ ▢ 따라 읽기 ➔ ▢ 단어 암기 ➔ ▢ 확인 학습

- □ コツ
- □ 云々(うんぬん)
- □ 合点(がってん)／合点(がてん)
- □ 幾重(いくえ)
- □ 金詰まり(かねづまり)
- □ 詐欺(さぎ)
- □ 曰く(いわく)
- □ 嫌悪(けんお)
- □ どじ
- □ 一点張り(いってんばり)
- □ 愚痴(ぐち)
- □ 応酬(おうしゅう)
- □ 暇潰し(ひまつぶし)
- □ 降参(こうさん)
- □ 押し売り(おしうり)
- □ 逸脱(いつだつ)
- □ 年の暮れ(としのくれ)
- □ 年の瀬(としのせ)
- □ 駆逐(くちく)
- □ 手立て(てだて)
- □ 一翼(いちよく)
- □ 晩節(ばんせつ)
- □ 天井(てんじょう)
- □ 折り紙(おりがみ)
- □ 公然(こうぜん)
- □ 一味(いちみ)
- □ ハウツー物(もの)
- □ 月賦(げっぷ)
- □ 見落す(みおとす)
- □ 見過ごす(みすごす)
- □ 見逃す(みのがす)
- □ もたらす
- □ よこす
- □ 持て成す(もてなす)
- □ 振る舞う(ふるまう)
- □ 見積もる(みつもる)

01 **コツ**

요령

≒ 要領ようりょう 요령

成功せいこうするコツをいろいろ教おしえてもらう。

성공하는 요령을 여러 가지 배우다.

---

02 うんぬん **云々**

운운, 왈가왈부함

≒ 何なんだかんだ 이러니저러니

동

終おわってから、結果けっかを云々うんぬんしても仕方しかたがない。

끝나고 나서, 결과를 왈가왈부해도 소용없다.

---

03 がってん がてん **合点／合点**

승낙, 수긍함

+ 早合点はやがてん 지레짐작

동

彼かれの言いう事ことはどうも合点がてんがいかない。

그가 하는 말은 도무지 납득이 가지 않는다.

- 合(합할 합)
  - ごう 合格(ごうかく) 합격
  - がっ 合点(がってん・がてん) 수긍

---

04 いくえ **幾重**

겹겹, 여러 겹

+ 幾重いくえにも 겹겹이, 몇 번이고

波なみが幾重いくえにも重かさなって寄よせてくる。

파도가 겹겹이 겹쳐서 밀려오다.

---

05 かねづ **金詰まり**

돈줄이 막힘

↔ 金余かねあまり 돈이 남아돎

厳きびしい金詰かねづまりで倒産とうさんする企業きぎょうが多おおい。

심한 금융 경색으로 도산하는 기업이 많다.

---

06 さぎ **詐欺**

사기

+ 詐欺師さぎし 사기꾼

彼かれは保険金ほけんきん詐欺さぎの容疑ようぎで逮捕たいほされた。

그는 보험금 사기 혐의로 체포되었다.

欺 : 속일 기　詐欺(さぎ) 사기

斯 : 이 사, 천할 시　斯(か)くして 이렇게 하여

07 いわ
曰く
가라사대, 이유(까닭)

何(なに)かいわくがありそうに目(め)くばせした。
무언가 까닭이 있는 듯이 눈짓을 했다.

08 けんお
嫌悪
혐오
≒ 憎悪ぞうお 증오
동

テレビに対(たい)する強(つよ)い嫌悪(けんお)を持(も)つようになった。
텔레비전에 대한 강한 혐오감을 갖게 되었다.

• 悪(악할 악, 미워할 오)
あく　悪意(あくい) 악의
お　嫌悪(けんお) 혐오

09
どじ
얼빠진 짓, 얼간이
≒ へま 바보짓, 실수
ナ

ドジを踏(ふ)んで香港(ほんこん)にいられなくなった。
얼빠진 짓을 해서 홍콩에 있을 수 없게 되었다.

どじ는 얼빠진 실수를 하는 사람, 또는 그런 실수를 할 것 같은 성질을 나타내고, へま는 행위(실수) 그 자체를 나타낸다.

10 いってんばり
一点張り
외곬, 그것만 일관함

彼(かれ)は知(し)らぬ存(ぞん)ぜぬの一点張(いってんば)りで押(お)し通(とお)した。
그는 모르쇠로 일관하며 끝까지 버텼다.

11 ぐち
愚痴
푸념
+ 愚痴話ぐちばなし 넋두리

彼(かれ)は酒(さけ)を飲(の)むと、息子(むすこ)の愚痴(ぐち)をこぼす。
그는 술을 마시면 아들의 불평을 한다.

12 おうしゅう
応酬
응수
동

候補者(こうほしゃ)たちは減税法案(げんぜいほうあん)をめぐって応酬(おうしゅう)した。
후보자들은 감세 법안을 놓고 응수했다.

13 ひまつぶ
暇潰し

시간 때우기, 시간 낭비

≒ 時間潰じかんつぶし 시간 보내기, 시간 낭비

かれ く わたし ひま ひ
彼が来るまで、私は暇つぶしにギターを弾いた。

그가 올 때까지 나는 시간 때우기로 기타를 쳤다.

14 こうさん
降参

항복, 손듦(질림)

≒ 降伏こうふく 항복

동

がんこ こうさん
あいつの頑固さには降参だ。

그 녀석의 고집에는 질렸다.

降参こうさん은 주로 개인의 투쟁 장면에서 사용되는데, 일상의 언쟁이나 놀이 시 '졌다'란 뜻으로 쓰이고, 降伏こうふく는 전쟁에 패한 것을 인정하고 적에게 복종한다는 뜻으로 쓰인다.

15 お う
押し売り

강매, 강매인

+ 押おし売うり無用むよう 강매 사절

동

ぎんこう ふひつよう きんゆうしょうひん お う
銀行から不必要な金融商品を押し売りされた。

은행에서 불필요한 금융 상품을 강매당했다.

16 いつだつ
逸脱

일탈

동

こうくうき こうろ いつだつ けいこく そうち
航空機が航路を逸脱したことを警告する装置。

항공기가 항로를 이탈한 것을 경고하는 장치.

17 とし く
年の暮れ

연말, 세모

とし く なに あわ
年の暮れは何かと慌ただしい。

세모는 여러 가지로 어수선하다.

18 とし せ
年の瀬

세모, 연말

ことし のこ とし せ お せま
今年も残すところわずか、年の瀬が押し迫ってきた。

올해도 얼마 남지 않았으며, 연말이 가까이 다가왔다.

年としの瀬せ는 年としの瀬せを越こす(세모를 넘기다) 표현에서 알 수 있듯이, 12월 말에 가까운 시기에 사용하고, 年としの暮くれ보다 좀 더 연말이 다가온 분주한 느낌이 있다.

19 くちく
駆逐
구축, 물리쳐 몰아냄
+ 駆逐艦くちくかん 구축함
동

どうやら敵(てき)を陣地(じんち)から駆逐(くちく)できた。
그럭저럭 적을 진지에서 몰아낼 수 있었다.

逐 : 쫓을 축　駆逐(くちく) 구축
遂 : 드디어 수　遂行(すいこう) 수행

20 てだ
手立て
방법, 수단

彼(かれ)を引(ひ)き止(と)める手立(てだ)てがない。
그를 말릴 방도가 없다.

21 いちよく
一翼
일익, 한 역할

その団体(だんたい)は宣伝活動(せんでんかつどう)の一翼(いちよく)を担(にな)うことになった。
그 단체는 선전 활동의 일익을 담당하게 되었다.

22 ばんせつ
晩節
만절, 만년의 절조

晩節(ばんせつ)を汚(けが)したためか、あまり評判(ひょうばん)は良(よ)くない。
만절을 더럽힌 탓인지, 그다지 평판은 좋지 않다.

23 てんじょう
天井
천장
+ 天井値てんじょうね 최고가

底(そこ)で買(か)って天井(てんじょう)で売(う)る。
바닥 시세에 사서 가장 비싸게 팔다.

24 おがみ
折り紙
종이접기, 보증
+ 折おり紙がみ付つき
확실히 보증함

その商品(しょうひん)の品質(ひんしつ)は折(お)り紙(がみ)つきです。
그 상품의 품질은 확실히 보증합니다.

25 こうぜん
公然
공연, 공공연함
+ 公然こうぜんの秘密ひみつ
공공연한 비밀

彼かれが武器ぶきを商あきなっているのは公然こうぜんの秘密ひみつである。
그가 무기를 매매하고 있는 것은 공공연한 비밀이다.

- 然(그럴 연)
  ぜん　公然(こうぜん) 공연
  ねん　天然(てんねん) 천연

---

26 いちみ
一味
일미, 일당
≒ 一党いっとう 일당, 한패

強盗ごうとうの一味いちみを検挙けんきょする。
강도의 일당을 검거하다.

---

27 もの
ハウツー物
실용 안내서(how to 物)

ハウツー物ものを読よむのを読書どくしょとは言いわない。
실용 안내서를 읽는 것을 독서라고는 하지 않는다.

---

28 げっぷ
月賦
월부
+ 月賦販売げっぷはんばい
월부 판매

月賦げっぷの支払しはらいで月収げっしゅうがかなり減へっている。
월부 지급으로 월수입이 상당히 줄어 있다.

---

29 みお
見落とす
못 보고 넘기다

間違まちがいを見落みおとしていた。
틀린 점을 못 보고 있었다.

---

30 みす
見過ごす
보고도 그냥 두다

黙だまって見過みすごすわけにはいかない。
잠자코 묵과할 수는 없다.

見過みすごす는 보고 어떠한 조치가 필요한 것에 대해서 조치를 취하지 않고 그대로 한다는 뜻이고, 見落みおとす는 보고도 알아차리지 못한다는 뜻이다.

Day 13

31 **見逃(みのが)す**
☐☐☐ 못 보고 빠뜨리다, 묵인하다

私(わたし)は軽(かる)い注意(ちゅうい)をして彼(かれ)を見逃(みのが)した。
나는 가볍게 주의를 주고 그를 눈감아 주었다.

見逃(みのが)す는 보고도 알아차리지 못하는 것 외에 보고도 나무라지 않거나 알고 있으면서 보지 않고 끝낸다는 뜻으로도 쓰인다.

32 **もたらす**
☐☐☐ 가져오다, 초래하다

会社(かいしゃ)に大(おお)きな利益(りえき)をもたらす。
회사에 큰 이익을 가져오다.

33 **よこす**
☐☐☐ 보내다, 넘겨주다

病気(びょうき)だからと彼(かれ)は断(こと)わりの手紙(てがみ)をよこした。
병 때문이라고 그는 양해의 편지를 보냈다.

34 **持(も)て成(な)す**
☐☐☐ 대접하다, 대우하다

日曜日(にちようび)に料理(りょうり)を作(つく)って家族(かぞく)やお客(きゃく)さんをもてなす。
일요일에 요리를 만들어 가족과 손님을 대접하다.

35 **振(ふ)る舞(ま)う**
☐☐☐ 행동하다, 대접하다

料理(りょうり)を作(つく)り、友人(ゆうじん)、家族(かぞく)にふるまうことが大好(だいす)きだ。
요리를 만들어 친구, 가족에게 대접하는 것을 아주 좋아한다.

振(ふ)る舞(ま)う는 식사나 음료를 내놓는 것이고, 持(も)て成(な)す는 진수성찬을 내는 것에 한하지 않고 손님을 환영하는 태도 자체를 말하기도 한다.

36 **見積(みつ)もる**
☐☐☐ 어림하다, 견적하다
≒ 目算(もくさん)する 어림잡다

高精度(こうせいど)に見積(みつ)もることができる装置(そうち)を提供(ていきょう)する。
아주 정밀하게 견적할 수 있는 장치를 제공한다.

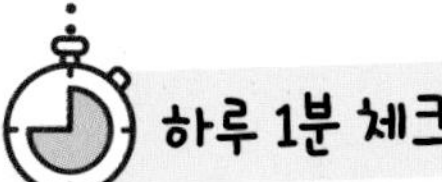

하루 1분 체크

1 다음 단어의 읽기로 가장 알맞은 것을 a, b 중에서 고르세요.

1. 合点 (**a.** ごうてん **b.** がってん)

2. 嫌悪 (**a.** けんあく **b.** けんお)

3. 公然 (**a.** こうねん **b.** こうぜん)

2 다음 단어의 한자 표기로 가장 알맞은 것을 a, b 중에서 고르세요.

4. 사기(さぎ) (**a.** 詐欺 **b.** 詐斯)

5. 수행(すいこう) (**a.** 逐行 **b.** 遂行)

6. 연말(としのせ) (**a.** 年の瀬 **b.** 年の施)

3 다음 괄호 안에 들어갈 말로 가장 알맞은 것을 a, b 중에서 고르세요.

7. (**a.** どじ **b.** へま)を踏(ふ)む。

8. 私(わたし)は軽(かる)い注意(ちゅうい)をして彼(かれ)を(**a.** 見過ごした **b.** 見逃した)。

9. 断(こと)わりの手紙(てがみ)を(**a.** もたらす **b.** よこす)。

정답 1ⓑ 2ⓑ 3ⓑ 4ⓐ 5ⓑ 6ⓐ 7ⓐ 8ⓑ 9ⓑ

MP3 01-14

Day 14

공부 순서 ▢ 미리 보기 → ▢ 따라 읽기 → ▢ 단어 암기 → ▢ 확인 학습

□ 繰(く)り言(ごと)	□ 浮沈(ふちん)	□ 製法(せいほう)	□ 通夜(つや)
□ 精進(しょうじん)	□ 振(ふ)り出(だ)し	□ ペーパードライバー	□ 養(やしな)う
□ 目(ま)の当(あ)たり	□ 構想(こうそう)	□ 保持(ほじ)	□ 培(つちか)う
□ 本名(ほんみょう)	□ 境内(けいだい)	□ 遍歴(へんれき)	□ 調(ととの)える
□ 本命(ほんめい)	□ 辟易(へきえき)	□ 机上(きじょう)の空論(くうろん)	□ 揃(そろ)える
□ 凝固(ぎょうこ)	□ 以(もっ)ての外(ほか)	□ 総菜(そうざい)	□ 携(たずさ)わる
□ 冬将軍(ふゆしょうぐん)	□ 溝(みぞ)	□ 奔走(ほんそう)	□ 渋(しぶ)る
□ 願書(がんしょ)	□ 赤貧(せきひん)	□ 口(くち)の端(は)	□ 緩(ゆる)む
□ まちまち	□ 放心(ほうしん)	□ 猛省(もうせい)	□ 弛(たる)む

01 繰り言(くごと)
□□□ 넋두리, 푸념

また父(ちち)の繰り言(くごと)が始(はじ)まった。
또 아버지의 넋두리가 시작되었다.

02 精進(しょうじん)
□□□ 정진
동

お前(まえ)は研究(けんきゅう)に精進(しょうじん)することだけを考(かんが)えていればよい。
너는 연구에 정진하는 것만을 생각하고 있으면 된다.

- 精(정할 정)
  せい　精巧(せいこう) 정교
  しょう　精進(しょうじん) 정진

03 目の当たり(まのあたり)
□□□ 눈앞(목전), 실제로
≒ 眼前がんぜん 눈앞

その光景(こうけい)を目(ま)の当(あ)たりに見(み)るように描写(びょうしゃ)してある。
그 광경을 눈앞에서 직접 보는 것 같이 묘사되어 있다.

04 本名(ほんみょう)
□□□ 본명, 실명
↔ 筆名ひつめい 필명

彼女(かのじょ)は私(わたし)に本名(ほんみょう)を隠(かく)していた。
그녀는 나에게 본명을 감추고 있었다.

05 本命(ほんめい)
□□□ 본명, 우승 후보
↔ 対抗たいこう 대항

今度(こんど)の知事選(ちじせん)は山田氏(やまだし)が本命(ほんめい)だと思(おも)います。
이번 지사 선거는 야마다 씨가 우승 후보라고 생각합니다.

06 凝固(ぎょうこ)
□□□ 응고
↔ 融解ゆうかい 융해
동

血液(けつえき)が凝固(ぎょうこ)することを妨(さまた)げている。
혈액이 응고하는 것을 방해하고 있다.

凝 : 엉길 응　凝固(ぎょうこ) 응고
擬 : 비길 의　模擬(もぎ) 모의

07 ふゆしょうぐん
冬将軍
동장군

ほんじつ　ふゆしょうぐん　いすわ
本日も冬将軍が居座っています。
오늘도 동장군이 머물고 있습니다.

08 がんしょ
願書
원서(특히 입학 원서)
+原書げんしょ
원서(특히 양서)

にゅうがくがんしょ　いただ
入学願書をメールして頂けますか。
입학 지원서를 메일로 보내 주시겠습니까?

09
まちまち
각기 다름
+ちぐはぐ 짝짝이, 뒤죽박죽
ナ

もんだい　みな　いけん
その問題では皆の意見がまちまちである。
그 문제에서는 모두의 의견이 분분하다

10 ふちん
浮沈
부침, 흥망
≒浮うき沈しずみ
부침, 흥망성쇠
동

くに　ふちん　けいかく
国の浮沈がかかったダム計画。
나라의 흥망이 걸린 댐 계획.

11 ふだ
振り出し
출발점, (사물의) 출발

ふだ　もど
このプロジェクトは振り出しに戻った。
이 프로젝트는 원점으로 돌아갔다.

12 こうそう
構想
구상
+構想力こうそうりょく
구상력
동

じかん　こうそう　ね　たの
時間をかけて構想を練るのが楽しい。
시간을 들여서 구상을 짜는 것이 즐겁다.

構 : 얽을 구　構想(こうそう) 구상
講 : 익힐 강　講堂(こうどう) 강당

Chapter 01 Chapter 02 Chapter 03

13 けいだい
境内
(신사의) 경내
↔ 境外けいがい (신사의) 경외

境内は自由に拝観できる。
경내는 자유롭게 배관(관람)할 수 있다.

14 へきえき
辟易
질림, 난처해함
≒ 閉口へいこう 질림, 손듦
동

小さな娘のはてしない質問攻めには辟易した。
자그마한 딸의 한없는 질문 공세에는 질렸다.

辟易へきえき는 '상대를 피해서 길을 바꾼다'는 뜻에서 온 것이고, 閉口へいこう는 '입을 다물고 아무 말도 못한다는 것'에서 아무 말도 하고 싶지 않을 정도로 '질렸다'는 뜻이 된 것이다.

15 もっ ほか
以ての外
의외, 당치도 않음
+ 法外ほうがい 터무니없음
ナ

無断欠勤とはもってのほかだ。
무단결근이라니 당치도 않다.

16 みぞ
溝
도랑, 틈
≒ ギャップ 갭(gap), 간격

溝がさらに深まり、リストラの危機にある。
골이 더욱 깊어져 정리 해고의 위기에 있다.

17 せきひん
赤貧
적빈, 몹시 가난함
≒ 極貧ごくひん 극빈

赤貧の子供時代を過ごした。
적빈의 어린 시절을 보냈다.

赤貧せきひん은 단순히 아무것도 갖고 있지 않은 상태를 나타내고, 極貧ごくひん는 상대적인 빈곤을 나타낸다.

18 ほうしん
放心
방심, 멍함
+ 油断ゆだん 방심, 부주의
동

感動のあまり放心状態だった。
감동한 나머지 멍한 상태였다.

19 せいほう
製法
제법
≒ 製造法せいぞうほう 제조법

それぞれの製法についてご紹介します。
각각의 제조법에 대해서 소개하여 드립니다.

製 : 지을 제　製法(せいほう) 제법
制 : 절제할 제　制約(せいやく) 제약

20
ペーパードライバー
페이퍼 드라이버(paper+driver), 장롱 면허

ペーパードライバーだから運転には自信ないんだ。
장롱 면허라서 운전에는 자신이 없어.

21 ほじ
保持
보유, 유지
≒ 維持いじ 유지
동

以下の通り機密保持契約を締結します。
다음과 같이 비밀 유지 계약을 체결합니다.

保持ほじ는 자신의 것으로 해서 그대로 계속 유지한다는 뜻이고, 維持いじ는 현재 상태를 그대로 유지한다는 뜻이다.

22 へんれき
遍歴
편력
≒ 巡歴じゅんれき 순력, 편력
동

多くの職業を遍歴した。
많은 직업을 편력했다.

遍歴へんれき는 넓은 지역을 돌아다니며 걷는 것, 또는 여러 가지 경험을 한다는 뜻이고, 巡歴じゅんれき는 넓은 지역을 돌아다니며 걷는다는 뜻이다.

23 きじょう くうろん
机上の空論
탁상공론

その考えは机上の空論に過ぎない。
그 생각은 탁상공론에 지나지 않는다.

24 そうざい
総菜
반찬, 부식물

これは夕食のお総菜にちょうどいい。
이것은 저녁 반찬으로 딱 좋다.

- 菜(나물 채)
  さい　菜食(さいしょく) 채식
  ざい　総菜(そうざい) 반찬

25 ほんそう
奔走
분주
+ 東奔西走とうほんせいそう 동분서주
[동]

営業(えいぎょう)マンなので、顧客(こきゃく)との折衝(せっしょう)に日々(ひび)奔走(ほんそう)している。
영업 사원이어서 고객과의 절충(교섭)으로 날마다 분주하다.

26 くち は
口の端
말 끝, 입길, 구설
≒ 噂うわさ 소문, 세간의 평판

マスコミの口(くち)の端(は)にのぼる。
매스컴의 입에 오르내리다.

27 もうせい
猛省
맹성, 강하게 반성함
[동]

とんでもない失敗(しっぱい)をしてしまい、猛省(もうせい)しております。
터무니없는 실패를 하고 말아서 몹시 반성하고 있습니다.

28 つ や
通夜
밤샘
≒ 徹夜てつや 철야

15連敗(れんぱい)で完全(かんぜん)にお通夜(つや)のムードになってしまった。
15연패로 완전히 초상집 분위기가 되어 버렸다.

29 やしな
養う
기르다, 부양하다

親(おや)は子(こ)を養(やしな)う義務(ぎむ)がある。
부모는 자식을 부양할 의무가 있다.

30 つちか
培う
가꾸다, 배양하다

友情(ゆうじょう)を培(つちか)うのにスポーツは効果的(こうかてき)だ。
우정을 키우는 데 스포츠는 효과적이다.

培つちかう는 식물을 소중히 기른다는 의미로 사람의 의지, 체력, 정신력 등을 육성하는 경우에도 사용한다. 養やしなう는 음식이나 의복을 제공하며, 생활을 돌보는 경우에도 사용한다.

31 ととの
調える
마련하다, 성립시키다

新しい事業を始める資金を調える。
새로운 사업을 시작할 자금을 마련하다.

32 そろ
揃える
가지런히 하다, 갖추다

当店は多数の商品を揃えております。
이 점포는 다수의 상품을 갖추고 있습니다.

揃そろえる는 있어야 할 것이 전부 모여 있도록 준비한다는 뜻이고, 調ととのえる는 어떤 일의 준비나 채비를 한다는 뜻이다.

33 たずさ
携わる
관계하다, 종사하다

彼は医学の研究に携わっている。
그는 의학 연구에 종사하고 있다.

34 しぶ
渋る
잘 진행되지 않다, 주저주저하다

+ 出だし渋しぶる 내주지 않으려고 하다

決断を渋ることでチャンスを逃してしまった。
결단을 주저함으로써 기회를 놓치고 말았다.

35 ゆる
緩む
느슨해지다, 풀어지다

↔ 締しまる 단단히 죄이다

前日との気温差が大きく、寒さが緩む。
전날과의 기온 차이가 커서 추위가 풀리다.

36 たる
弛む
느슨해지다, 처지다

急激なダイエットが原因で皮膚がたるむ。
급격한 다이어트가 원인으로 피부가 처지다.

弛たるむ는 팽팽한 것이 팽팽함이 없어져 늘어져 내려가는 것이고, 緩ゆるむ는 단단히 조이고 있는 힘이 약해지는 것으로 눈에 보이지 않는 추상적인 상태에도 일반적으로 널리 쓰인다.

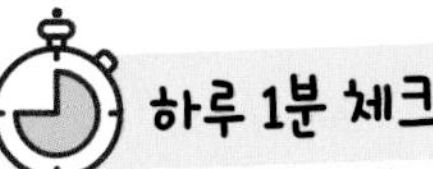

1 다음 단어의 읽기로 가장 알맞은 것을 a, b 중에서 고르세요.

1. 精進　(**a.** せいしん　**b.** しょうじん)

2. 総菜　(**a.** そうさい　**b.** そうざい)

3. 調える　(**a.** ととのえる　**b.** そろえる)

2 다음 단어의 한자 표기로 가장 알맞은 것을 a, b 중에서 고르세요.

4. 응고(ぎょうこ)　(**a.** 凝固　**b.** 擬固)

5. 구상(こうそう)　(**a.** 講想　**b.** 構想)

6. 제법(せいほう)　(**a.** 制法　**b.** 製法)

3 다음 괄호 안에 들어갈 말로 가장 알맞은 것을 a, b 중에서 고르세요.

7. 機密(きみつ)を (**a.** 保持　**b.** 維持) する。

8. 食事(しょくじ)の準備(じゅんび)を (**a.** 揃える　**b.** 調える)。

9. 急(きゅう)に寒(さむ)さが (**a.** たるむ　**b.** ゆるむ)。

정답 1ⓑ 2ⓑ 3ⓐ 4ⓐ 5ⓑ 6ⓑ 7ⓐ 8ⓑ 9ⓑ

MP3 01-15

Day 15

□ 미리 보기 → □ 따라 읽기 → □ 단어 암기 → □ 확인 학습

- □ 途方（とほう）
- □ 太刀打ち（たちう）
- □ 修行（しゅぎょう）
- □ 普遍（ふへん）
- □ ちんぷんかん
- □ 統御（とうぎょ）
- □ 申し出（もうで）
- □ 申し入れ（もうい）
- □ 制服（せいふく）
- □ 偉業（いぎょう）
- □ 立ち往生（たおうじょう）
- □ 茶番（ちゃばん）
- □ 風情（ふぜい）
- □ 手直し（てなお）
- □ 中傷（ちゅうしょう）
- □ 踏襲（とうしゅう）
- □ バリアフリー
- □ 白状（はくじょう）
- □ 自供（じきょう）
- □ 査証（さしょう）
- □ 老舗（しにせ）
- □ 退治（たいじ）
- □ 最期（さいご）
- □ 土壇場（どたんば）
- □ 念の為（ねんため）
- □ 折衷（せっちゅう）
- □ 折衝（せっしょう）
- □ 値（ね）
- □ 育む（はぐく）
- □ 歪む（ゆが）
- □ 歪む（ひず）
- □ 老いる（お）
- □ 老ける（ふ）
- □ 偽る（いつわ）
- □ ごまかす
- □ 叶える（かな）

01 とほう
途方
수단(방법), 조리(이치)
≒ 筋道すじみち
사리(조리), 절차(순서)

また面接(めんせつ)で落(お)ちたので途方(とほう)に暮(く)れています。
또 면접에서 떨어졌기 때문에 망연자실해 하고 있습니다.

02 たちうち
太刀打ち
칼싸움, 맞겨룸
동

英語(えいご)ではとても彼(かれ)には太刀打(たちう)ちできない。
영어에서는 도저히 그에게는 맞설 수 없다.

03 しゅぎょう
修行
수행
+ 修行者しゅぎょうじゃ
수행자
동

料理人(りょうりにん)が修行(しゅぎょう)する店(みせ)を探(さが)す。
요리사가 수행할 가게를 찾다.

• 修(닦을 수)
しゅう　研修(けんしゅう) 연수
しゅ　修行(しゅぎょう) 수행

04 ふへん
普遍
보편
↔ 特殊とくしゅ 특수

この分離(ぶんり)は、人間(にんげん)の成長過程(せいちょうかてい)で普遍的(ふへんてき)な現象(げんしょう)である。
이 분리는 인간의 성장 과정에서 보편적인 현상이다.

05
ちんぷんかん
종잡을 수 없음, 횡설수설
≒ ちんぷんかんぷん
횡설수설
ナ

ちんぷんかんで、今(いま)の状況(じょうきょう)が飲(の)み込(こ)めない。
종잡을 수 없고, 지금의 상황을 이해할 수 없다.

06 とうぎょ
統御
통어, 통제
≒ コントロール
컨트롤(control)
동

家畜(かちく)と野生動物(やせいどうぶつ)の相互感染(そうごかんせん)を統御(とうぎょ)する。
가축과 야생 동물의 상호 감염을 통제하다.

07 もう で
申し出
신청, 의사 표시
+申もうし出でる
자청하다, 신청하다

かれ もう で
彼らはその申し出をオーケーした。
그들은 그 제의를 OK했다.

08 もう い
申し入れ
신청, 제의
+申もうし入いれる
제의하다, 제기하다

くみあい もう い う けんとう
組合からの申し入れを受けて検討する。
조합으로부터의 제의를 받고 검토하다.

申もうし入いれ와 申もうし出でる는 자신의 요구나 희망을 상대에게 전한다는 뜻은 같지만, 申もうし出で 쪽이 관공서 또는 손윗사람에게 전한다는 뉘앙스가 강하다.

09 せいふく
制服
제복(교복)
+ユニフォーム 유니폼 (uniform)

せいふく かんたん よご と
この制服は簡単に汚れが取れる。
이 제복은 간단하게 얼룩이 지워진다.

10 いぎょう
偉業
위업

せんしゅ れきし のこ いぎょう な と
イチロー選手が歴史に残る偉業を成し遂げた。
이치로 선수가 역사에 남을 위업을 달성했다.

偉 : 클 위　偉業(いぎょう) 위업
違 : 어긋날 위　違反(いはん) 위반

11 た おうじょう
立ち往生
선 채로 꼼짝 못함
동

でんしゃ ゆき た おうじょう
電車が雪のため立ち往生した。
전차가 눈 때문에 꼼짝 못했다.

12 ちゃばん
茶番
속이 빤히 보이는 짓

ちゃばん み は
とんだ茶番で、見てて恥ずかしくなる。
어처구니없는 짓이라서 보고 있자니 부끄러워진다.

13 ふぜい
風情
운치
≒ 趣おもむき 정취, 멋

にほんじん ふうりん おと ふぜい かん
日本人は風鈴の音に風情を感じてきた。
일본인은 풍경 소리에 운치를 느껴 왔다.

- 情(뜻 정)
  じょう 情景(じょうけい) 정경
  ぜい 風情(ふぜい) 운치

14 てなお
手直し
불완전한 곳을 고침, 수정
≒ 修正しゅうせい 수정
동

げんざい ぜいせい てなお ひつよう
現在の税制には手直しの必要がある。
현재의 세제는 수정할 필요가 있다.

15 ちゅうしょう
中傷
중상
+ 誹謗ひぼう 비방
동

わ とう こうほしゃ ちゅうしょう かいぶんしょ でまわ
我が党の候補者を中傷する怪文書が出回っている。
우리 당의 후보자를 중상하는 괴문서가 나돌고 있다.

中傷ちゅうしょう는 근거 없는 말로 남을 헐뜯어 명예나 지위를 손상시킨다는 뜻이고, 誹謗ひぼう는 단순히 남을 헐뜯어 말한다는 뜻이다.

16 とうしゅう
踏襲
답습
동

わたし ぜんにんしゃ ほうしん とうしゅう かんが
私は前任者の方針を踏襲する考えです。
나는 전임자의 방침을 답습할 생각입니다.

17
バリアフリー
배리어 프리(barrier free)
+ バリアフリー住宅じゅうたく 고령자(장애인)용 주택

こんかい かいそう しゃおく かんぜん か
今回の改装で社屋が完全にバリアフリー化した。
이번의 개장으로 사옥이 완전히 배리어 프리화했다.

18 はくじょう
白状
자백
동

かれ じぶん かね ぬす はくじょう
彼は自分がその金を盗んだと白状した。
그는 자신이 그 돈을 훔쳤다고 자백했다.

19 じきょう
自供
자공, 자백
≒ 自白じはく 자백
동

はんにん　よざい　じきょう
犯人は余罪があると自供しているらしい。
범인은 여죄가 있다고 자백하고 있는 것 같다.

自供じきょう・自白じはく는 범인이 취조를 받을 때 주로 사용되지만, 白状はくじょう는 죄 또는 비밀로 하고 있던 것을 말하는 것으로 가장 일반적으로 사용된다.

20 さしょう
査証
사증, 비자
≒ ビザ 비자(visa)

かれ　さしょう　しゅとく　ひつよう
彼は査証を取得する必要がありませんでした。
그는 비자를 취득할 필요가 없었습니다.

21 しにせ
老舗
노포, 대대로 내려온 가게
≒ 老舗ろうほ 노포

にほん　ふる　つづ　しにせ　きぎょう　おお
日本には古くから続く老舗企業が多い。
일본에는 옛날부터 이어지는 노포 기업이 많다

舗 : 펼 포, 가게 포　老舗(しにせ) 노포
補 : 기울 보, 도울 보　補償(ほしょう) 보상

22 たいじ
退治
퇴치
동

くすり　たいじ　こうかてき
この薬はごきぶりを退治するのに効果的だ。
이 약은 바퀴벌레를 퇴치하는 데 효과적이다.

23 さいご
最期
임종, 생의 최후
+ 最期場さいごば 임종 장소

ひと　み　こどく　さいご　と
独り身で孤独な最期を遂げる。
독신으로 고독한 최후를 마치다.

24 どたんば
土壇場
막다른 판, 마지막 순간
+ ドタキャン
막판에 약속을 취소함

ほうあん　どたんば　かけつ
その法案は土壇場になって可決された。
그 법안은 마지막 순간에 가결되었다.

25 念の為（ねんのため）
만일을 위해

念のため津波に備えてください。
만일을 위해 해일에 대비하여 주십시오.

26 折衷（せっちゅう）
절충
+ 折衷案せっちゅうあん 절충안
동

彼は和洋折衷の家に住んでいる。
그는 일본식과 서양식을 절충한 집에 살고 있다.

衷 : 속마음 충　折衷(せっちゅう) 절충
哀 : 슬플 애　哀悼(あいとう) 애도

27 折衝（せっしょう）
절충
동

交渉はまだ事務折衝の段階だ。
교섭은 아직 사무 절충 단계다.

折衝せっしょう는 외교나 기타의 교섭에서 담판하거나 흥정한다는 뜻이고, 折衷せっちゅう는 서로 다른 견해나 관점을 어느 편으로도 치우치지 않게 조절하여 알맞게 한다는 뜻이다.

28 値（ね）
값, 가격
≒ 値段ねだん 값, 가격

この品物は値が張るだけあって品質がいい。
이 물건은 값이 비싼 만큼 품질이 좋다.

29 育む（はぐくむ）
기르다, 키우다
≒ 育そだてる 키우다, 기르다

両親の愛に育まれて育つ子供は幸福だ。
부모의 사랑에 길러져서 자라는 아이는 행복하다.

育はぐくむ는 원래 '어미 새가 새끼 새를 소중하게 기른다'는 뜻으로, 소중하고 부드럽게 기른다는 말이고, 育そだてる는 인간, 동물, 식물부터 추상적인 것까지 넓게 사용한다.

30 歪む（ゆがむ）
비뚤어지다, 일그러지다

幸せな気持ちになれないのは心が歪んでいるからだ。
행복한 기분이 될 수 없는 것은 마음이 비뚤어져 있기 때문이다.

歪ゆがむ는 선, 철사, 넥타이, 상자, 얼굴 표정, 입과 입술, 텔레비전 화면, 성격, 근성 등이 변형되어 비뚤어지게 된 것을 나타낸다.

Day 15

31 ひず
歪む
일그러지다, 뒤틀리다

スピーカーによって音(おと)が歪(ひず)んでいる。
스피커로 인해 소리가 일그러져 있다.

歪ひずむ는 물건의 형태, 문, 음성, 영상, 기계 등의 일부가 고장나거나 어긋남이 생겨서 전체적으로 정상적인 기능, 음질, 화질 등을 잃게 것을 나타낸다.

32 お
老いる
늙다, 노쇠하다

彼(かれ)は自分(じぶん)が老(お)いていくのを感(かん)じた。
그는 자신이 늙어 가는 것을 느꼈다.

33 ふ
老ける
나이를 먹다, 늙다

彼(かれ)は年(とし)のわりに老(ふ)けて見(み)える。
그는 나이에 비해서 늙어 보인다.

老ふける는 나이가 들어 보이는 것에 중점이 있고 연령과 직접적인 관계는 없지만, 老おいる는 실제로 나이가 들어 고령이 되는 것을 말한다.

34 いつわ
偽る
거짓말하다, 속이다

専門的知識(せんもんてきちしき)があると偽(いつわ)る。
전문적인 지식이 있다고 속이다.

35
ごまかす
속이다, 얼버무리다

英語(えいご)がしゃべれないから、笑(わら)ってごまかす。
영어를 말할 수 없기 때문에, 웃어 얼버무리다.

ごまかす는 주로 얼버무린다는 의미로 사용되고 남의 눈에 들키지 않게 부정을 행한다는 의미로도 쓰이지만, 偽いつわる는 본심과 진실을 감추고, 특히 거짓말을 한다는 의미로 쓰인다.

36 かな
叶える
이루어 주다, 들어 주다
+ 適かなえる
들어맞히다, 일치시키다

彼(かれ)はついにその夢(ゆめ)を叶(かな)えることができた。
그는 마침내 그 꿈을 이룰 수 있었다.

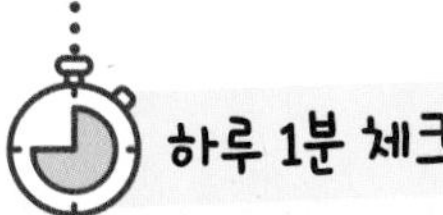

하루 1분 체크

1 다음 단어의 읽기로 가장 알맞은 것을 a, b 중에서 고르세요.

1. 修行 (**a.** しゅぎょう **b.** しゅうぎょう)

2. 風情 (**a.** ふぜい **b.** ふじょう)

3. 退治 (**a.** たいち **b.** たいじ)

2 다음 단어의 한자 표기로 가장 알맞은 것을 a, b 중에서 고르세요.

4. 위업(いぎょう) (**a.** 違業 **b.** 偉業)

5. 노포(しにせ) (**a.** 老舗 **b.** 老補)

6. 절충(せっちゅう) (**a.** 折衷 **b.** 折哀)

3 다음 괄호 안에 들어갈 말로 가장 알맞은 것을 a, b 중에서 고르세요.

7. 独(ひと)り身(み)で孤独(こどく)な (**a.** 土壇場 **b.** 最期) を遂(と)げる。

8. スピーカーによって音(おと)が (**a.** ゆがんで **b.** ひずんで) いる。

9. 笑(わら)って (**a.** いつわる **b.** ごまかす)。

정답 1ⓐ 2ⓐ 3ⓑ 4ⓑ 5ⓐ 6ⓐ 7ⓑ 8ⓑ 9ⓑ

MP3 01-16

Day 16

공부 순서 ▢ 미리 보기 → ▢ 따라 읽기 → ▢ 단어 암기 → ▢ 확인 학습

□ 巧拙(こうせつ)	□ 憎悪(ぞうお)	□ 負い目(おいめ)	□ 曲折(きょくせつ)
□ 残高(ざんだか)	□ 一枚岩(いちまいいわ)	□ 人柄(ひとがら)	□ 出しゃばる(で)
□ 一騎打ち(いっきうち)	□ 魂胆(こんたん)	□ 掛け値(かけね)	□ 担ぐ(かつぐ)
□ 行脚(あんぎゃ)	□ 戸惑い(とまどい)	□ 停泊(ていはく)	□ 担う(になう)
□ 拮抗(きっこう)	□ 裏口(うらぐち)	□ 同い年(おないどし)	□ 愚痴る(ぐちる)
□ 仕業(しわざ)	□ 栄華(えいが)	□ 自腹(じばら)	□ こぼす
□ 一献(いっこん)	□ ハッカー	□ 煽り(あおり)	□ ぼやく
□ 醍醐味(だいごみ)	□ 暗礁(あんしょう)	□ 疲弊(ひへい)	□ 打ち切る(うちきる)
□ 殺到(さっとう)	□ 修復(しゅうふく)	□ 進展(しんてん)	□ 切り上げる(きりあげる)

Chapter 01 Chapter 02 Chapter 03

01 こうせつ
巧拙
교졸, 잘하고 못함

絵(え)を描(えが)くことの巧拙(こうせつ)は問(と)わない。
그림을 그리는 것의 교졸은 상관없다.

02 ざんだか
残高
잔고, 잔액
+ 預金残高よきんざんだか
예금 잔고

銀行口座(ぎんこうこうざ)の残高(ざんだか)を確(たし)かめる。
은행 계좌의 잔고를 확인하다.

03 いっきうち
一騎打ち
일대일로 승부
동

保守(ほしゅ)と革新(かくしん)の一騎打(いっきう)ちが行(おこな)われた。
보수와 혁신의 일대일 대결이 열렸다.

04 あんぎゃ
行脚
행각, 도보 여행
+ 全国行脚ぜんこくあんぎゃ
전국 순회
동

与野党幹部(よやとうかんぶ)の全国行脚(ぜんこくあんぎゃ)が活発化(かっぱつか)している。
여야당 간부의 전국 순회가 활발해지고 있다.

- 行(다닐 행, 항렬 항)
  - こう　行動(こうどう) 행동
  - ぎょう　行列(ぎょうれつ) 행렬
  - あん　行脚(あんぎゃ) 행각

05 きっこう
拮抗
길항, 맞버팀
+ 拮抗作用きっこうさよう
길항 작용
동

学問(がくもん)では彼(かれ)に拮抗(きっこう)する者(もの)はいない。
학문에서는 그에게 대항할 자는 없다.

06 しわざ
仕業
소행, 짓
≒ 行おこない 행실, 행동

てっきり山田君(やまだくん)の仕業(しわざ)だとばかり思(おも)い込(こ)んでいた。
영락없이 야마다 군의 소행이라고만 믿고 있었다.

Day 16

07 いっこん
一献
한 잔의 술

この新(あら)たな一献(いっこん)が会話(かいわ)を活気(かっき)づけた。
이 새로운 한 잔이 대화를 활기차게 했다.

08 だいごみ
醍醐味
묘미, 참다운 즐거움

釣(つ)れたり釣(つ)れなかったりするのが釣(つ)りの醍醐味(だいごみ)。
잡히거나 잡히지 않거나 하는 것이 낚시의 묘미.

09 さっとう
殺到
쇄도(밀려듦)
동

債権者(さいけんしゃ)は倒産(とうさん)した会社(かいしゃ)へと殺到(さっとう)した。
채권자는 도산한 회사로 쇄도했다.

到 : 이를 도　殺到(さっとう) 쇄도
倒 : 넘어질 도　倒産(とうさん) 도산

10 ぞうお
憎悪
증오
≒ 憎にくしみ 미움, 증오
동

黒人(こくじん)に対(たい)するひどい人種的憎悪(じんしゅてきぞうお)はまだ存在(そんざい)している。
흑인에 대한 심한 인종적 증오는 아직 존재하고 있다.

11 いちまいいわ
一枚岩
통반석, 조직의 굳건함

一枚岩(いちまいいわ)で結束(けっそく)するのは、現時点(げんじてん)で変(か)わらない。
굳건하게 결속하는 것은 현 시점에서 변함이 없다.

12 こんたん
魂胆
혼담, 꿍꿍이속
+ 魂胆話こんたんばなし 복잡한 비밀 이야기

何(なに)か魂胆(こんたん)があるに違(ちが)いない。
무언가 꿍꿍이속이 있음에 틀림없다.

13 とまど
戸惑い

어리둥절함, 당황함

+ 戸惑とまどう 어리둥절해하다, 당황하다 동

あたら かんきょう とまど おぼ
新しい環境に戸惑いを覚えた。
새로운 환경에 당황스러움을 느꼈다.

14 うらぐち
裏口

뒷문, 부정한 수단

+ 裏口入学うらぐちにゅうがく 부정 입학

げんざい じゅけんたいせい うらぐちにゅうがく
現在の受験体制のなかで、裏口入学はなくならない。
현재의 수험 체제 속에서 부정 입학은 없어지지 않는다.

15 えいが
栄華

영화

+ 栄耀栄華えいようえいが 영요(부귀) 영화

えいが は ひさん
栄華の果ては悲惨なものだ。
영화의 끝은 비참한 것이다.

• 華(빛날 화)
　か　華麗(かれい) 화려
　が　栄華(えいが) 영화

16
ハッカー

해커(hacker)

かれ すごうで な は
彼は凄腕のハッカーとして名を馳せる。
그는 굉장한 능력의 해커로서 이름을 날리다.

17 あんしょう
暗礁

암초

こうしょう あんしょう の あ
交渉はまたも暗礁に乗り上げてしまった。
협상은 또 다시 암초에 부딪히고 말았다.

18 しゅうふく
修復

수복, 복원

≒ 復元ふくげん 복원 동

さき しゅうふくこうじ つうこう
この先、修復工事のため通行できません。
이 앞은 복원 공사 때문에 통행할 수 없습니다.

修復しゅうふく는 손상이 있는 부분을 수리해서 고치거나 인간관계를 원래대로 한다는 뜻이고, 復元ふくげん은 원래의 상태로 되돌리거나 원래 있던 장소로 되돌려 놓는다는 뜻이다.

Day 16

19 おめ
負い目
갚아야 할 빚, 부담감
＋引ひけ目め 열등감, 약점

せわ　おめ　かん
世話をしてもらって負い目を感じる。
신세를 지게 되어 부담감을 느낀다.

負おい目めは 신세를 지거나 못된 짓의 죄악감을 느끼거나 해서 면목이 없다는 뜻이고, 引ひけ目めは 자신이 남보다 열등하다고 느끼거나 자신의 결점을 나타내는 뜻으로 쓰인다.

20 ひとがら
人柄
인품, 사람됨
ナ

たしょうがんこ　ひとがら
多少頑固なところがあるが、人柄はいい。
다소 완고한 부분이 있지만, 인품은 좋다.

21 かね
掛け値
값을 더 부름, 과장

かれ　かね　みち　さいこうけんい
彼は掛け値なしにその道の最高権威だ。
그는 에누리 없이 그 분야의 최고 권위이다.

22 ていはく
停泊
정박
＋停泊料ていはくりょう 정박료
동

ふね　じゅんぷう　ま　ていはく
船が順風を待って停泊する。
배가 순풍을 기다리며 정박하다.

泊 : 배댈 박, 머무를 박, 잔물결 백　停泊(ていはく) 정박
拍 : 칠 박　拍子(ひょうし) 박자

23 おなどし
同い年
동갑, 같은 나이
≒同齢どうれい 동령, 같은 나이

おなどし　おも
あなたと同い年なんて思いませんでした。
당신과 동갑이라고는 생각지 않았습니다.

24 じばら
自腹
자기 배, 자기 돈
≒身銭みぜに 자기 돈

かれ　じばら　き　かいひ　はら
彼は自腹を切って会費を払った。
그는 자기 부담으로 회비를 냈다.

25 あお
煽り
강풍 등의 충격, 여파

ふけいき　あお　う　とうさん
不景気の煽りを受けて倒産した。
불경기의 여파로 도산했다.

26 ひへい
疲弊
피폐
동

とうじ　のうそん　いちじる　ひへい
当時は農村が著しく疲弊していた。
당시는 농촌이 현저하게 피폐해 있었다.

弊 : 해질 폐, 폐단 폐, 닦을 별　疲弊(ひへい) 피폐
幣 : 화폐 폐, 두를 잡　貨幣(かへい) 화폐

27 しんてん
伸展
신전, 신장
+ 進展しんてん 진전
동

きょうせいりょく　しんてん　さまた
キリスト教勢力の伸展を妨げる。
기독교 세력의 신장을 방해하다.

伸展しんてん이 세력 등의 범위를 넓히는 의미라면, 進展しんてん은 사태가 진행되어 새로운 단계에 들어간다는 의미로 쓰인다.

28 きょくせつ
曲折
곡절, 꾸불꾸불
동

うよきょくせつ　へ　もんだい　すべ　かいけつ
紆余曲折を経て、問題は全て解決された。
우여곡절을 거쳐, 문제는 모두 해결되었다.

29 で
出しゃばる
주제넘게 나서다

で　かげん
出しゃばるのもいい加減にしてくれ。
주제넘게 나서는 것도 적당히 해 줘.

30 かつ
担ぐ
메다, 추대하다
+ 一肩担ひとかたかつぐ
일부를 부담하다

にもつ　かた　ぜんご　わ　かつ
荷物を肩の前後に分けて担ぐ。
짐을 어깨 앞뒤로 나누어 메다.

31 にな
担う
메다, 떠맡다

日本文化の西洋化の一端を担うこととなった。(にほんぶんか せいようか いったん にな)
일본 문화의 서구화의 일부분을 떠맡게 되었다.

担になう는 통상적으로 일을 지탱한다는 의미로 사용되는 경우가 많지만, 担かつぐ는 물건을 어깨에 얹는다는 의미로, 남을 대표자나 후보자로 내세우거나 치켜세워 위의 지위로 추대한다는 의미를 나타낸다.

32 ぐち
愚痴る
푸념하다, 넋두리하다
☞ 1그룹(五段) 활용

帰りが遅いとよく愚痴る妻。(かえ おそ ぐち つま)
귀가가 늦다고 자주 푸념하는 아내.

33
こぼす
엎지르다, 불평하다

彼が自分の待遇に不平をこぼすのも無理はない。(かれ じぶん たいぐう ふへい むり)
그가 자신의 대우에 불평하는 것도 무리는 아니다.

34
ぼやく
투덜거리다, 불평하다

ぼやくのは止めろよ。苦しいのはお互い様だ。(や くる たが さま)
투덜거리는 것은 그만해라. 괴로운 것은 피차 마찬가지다.

ぼやく는 투덜투덜 혼잣말처럼 말하는 것이고, 愚痴ぐちる는 지겹도록 말하는 것이며, こぼす는 무심코 입 밖에 내뱉는 것을 나타낸다.

35 う き
打ち切る
중단(중지)하다
☞ 1그룹(五段) 활용

司会者は討論を打ち切ることを告げた。(しかいしゃ とうろん う き つ)
사회자는 토론을 중단할 것을 알렸다.

36 き あ
切り上げる
일단락 짓다, 절상하다

早めに仕事を切り上げて友達の家に行きたかった。(はや しごと き あ ともだち いえ い)
빨리 일을 일단락 짓고 친구 집에 가고 싶었다.

切きり上あげる는 일을 도중에 끝내고 그 이상 계속하지 않는다는 뜻이고, 打うち切きる는 계속하고 있던 것에 매듭을 짓고 일단 거기서 끝낸다는 뜻으로 쓰인다.

1 다음 단어의 읽기로 가장 알맞은 것을 a, b 중에서 고르세요.

1. 行脚 (**a.** あんぎゃ **b.** ぎょうぎゃ)

2. 栄華 (**a.** えいか **b.** えいが)

3. 魂胆 (**a.** こんたん **b.** こんだん)

2 다음 단어의 한자 표기로 가장 알맞은 것을 a, b 중에서 고르세요.

4. 쇄도(さっとう) (**a.** 殺到 **b.** 殺倒)

5. 정박(ていはく) (**a.** 停拍 **b.** 停泊)

6. 피폐(ひへい) (**a.** 疲弊 **b.** 疲幣)

3 다음 괄호 안에 들어갈 말로 가장 알맞은 것을 a, b 중에서 고르세요.

7. (**a.** 魂胆 **b.** 一枚岩)で結束(けっそく)する。

8. 西洋化(せいようか)の一端(いったん)を(**a.** 担ぐ **b.** 担う)。

9. 早(はや)めに仕事(しごと)を(**a.** 切り上げる **b.** 打ち切る)。

정답 1ⓐ 2ⓑ 3ⓐ 4ⓐ 5ⓑ 6ⓐ 7ⓑ 8ⓑ 9ⓐ

MP3 01-17

Day 17

□ 미리 보기 → □ 따라 읽기 → □ 단어 암기 → □ 확인 학습

□ 進呈(しんてい)	□ 追従(ついじゅう)	□ 生粋(きっすい)	□ 拘泥(こうでい)
□ 確執(かくしつ)	□ 追随(ついずい)	□ プラシーボ	□ 打(う)ち明(あ)ける
□ 名簿(めいぼ)	□ 伐採(ばっさい)	□ 常軌(じょうき)	□ 打(う)ち解(と)ける
□ 泥酔(でいすい)	□ 淘汰(とうた)	□ 共働(ともばたら)き	□ 切(き)り替(か)える
□ 一文無(いちもんな)し	□ 手抜(てぬ)き	□ 乖離(かいり)	□ 切(き)り換(か)える
□ 恣意(しい)	□ 忍耐(にんたい)	□ 出直(でなお)し	□ 仕入(しい)れる
□ 会釈(えしゃく)	□ 方角(ほうがく)	□ 体裁(ていさい)	□ 叶(かな)う
□ うろ覚(おぼ)え	□ 冤罪(えんざい)	□ 黄昏(たそがれ)	□ 適(かな)う
□ 品薄(しなうす)	□ 濡(ぬ)れ衣(ぎぬ)	□ 証(あかし)	□ 敵(かな)う

01 しんてい
進呈
진정, 증정
+ 無料進呈むりょうしんてい 무료 진정(증정)
[동]

参加者に記念品を進呈する。
참가자에게 기념품을 진정하다(드리다).

02 かくしつ
確執
확집, 불화
[동]

両国の間に確執が起こる。
양국 사이의 불화가 생기다.

03 めいぼ
名簿
명부
≒ リスト 리스트(list)

僕の名前が名簿から漏れている。
내 이름이 명부에서 누락되어 있다.

簿 : 문서 부, 잠박 박　　名簿(めいぼ) 명부
薄 : 엷을 박, 동자기둥 벽, 풀 이름 보　　薄利(はくり) 박리

04 でいすい
泥酔
이취, 만취
[동]

泥酔した男がいきなり私の車の前に飛び出した。
만취한 남자가 갑자기 내 차 앞으로 튀어나왔다.

05 いちもんな
一文無し
무일푼, 빈털터리
≒ おけら 빈털터리

市場価格の暴落で一文無しになってしまった。
시장 가격 폭락으로 빈털터리가 되어 버렸다.

06 しい
恣意
자의, 멋대로의 생각
+ 恣意的しいてき 자의적

決定は部長の恣意にまかせる。
결정은 부장의 자의에 맡기다.

07 えしゃく
会釈
가볍게 인사함
+遠慮会釈えんりょえしゃく もなく 거리낌 없이
동

少年はにっこり笑って彼女に会釈した。
소년은 생긋 웃으며 그녀에게 인사했다.

- 会(모을 회)
  かい　会談(かいだん) 회담
  え　会釈(えしゃく) 가볍게 인사함

08 おぼ
うろ覚え
어슴푸레한 기억

そのことはうろ覚えに覚えてはいる。
그 일은 어슴푸레하게 기억하고는 있다.

09 しなうす
品薄
품귀
+品薄株しなうすかぶ 품귀주
ナ

氷菓や清涼飲料水の品薄が続いている。
빙과와 청량 음료수의 품귀 현상이 이어지고 있다.

10 ついじゅう
追従
추종
+追従ついしょう 아부, 아첨
동

権威に卑怯に追従する。
권위에 비굴하게 추종하다.

11 ついずい
追随
추수, 추종

他の追随を許さない作品。
타의 추종을 불허하는 작품.

追随ついずい는 타인의 행위나 의견을 흉내내는 것이고, 追従ついじゅう는 주체성을 가지지 않고 다른 사람의 의견에 따르는 것이다.

12 ばっさい
伐採
벌채
동

伐採したばかりで生々しい木。
갓 벌채한 싱싱한 나무.

採 : 캘 채, 풍채 채　伐採(ばっさい) 벌채
彩 : 채색 채　色彩(しきさい) 색채

13 とうた
淘汰
□□□ 도태
+ 自然淘汰しぜんとうた
자연 도태
동

花(はな)の美(うつく)しさは自然淘汰(しぜんとうた)のおかげなのです。
꽃의 아름다움은 자연 도태의 덕분인 것입니다.

14 てぬ
手抜き
□□□ 손이 덜 감
+ 手抜てぬき工事こうじ
부실 공사
동

彼(かれ)らは最後(さいご)の組(く)み立(た)て作業(さぎょう)で手抜(てぬ)きをした。
그들은 마지막 조립 작업에서 대충대충 했다.

15 にんたい
忍耐
□□□ 인내
+ 忍耐強にんたいづよい
참을성이 강하다
동

そこで忍耐力(にんたいりょく)や集中力(しゅうちゅうりょく)を培(つちか)ったと思(おも)います。
그곳에서 인내력과 집중력을 키웠다고 생각합니다.

16 ほうがく
方角
□□□ 방위, 방향
+ 方角違ほうがくちがい
짐작이 틀림

深(ふか)い霧(きり)がパイロットに方角(ほうがく)をわからなくさせた。
자욱한 안개가 조종사에게 방향을 알 수 없게 했다.

- 角(뿔 각)
  かく　直角(ちょっかく) 직각
  がく　方角(ほうがく) 방위, 방향

17 えんざい
冤罪
□□□ 원죄, 억울한 죄

裁判(さいばん)で冤罪(えんざい)を主張(しゅちょう)する。
재판에서 원죄를 주장하다.

18 ぬ ぎぬ
濡れ衣
□□□ 억울한 죄, 누명

たぶんその若者(わかもの)は犯罪(はんざい)の濡(ぬ)れ衣(ぎぬ)を着(き)せられたんだ。
필시 그 젊은이는 범죄의 누명을 쓴 것이야.

濡ぬれ衣ぎぬ는 범죄뿐만 아니라 생활 속의 작은 실수(분실, 파손 등)의 책임을 이유 없이 지게 되는 경우에도 사용하지만, 冤罪えんざい는 일반적으로 법률 용어로 사용한다.

19 きっすい
生粋
순수
≒ 生はえ抜ぬき 본토박이

かれ きっすい じん
彼は生粋のアメリカ人だ。
그는 순수(본토박이) 미국인이다.

20
プラシーボ
플라시보(placebo), 위약
≒ 偽薬ぎやく 위약, 가짜 약

こうか れんあい やくだ こうか
プラシーボ効果は恋愛にも役立つ効果がある。
플라시보 효과는 연애에도 도움이 되는 효과가 있다.

21 じょうき
常軌
상궤, 상도
≒ 常道じょうどう
상도, 예삿일

かれ こうどう たし じょうき いっ
彼の行動は確かに常軌を逸していた。
그의 행동은 확실히 상궤(상도)를 벗어나 있었다.

常軌じょうき가 통상적으로 행하여야 할 도리나 방식이라면, 常道じょうどう는 항상 정해져 있어서 변하지 않는 방식이나 항상 지켜야 할 도리(상도), 또는 보통의 방식, 흔한 방법을 뜻한다.

22 ともばたら
共働き
맞벌이
≒ 共稼ともかせぎ 맞벌이
동

さいきん ともばたら かてい ふ
最近では、共働きの家庭も増えている。
최근에는 맞벌이 가정도 늘고 있다.

23 かいり
乖離
괴리
동

がくせい かいしゃ じつじょう かいり
学生のイメージと会社の実情に乖離がある。
학생의 이미지와 회사의 실정에 괴리가 있다.

24 でなお
出直し
다시 함
동

げんてん でなお
原点にもどって出直しする。
원점으로 돌아가서 다시 하다.

25 ていさい
体裁
체재, 외관, 체면
+ 体裁振ていさいぶる
거드름 피우다

この身(み)なりでは人前(ひとまえ)に出(で)るに体裁(ていさい)が悪(わる)い。
이 옷차림으로는 남 앞에 나서기에 볼썽사납다.

裁 : 마를 재　体裁(ていさい) 체재
栽 : 심을 재　栽培(さいばい) 재배

26 たそがれ
黄昏
황혼, 해질녘, 쇠퇴기
+ 黄昏時たそがれどき
황혼 때

黄昏時(たそがれどき)とは静(しず)かに森林(しんりん)に入(はい)って、瞑想(めいそう)する時間(じかん)だ。
황혼 때란 조용히 숲에 들어가서 명상하는 시간이다.

27 あかし
証
증거, 증명, 증표

二人(ふたり)の愛(あい)の証(あかし)である結婚指輪(けっこんゆびわ)。
두 사람의 사랑의 증표인 결혼반지.

28 こうでい
拘泥
구애
≒ 執着しゅうちゃく 집착
동

彼(かれ)は形式(けいしき)に拘泥(こうでい)なく、自由(じゆう)に作品(さくひん)を作(つく)り上(あ)げた。
그는 형식에 구애 없이, 자유롭게 작품을 만들어냈다.

拘泥こうでい가 한 가지에 얽매여서 다른 것은 눈에 들어오지 않는다는 뜻이라면, 執着しゅうちゃく는 뭔가 마음 끌리는 것에 사로잡혀서 단념하지 못한다는 뜻이다.

29 う あ
打ち明ける
숨김없이 이야기하다

やっと彼(かれ)にそれを打(う)ち明(あ)けることができた。
겨우 그에게 그것을 숨김없이 이야기할 수 있었다.

30 う と
打ち解ける
마음을 터놓다,
허물없이 사귀다

初対面(しょたいめん)の相手(あいて)となかなか打(う)ち解(と)けられない。
초면의 상대와 좀처럼 허물없이 사귈 수 없다.

打うち解とける는 누군가와 사이가 좋아진다는 뜻이고, 打うち明あける는 비밀로 하고 있던 것을 누군가에게 이야기한다는 뜻이다.

31 きか
切り替える
새로 바꾸다, 전환(교체)하다

スイッチのONとOFFを切り替える。(きか)
스위치의 ON과 OFF를 전환하다.

32 きか
切り換える
새로 바꾸다, 전환(교환)하다

古くなったHDDを新しいHDDに切り換える。(ふる, あたら, きか)
오래된 HDD를 새로운 HDD로 바꾸다.

切きり換かえる는 지금과 같은 것을 새것으로 바꾼다는 뜻이고, 切きり替かえる는 지금의 상태나 물건을 다른 상태나 물건으로 변경한다는 뜻이다.

33 しい
仕入れる
사들이다, (지식 등을) 얻다

海外から商品や材料を仕入れる。(かいがい, しょうひん, ざいりょう, しい)
해외에서 상품이나 재료를 사들이다.

34 かな
叶う
이루어지다, 할 수 있다

夢が叶うまでピアノの練習を続けるつもりだ。(ゆめ, かな, れんしゅう, つづ)
꿈이 이루어지기까지 피아노 연습을 계속할 작정이다.

35 かな
適う
들어맞다, 꼭 맞다

そうするのは礼儀に適わない。(れいぎ, かな)
그렇게 하는 것은 예의에 어긋난다.

36 かな
敵う
필적하다, 대적하다
+ ~てかなわない
~해서 견딜 수 없다

英語では彼に適う者はいない。(えいご, かれ, かな, もの)
영어에서는 그에게 필적할 사람은 없다.

하루 1분 체크

1 다음 단어의 읽기로 가장 알맞은 것을 a, b 중에서 고르세요.

1. 恣意　　(a. しい　　b. じい)

2. 方角　　(a. ほうかく　　b. ほうがく)

3. 会釈　　(a. かいしゃく　　b. えしゃく)

2 다음 단어의 한자 표기로 가장 알맞은 것을 a, b 중에서 고르세요.

4. 명부(めいぼ)　　(a. 名簿　　b. 名薄)

5. 벌채(ばっさい)　　(a. 伐彩　　b. 伐採)

6. 체재(ていさい)　　(a. 体裁　　b. 体栽)

3 다음 괄호 안에 들어갈 말로 가장 알맞은 것을 a, b 중에서 고르세요.

7. 裁判(さいばん)で(a. 冤罪　b. 免罪)を主張(しゅちょう)する。

8. スイッチのＯＮとＯＦＦを(a. 切り換える　b. 切り替える)。

9. 礼儀(れいぎ)に(a. 適わない　b. 敵わない)。

정답 1ⓐ 2ⓑ 3ⓑ 4ⓐ 5ⓑ 6ⓐ 7ⓐ 8ⓑ 9ⓐ

MP3 01-18

Day 18

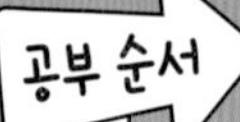

□ 미리 보기 → □ 따라 읽기 → □ 단어 암기 → □ 확인 학습

□ 古(ふる)めかしい	□ 空(むな)しい	□ 大(おお)まかだ	□ 猛烈(もうれつ)だ
□ 恭(うやうや)しい	□ 儚(はかな)い	□ 大雑把(おおざっぱ)だ	□ つぶらだ
□ 慎(つつ)ましい	□ ぎこちない	□ 厳密(げんみつ)だ	□ 粗野(そや)だ
□ 逞(たくま)しい	□ 緩(ゆる)やかだ	□ 遥(はる)かだ	□ 愚直(ぐちょく)だ
□ 忌(い)まわしい	□ 手薄(てうす)だ	□ 呑気(のんき)だ	□ 残酷(ざんこく)だ
□ 厭(いと)わしい	□ 陰湿(いんしつ)だ	□ 鮮(あざ)やかだ	□ 密(ひそ)かだ
□ 脆(もろ)い	□ きらびやかだ	□ 潔白(けっぱく)だ	□ 些末(さまつ)だ
□ 愛(いと)しい	□ 煩雑(はんざつ)だ	□ 厳(おごそ)かだ	□ 空疎(くうそ)だ
□ でかい	□ 繁雑(はんざつ)だ	□ 厳粛(げんしゅく)だ	□ 空虚(くうきょ)だ

Chapter 01
Chapter 02
Chapter 03

01 ふる
古めかしい
고풍스럽다, 예스럽다

ふる　えきしゃ　いま　けんざい
古めかしい駅舎が今もなお健在である。
고풍스러운 역사가 지금도 여전히 건재하다.

02 うやうや
恭しい
공손하다

せいと　こうちょう　うやうや　いちれい
生徒は校長に恭しく一礼した。
학생은 교장 선생님께 공손히 인사했다.

03 つつ
慎ましい
조심스럽다, 검소하다

み　め　じみ　つつ　せいかく
見た目は地味だが、慎ましい性格。
겉보기에는 수수하지만 조심스러운 성격.

慎つつましい는 상대를 공경하는 것에 관계없이 성격적으로 소극적인 태도를 취하는 모양으로, 검소하다는 의미로도 쓰이지만, 恭うやうやしい는 상대를 공경하고 예의 바르게 행동한다는 의미로 쓰인다.

04 たくま
逞しい
늠름하다, 어기차다

がい　だんせい　じょせい　きんこつ
概して男性は女性よりも筋骨がたくましい。
대체로 남성은 여성보다도 근육과 골격이 튼튼하다.

05 い
忌まわしい
꺼림칙하다, 불길하다

わだい　い
話題にするのも忌まわしい。
화제로 삼는 것도 꺼림칙하다.

06 いと
厭わしい
싫다, 귀찮다, 번거롭다

あめ　ひ　いと
雨の日ばかりで厭わしい。
비 오는 날뿐이라 싫다.

厭いとわしい는 싫거나 귀찮아서 어떤 행위를 하고 싶지 않다는 의미가 강하지만, 忌いまわしい는 대부분 불쾌감을 동반하여 사용되는 경우가 많고, 불길하다는 의미로도 쓰인다.

07 もろ
脆い
무르다, 여리다
↔ 堅かたい 단단하다, 견고하다

瀬戸物(せともの)はもろい。
사기그릇은 깨지기 쉽다.

08 いと
愛しい
사랑스럽다

愛(いと)しい人(ひと)が現(あらわ)れることを願(ねが)っている。
사랑스러운 사람이 나타나길 바라고 있다.

09
でかい
크다, 방대하다
≒ でっかい 크다, 방대하다

すごくでかいプールと水(みず)の滑(すべ)り台(だい)がある。
굉장히 큰 수영장과 물 미끄럼틀이 있다.

でかい는 실제로 수량이 많거나 스케일이 큰 경우에 사용하고, 大おおきい보다 스스럼없는 (속어적인) 표현이다.

10 むな
空しい
공허(허무)하다, 보람 없다

実験(じっけん)の結果(けっか)はむなしかった。
실험 결과는 허무했다.

11 はかな
儚い
덧없다, 무상(허무)하다

人間(にんげん)ははかない存在(そんざい)だ。
인간은 덧없는 존재다.

儚はかない가 사라지기 쉽고 오래가지 못한다는 뜻이라면, 空むなしい는 공허한 모양이나 어떤 행위의 성과가 나타나지 않는 모양도 나타낸다.

12
ぎこちない
어색하다, 거북하다

このロボットの動(うご)きはぎこちない。
이 로봇의 움직임은 어색하다.

13 ゆる
緩やかだ
완만하다, 느슨하다
≒ なだらかだ
완만하다, 원활하다

この川は流れが緩やかだ。
이 강은 흐름이 완만하다.

緩ゆるやかだ는 경사도와 굽어진 정도가 완만한 모양, 움직임이나 규칙 등이 엄하지 않은 모양을 나타내고, なだらかだ는 경사도가 급하지 않은 모양, 또는 평온한 모양을 나타낸다.

---

14 てうす
手薄だ
허술하다, 적다
명

ストックが手薄になる。
재고품이 부족해지다.

---

15 いんしつ
陰湿だ
음습하다, 음흉하다
명

中学では陰湿ないじめが増える傾向にあるという。
중학교에서는 음흉한 괴롭힘이 늘어나는 경향에 있다고 한다.

16
きらびやかだ
눈부시게 아름답다

パーティーで彼女はきらびやかに着飾っていた。
파티에서 그녀는 눈부시도록 아름답게 차려입고 있었다.

---

17 はんざつ
煩雑だ
번잡하다
명

裁判を起こす手続きは煩雑なため、弁護士に任せた。
재판을 일으키는 절차는 번잡하기 때문에, 변호사에게 맡겼다.

---

18 はんざつ
繁雑だ
번잡하다
명

AIの発達により、繁雑な事務作業はだいぶ減った。
AI의 발달로 인해, 번잡한 사무 작업은 많이 줄었다.

繁雑はんざつだ는 하지 않으면 안 되는 일이 많아서 귀찮은 모양(많음을 강조)을 나타내고, 煩雑はんざつだ는 번거로운 것이 많아서 귀찮은 모양(복잡함을 강조)을 나타낸다.

19 おお
大まかだ
□□□ 대범하다, 대략적이다
↔ 細こまかだ
자세하다, 세세하다

ようてん ぶんしょう おお か
要点を文章で大まかに書く。
요점을 문장으로 대략적으로 쓰다.

20 おおざっぱ
大雑把だ
□□□ 조잡하다, 대충이다

へや おおざっぱ そうじ
部屋を大雑把に掃除する。
방을 대충 청소하다.

大雑把おおざっぱだ는 내용을 깊게 음미하지 않고 줄거리 부분을 파악하는 것으로 조잡한 느낌이지만, 大おおまかだ는 내용의 주된 부분을 크게 파악한다는 뉘앙스이다.

21 げんみつ
厳密だ
□□□ 엄밀하다

げんみつ い
厳密に言うとそうではない。
엄밀하게 말하면 그렇지는 않다.

22 はる
遥かだ
□□□ 아득하다, 훨씬(~に)
+遥はるかかなた
아득히 저 멀리

かれ ふつう ひと はる ちから つよ
彼は普通の人より遥かに力が強い。
그는 보통 사람보다 훨씬 힘이 세다.

23 のんき
呑気だ
□□□ 성격이 느긋하다
≒ 気楽きらくだ 마음 편하다

かれ せいかく ふまじめ み
彼はのんきな性格なので、不真面目に見える。
그는 느긋한 성격이라서, 불성실하게 보인다.

呑気のんきだ는 걱정과 어려움 등이 없이 성격이 느긋한 모양이고, 気楽きらくだ는 신경 쓰이는 것이 없고 마음이 편안한 모양으로 자신의 상태에 대해서 나타내는 경우가 많다.

24 あざ
鮮やかだ
□□□ 선명하다, 멋지게 잘하다

しかくてき あざ みりょくてき
視覚的に鮮やかで魅力的である。
시각적으로 선명하고 매력적이다.

25 けっぱく
潔白だ
결백하다
+ 清廉潔白せいれんけっぱく 청렴결백
명

かれ けっぱく つよ しゅちょう
彼は潔白なことを強く主張した。
그는 결백한 것을 강력히 주장했다.

26 おごそ
厳かだ
엄숙하다

しんせい おごそ ぎしき かんどう おも
神聖で厳かな儀式で、感動すると思います。
신성하고 엄숙한 의식이어서, 감동할 것 같습니다.

27 げんしゅく
厳粛だ
엄숙하다, 엄연하다

ぶっか もくひょう たっ げんしゅく じじつ
2%の物価目標に達していないのは厳粛な事実だ。
2%의 물가 목표에 도달하지 못한 것은 엄연한 사실이다.

厳粛げんしゅくだ는 행위와 사태에 대해서 말하는 것이 보통이지만 진지한 모양을 나타내기도 하고, 厳おごそかだ는 일, 사물의 모습뿐만 아니라 행위와 사태에 대해서도 나타낸다.

28 もうれつ
猛烈だ
맹렬하다
명

くるま もうれつ いきお やまみち くだ
車は猛烈な勢いで山道を下っていった。
차는 맹렬한 기세로 산길을 내려갔다.

29
つぶらだ
둥글고 귀엽다
명

いま ひとみ ちゅうもくど たか
今はつぶらな瞳の注目度が高くなっている。
지금은 동글동글하고 귀여운 눈동자의 주목도가 높아지고 있다.

30 そや
粗野だ
조야하다, 거칠고 막되다
명

てんさい とき たいど そや
天才は時として態度が粗野なことがある。
천재는 때로는 태도가 거칠고 촌스러운 경우가 있다.

Day 18

31 愚直だ（ぐちょく）
우직하다
≒ ばか正直しょうじきだ
지나치게 고지식하다
명

とことん頑張（がんば）って、愚直（ぐちょく）にやってほしい。
끝까지 힘내서, 우직하게 하길 바라다.

32 残酷だ（ざんこく）
잔혹하다
≒ 残虐ざんぎゃくだ
잔학하다
명

目（め）の不自由（ふじゆう）な人（ひと）をばかにするのは残酷（ざんこく）なことだ。
눈에 장애가 있는 사람을 조롱하는 것은 잔혹한 일이다.

残酷ざんこくだ는 잔인하고 혹독하다, 残虐ざんぎゃくだ는 잔인하고 포학하다는 뜻이다.

33 密かだ（ひそ）
가만히 하다, 몰래 하다

密（ひそ）かに自邸（じてい）で出産（しゅっさん）したという。
몰래 자택에서 출산했다고 한다.

34 些末だ（さまつ）
사소하다, 하찮다
≒ 些細ささいだ
시시하다, 하찮다
명

些末（さまつ）な部分（ぶぶん）は切（き）り捨（す）てる。
사소한 부분은 잘라 버리다.

些末さまつだ는 본 줄거리에서 떨어져 중요하지 않은 모양을 나타내고, 些細ささいだ는 문제가 되지 않을 정도로 작고 얼마 되지 않는 모양을 나타낸다.

35 空疎だ（くうそ）
공소하다, 실속이 적다
명

実質（じっしつ）のない空疎（くうそ）な議論（ぎろん）を繰（く）り返（かえ）す。
실제 내용이 없는 공소한 논의를 되풀이하다.

36 空虚だ（くうきょ）
공허하다
명

人生（じんせい）は空虚（くうきょ）な夢（ゆめ）ではない。
인생은 공허한 꿈은 아니다.

空虚くうきょだ는 실질적인 내용이나 가치가 없는 것으로, 충실감이 없고 공허한 모양을 나타내고, 空疎くうそだ는 겉보기에 내용이 없는 경우에 사용하는 경우가 많다.

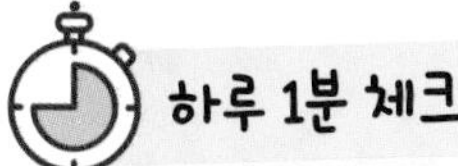

1 다음 단어의 읽기로 가장 알맞은 것을 a, b 중에서 고르세요.

1. 逞しい (**a.** たくましい **b.** うらやましい)

2. 愛しい (**a.** あいしい **b.** いとしい)

3. 愚直だ (**a.** ぐちょくだ **b.** ぐじきだ)

2 다음 단어의 한자 표기로 가장 알맞은 것을 a, b 중에서 고르세요.

4. 완만하다(ゆるやかだ) (**a.** 援やかだ **b.** 緩やかだ)

5. 음습하다(いんしつだ) (**a.** 陰湿だ **b.** 蔭湿だ)

6. 몰래 하다(ひそかだ) (**a.** 秘かだ **b.** 密かだ)

3 다음 괄호 안에 들어갈 말로 가장 알맞은 것을 a, b 중에서 고르세요.

7. 雨(あめ)の日(ひ)ばかりで(**a.** いとわしい **b.** いまわしい)。

8. 部屋(へや)を(**a.** 潔白 **b.** 大雑把)に掃除(そうじ)する。

9. (**a.** 些末 **b.** つぶら)な部分(ぶぶん)は切(き)り捨(す)てる。

정답 1ⓐ 2ⓑ 3ⓐ 4ⓑ 5ⓐ 6ⓑ 7ⓐ 8ⓑ 9ⓐ

MP3 01-19

Day 19

□ 미리 보기 → □ 따라 읽기 → □ 단어 암기 → □ 확인 학습

- □ 手厚(てあつ)い
- □ 切(せつ)ない
- □ 容易(たやす)い
- □ 悩(なや)ましい
- □ 煙(けむ)たい
- □ 清々(すがすが)しい
- □ 嫌(いや)らしい
- □ だるい
- □ かったるい
- □ 華華(はなばな)しい
- □ 訝(いぶか)しい
- □ 疑(うたが)わしい
- □ 頑迷(がんめい)だ
- □ しなやかだ
- □ 皮肉(ひにく)だ
- □ 旺盛(おうせい)だ
- □ 華(はな)やかだ
- □ 頻繁(ひんぱん)だ
- □ 怠惰(たいだ)だ
- □ あべこべだ
- □ 裏腹(うらはら)だ
- □ 豊潤(ほうじゅん)だ
- □ ささやかだ
- □ 細(こま)やかだ
- □ あやふやだ
- □ 滑稽(こっけい)だ
- □ 健(すこ)やかだ
- □ 克明(こくめい)だ
- □ 窮屈(きゅうくつ)だ
- □ 強情(ごうじょう)だ
- □ 淑(しと)やかだ
- □ 豪奢(ごうしゃ)だ
- □ 速(すみ)やかだ
- □ 厚顔(こうがん)だ
- □ こまめだ
- □ 聡明(そうめい)だ

01 てあつ
手厚い
극진하다

手厚(てあつ)い看病(かんびょう)のかいもなく彼(かれ)は昨夜(さくや)亡(な)くなった。
극진한 간병의 보람도 없이 그는 어젯밤 죽었다.

02 せつ
切ない
안타깝다, 애달프다
≒ やるせない
안타깝다, 처량하다

切(せつ)なくて涙(なみだ)がこぼれる。
애달파서 눈물이 흘러내리다.

切せつない는 슬픔, 외로움, 그리움 등으로 인해 가슴이 꽉 죄어드는 기분을 나타내고, やるせない는 슬픔 등의 마음을 달랠 수 없어서 어쩌지 못하는 기분을 나타낸다.

03 たやす
容易い
쉽다, 경솔하다
↔ 難むずかしい 어렵다

離陸(りりく)するほうが着陸(ちゃくりく)するよりたやすい。
이륙하는 것이 착륙하기보다 쉽다.

04 なや
悩ましい
고민스럽다, 관능적이다

それはとても悩(なや)ましい問題(もんだい)である。
그것은 매우 고민스러운 문제이다.

05 けむ
煙たい
냅다, 거북하다

私(わたし)にとって父親(ちちおや)は煙(けむ)たい存在(そんざい)だ。
나에게 있어서 아버지는 거북한 존재이다.

06 すがすが
清々しい
상쾌(시원)하다
≒ 爽さわやかだ
시원(상쾌)하다

清々(すがすが)しい気分(きぶん)で朝(あさ)を迎(むか)える。
상쾌한 기분으로 아침을 맞이하다.

清々すがすがしい・爽さわやかだ는 거의 같은 의미로 쓰이는 경우가 많지만, 爽さわやかだ는 弁舌爽べんぜつさわやかだ(말이 시원시원하다)처럼 막힘없는 말투의 형용에도 쓰인다.

Day 19

07 **嫌(いや)らしい**

☐☐☐ 의젓하지 못하다, 외설스럽다

彼女(かのじょ)の厚化粧(あつげしょう)が嫌(いや)らしい。

그녀의 짙은 화장이 외설스럽다.

08 **だるい**

☐☐☐ 나른하다

今日(きょう)はひどくだるいから何(なに)もしたくない。

오늘은 몹시 나른해서 아무것도 하고 싶지 않다.

09 **かったるい**

☐☐☐ 나른하다, 시원찮다

この時期(じき)になると特(とく)に足(あし)がかったるい。

이 시기가 되면 특히 다리가 노곤하다.

かったるい는 주로 회화체로 사용하고, 몸의 상태뿐만 아니라 기분에 대해서 사용하는 경우도 있지만, だるい는 몸의 상태에 대해서만 사용한다.

10 **華華(はなばな)しい**

☐☐☐ 눈부시다, 매우 화려하다

これが最後(さいご)の華々(はなばな)しい社会的活動(しゃかいてきかつどう)であった。

이것이 마지막의 화려한 사회적 활동이었다.

11 **訝(いぶか)しい**

☐☐☐ 의심스럽다, 수상쩍다

彼(かれ)の言動(げんどう)にいぶかしい節(ふし)がある。

그의 언동에 수상한 데가 있다.

12 **疑(うたが)わしい**

☐☐☐ 의심스럽다

成功(せいこう)するかどうか疑(うたが)わしい。

성공 여부가 의심스럽다.

疑(うたが)わしい는 정체나 진상을 알 수 없는 모양을 나타내지만, 訝(いぶか)しい는 진상을 알 수 없고, 그 때문에 알고 싶다고 느끼는 모양을 나타낸다.

13 がんめい
頑迷だ
완미하다, 완고하여 사리에 어둡다
≒ 頑固がんこだ
완고하다, 끈질기다
명

父ちちの頑迷がんめいさにあきれる。
아버지의 완미함에 질리다.

頑迷がんめいだ는 유연성이 없고 자기 생각을 고집하며 올바른 판단을 할 수 없다는 뜻이고, 頑固がんこだ는 고집이 세고 좀처럼 자신의 의견을 바꾸지 않는다는 뜻이다.

14
しなやかだ
탄력 있고 부드럽다, 동작이 부드럽다

その猫ねこの歩あるき方かたはしなやかで優美ゆうびだ。
그 고양이의 걸음걸이는 나긋나긋하고 우미하다.

15 ひにく
皮肉だ
얄궂다
+ アイロニー
아이러니(irony)
명

皮肉ひにくにも殺人者さつじんしゃは自分じぶんの銃じゅうで殺ころされた。
얄궂게도 살인자는 자신의 총으로 살해되었다.

16 おうせい
旺盛だ
왕성하다
명

子供こどものように好奇心旺盛こうきしんおうせいだ。
아이처럼 호기심 왕성하다.

17 はな
華やかだ
화려하다

その映画えいがはたくさんのスターが出演しゅつえんして華はなやかだ。
그 영화는 많은 스타가 출연해서 화려하다.

18 ひんぱん
頻繁だ
빈번하다
명

日本にほんは地震じしんが頻繁ひんぱんに起おこる。
일본은 지진이 빈번하게 일어난다.

Day 19

19 たいだ
怠惰だ
□□□ 나태하다, 게으르다
↔ 勤勉(きんべん)だ 근면하다
명

人間は限りなく怠惰な存在である。
인간은 한없이 게으른 존재이다.

20
あべこべだ
□□□ 뒤바뀌다, 거꾸로다
명

靴を左右あべこべにはく。
구두를 좌우 반대로 신다.

あべこべだ는 일상적으로 스스럼없이 사용하며, 비교적 구체적인 것의 순서나 위치에 대해서 사용하는 경우가 많고, 한쪽을 기준으로 하지 않으며 양쪽이 서로 바뀌어 있을 때 사용한다.

21 うらはら
裏腹だ
□□□ 정반대다, 모순되다
명

期待とは裏腹に、なかなか結果を残せない。
기대와는 반대로, 좀처럼 결과를 남기지 못하다.

裏腹うらはらだ는 한쪽을 기준으로 삼아 다른 쪽을 그 반대로 여기는 의미이다. 또한 다른 쪽이 반대인 것에 대해서 의외라는 기분이 포함되어 있는 경우가 많다.

22 ほうじゅん
豊潤だ
□□□ 풍윤하다, 풍족하고 윤택하다
명

豊潤な緑の中で送る余裕ある都心生活。
풍성한 녹음 속에서 보내는 여유 있는 도심 생활.

23 ささ
細やかだ
□□□ 아담하다, 변변치 못하다

大阪でささやかな商売をしている。
오사카에서 조촐한 장사를 하고 있다.

24 こま
細やかだ
□□□ 자세하다, 자상하다, 아기자기하다

人に対する心づかいが細やかで礼儀正しい。
사람에 대한 배려가 세심하고 예의 바르다.

25 **あやふやだ**
모호하다
≒ 曖昧あいまいだ 애매하다

単刀直入(たんとうちょくにゅう)の質問(しつもん)に、あやふやに答(こた)えた。
단도직입적인 질문에 모호하게 대답했다.

26 こっけい **滑稽だ**
익살스럽다, 우습다
명

滑稽(こっけい)な動作(どうさ)で人(ひと)を楽(たの)しませる。
우스꽝스러운 동작으로 사람을 즐겁게 한다.

27 すこ **健やかだ**
튼튼하다, 건강하다

だれもが健(すこ)やかに安心(あんしん)して暮(く)らせる町(まち)。
누구나가 건강하게 안심하고 살아갈 수 있는 마을.

28 こくめい **克明だ**
극명하다, 자세하고 꼼꼼하다
≒ 丹念たんねんだ 꼼꼼하다

実際(じっさい)に起(お)こった事件(じけん)の克明(こくめい)な記録(きろく)となっている。
실제로 일어난 사건의 극명한 기록이 되어 있다.

克明こくめいだ는 세밀하게 주의를 기울이는 모양으로 조사, 기록 등에 한정해서 사용하지만, 丹念たんねんだ은 정성을 들여 꼼꼼히 하는 모양으로 폭넓게 사용한다.

29 きゅうくつ **窮屈だ**
거북하다, 답답하다, 옹색하다
명

きつい服(ふく)を着(き)て窮屈(きゅうくつ)に感(かん)じる。
꼭 끼는 옷을 입어서 갑갑하게 느끼다.

30 がんけん **頑健だ**
강건하다, 튼튼하고 건강하다
명

スポーツで鍛(きた)えた頑健(がんけん)な体(からだ)をしている。
스포츠로 단련한 강건한 몸을 하고 있다.

31 しと
淑やかだ
□□□ 정숙하다

淑(しと)やかな女性(じょせい)は、聞(き)き上手(じょうず)であることが多(おお)い。
정숙한 여성은 남의 이야기를 잘 듣는 경우가 많다.

32 ごうしゃ
豪奢だ
□□□ 호사스럽다, 호화롭고 사치스럽다
≒ 豪華ごうかだ 호화롭다
명

豪奢(ごうしゃ)な生活(せいかつ)をする。
호사스러운 생활을 하다.

豪奢ごうしゃだ는 생활하는 모습이 사치스러운 모양을 나타내지만, 豪華ごうかだ는 눈부시게 아름다움, 화려함을 느끼게 하는 모양을 나타낸다.

33 すみ
速やかだ
□□□ 빠르다, 신속하다

速(すみ)やかにビルから避難(ひなん)してください。
신속하게 빌딩에서 대피하여 주십시오.

34 こうがん
厚顔だ
□□□ 후안하다, 뻔뻔스럽다
+ 厚顔無恥こうがんむち 후안무치
명

厚顔(こうがん)にも昇給(しょうきゅう)を要求(ようきゅう)した。
뻔뻔스럽게도 승급을 요구했다.

35
こまめだ
□□□ 바지런하다

人(ひと)のいない部屋(へや)の照明(しょうめい)をこまめに消(け)す。
사람이 없는 방의 조명을 부지런히 끄다.

36 そうめい
聡明だ
□□□ 총명하다
≒ 賢明けんめいだ 현명하다
명

柴犬(しばいぬ)の場合(ばあい)、性格(せいかく)は従順(じゅうじゅん)で勇敢(ゆうかん)、聡明(そうめい)な犬(いぬ)です。
시바견의 경우, 성격은 온순하고 용감하며, 총명한 개입니다.

聡明そうめいだ는 사물의 이해가 빠르고 영리한 모양을 나타내지만, 賢明けんめいだ는 영리하며 야무진 것으로 남보다 방법이나 판단이 좋음에 대해서 표현하는 경우가 많다.

1 다음 단어의 읽기로 가장 알맞은 것을 a, b 중에서 고르세요.

1 怠惰だ (**a.** たいただ **b.** たいだだ)

2 滑稽だ (**a.** こつけいだ **b.** こっけいだ)

3 克明だ (**a.** こくめいだ **b.** こくみょうだ)

2 다음 단어의 한자 표기로 가장 알맞은 것을 a, b 중에서 고르세요.

4 정숙하다(しとやかだ) (**a.** 寂やかだ **b.** 淑やかだ)

5 호사스럽다(ごうしゃだ) (**a.** 豪奢だ **b.** 豪賭だ)

6 총명하다(そうめいだ) (**a.** 総明だ **b.** 聡明だ)

3 다음 괄호 안에 들어갈 말로 가장 알맞은 것을 a, b 중에서 고르세요.

7 成功(せいこう)するかどうか(**a.** うたがわしい **b.** いぶかしい)

8 靴(くつ)を左右(さゆう)(**a.** あべこべ **b.** 裏腹)にはく。

9 (**a.** 克明 **b.** 聡明)な犬(いぬ)。

정답 1ⓑ 2ⓑ 3ⓐ 4ⓑ 5ⓐ 6ⓑ 7ⓐ 8ⓐ 9ⓑ

MP3 01-20

Day 20

공부 순서 ▢ 미리 보기 → ▢ 따라 읽기 → ▢ 단어 암기 → ▢ 확인 학습

□ 嫌(いや)に
□ ごく
□ 極(きわ)めて
□ ずばり
□ もはや
□ 予(あらかじ)め
□ 前(まえ)もって
□ 一概(いちがい)に
□ 皆目(かいもく)

□ 一向(いっこう)に
□ 依然(いぜん)として
□ 今更(いまさら)
□ 進(すす)んで
□ 危(あや)うく
□ 辛(かろ)うじて
□ 道理(どうり)で
□ なおさら
□ 況(ま)して

□ てっきり
□ 甚(はなは)だ
□ 大(おお)いに
□ 努(つと)めて
□ こぞって
□ 挙(あ)げて
□ 見(み)る見(み)る
□ 浮(う)き浮(う)き
□ めきめき

□ すらすら
□ あるいは
□ それとも
□ かくて
□ 従(したが)って
□ そこで
□ それで
□ 故(ゆえ)に
□ 因(よ)って

01 いや
嫌に

대단히, 몹시, 이상하게

≒ 自棄やけに 몹시, 지독히

きょう　あつ
今日はいやに暑い。

오늘은 몹시 덥다(평상시와는 다르게 덥다).

嫌いやには 상태가 비정상적이거나 정도가 심한 모양을 나타내지만, 自棄やけには 상식으로는 생각할 수 없는 정도로 심한 모양을 나타낸다.

02
ごく

극히, 대단히

ひと　し
ごくわずかな人しか知らない。

극히 소수의 사람밖에 모른다.

ごくは わずか(불과), 近ちかい(가깝다), 短みじかい(짧다), 貧まずしい(가난하다), たまに(간혹) 등 사물의 수량이나 횟수 등이 별로 없는 것을 나타내는 말을 수식하는 경우에 사용한다.

03 きわ
極めて

극히, 지극히

ごいすう　おお
語彙数がきわめて多い。

어휘 수가 지극히 많다.

極きわめては ごく와 거의 같은 의미로 사용할 수 있고, 重大じゅうだい(중대), 大おおきい(크다), 多おおい(많다), 遠とおい(멀다), 裕福ゆうふく(유복) 등 사물의 수량이나 횟수 등이 큰 말을 수식하는 경우에도 사용할 수 있다.

04
ずばり

썩둑, 정통으로

かれ　ことば　きゅうしょ　い　あ
彼の言葉はずばり急所を言い当てた。

그의 말은 정통으로 급소를 알아맞혔다.

05
もはや

이미, 어느새, 이제는

≒ 既すでに
이미, 벌써, 이전에

きみ　なか
君との仲ももはやこれまでだ。

자네와의 사이도 이제는 여기까지다.

もはやは 현시점에서 그렇게 되었음을 나타내지만, 既すでには 과거의 어느 시점에서 그 사태가 성립되었음을 나타낸다.

06 あらかじ
予め

미리, 사전에

ぎわく　はいじょ
すべての疑惑をあらかじめ排除する。

모든 의혹을 사전에 배제하다.

Day 20

07 まえ
前もって
미리, 사전에

まえ よやく
前もって予約しなければならない。
미리 예약하지 않으면 안 된다.

前まえもってが 약간의 격식이 없이 사용하는 표현이라면, 予あらかじめ는 거의 같은 의미이지만 좀 더 격식을 갖춘 표현이다.

08 いちがい
一概に
일률적으로, 무조건

いちがい い おおむ いか あ
一概には言えないが、概ね以下のものが挙げられる。
일률적으로는 말할 수 없지만, 대체로 다음과 같은 것을 들 수 있다.

09 かいもく
皆目
전혀, 도무지

かいもくけんとう
それがどんなものやら皆目見当がつかない。
그것이 어떤 것인지 도무지 짐작이 가지 않는다.

10 いっこう
一向に
전혀, 조금도, 매우

き せ いっこう しごと
気ばかり急いて一向に仕事がはかどらない。
마음만 조급하고 전혀 일이 진척되지 않는다.

一向いっこうに는 변화하지 않는 모양을 나타내고, 문어체적인 표현으로 격식을 차린 인사나 공적인 발언에 자주 사용되는 데 비해, 皆目かいもく는 인간의 이해 행위에 대해서 사용한다.

11 いぜん
依然として
여전히
≒ 相変あいかわらず
변함없이, 여전히

いぜん かれ たよ
依然として彼から便りがない。
여전히 그에게서 소식이 없다.

依然いぜんとして는 변화가 없는 상태에 초점을 맞춘 것으로, 말하는 사람의 기대는 들어가 있지 않지만, 相変あいかわらず는 예상이나 기대에 반하여, 현재가 과거와 달라지지 않은 것을 나타낸다.

12 いまさら
今更
이제 와서, 새삼스럽게
＋今更いまさらながら
새삼스러운 말이지만

いまさら ひとりぐ さび し
今更になって一人暮らしの寂しさを知った。
이제 와서 혼자 사는 외로움을 알았다.

13 すす
進んで
자진해서, 기꺼이

かれ みずか すす こうどう
彼らは自ら進んで行動する。
그들은 스스로 나서서 행동한다.

14 あや
危うく
겨우, 하마터면

あや いのち お
危うく命を落とすところだった。
하마터면 목숨을 잃을 뻔했다.

15 かろ
辛うじて
겨우, 간신히
≒ やっと 겨우, 간신히

かれ じこ かろ
彼はその事故で辛うじてけがをせずにすんだ。
그는 그 사고에서 간신히 부상을 입지 않았다.

辛かろうじて가 여유가 거의 없이 뭔가 아슬아슬하게 실현하는 모양이라면, やっと는 오랜 시간 많은 장애를 극복하고 실현하는 모양, 또는 여유가 없이 겨우 유지되는 모양을 나타낸다.

16 どうり
道理で
어쩐지, 과연

びょうき こ おも
病気なのか、どうりで来ないと思った。
병인 것인가, 어쩐지 안 온다고 생각했다.

17
なおさら
그 위에, 더욱 더

ひょうし
表紙がよければなおさらすばらしかったのに。
표지가 좋으면 더욱 훌륭했을 텐데.

18 ま
況して
더구나, 하물며
+ 況ましてや
「況まして」의 강조 표현

おとな たいへん こども むり
大人でも大変なのだから、まして子供には無理だ。
어른도 큰일이기 때문에, 하물며 어린이에게는 무리다.

況ましては 극단적인 경우와 비교해서 정도가 심한 것을 나타내지만, なおさら는 정도가 높아진 것만을 나타낼 수 있기 때문에 반드시 두 가지 예를 제시하지 않아도 된다.

19 **てっきり**

틀림없이, 아니나 다를까

≒ きっと 꼭, 반드시

てっきりあのレストランは高(たか)いと思(おも)っていた。

틀림없이 저 레스토랑은 비싸다고 생각하고 있었다.

てっきり는 거의 확실하다고 생각하는 모양으로, 주로 예상과 다른 경우에 사용하지만, きっと는 확실히 그렇게 될 것이라고 예측하는 모양을 나타낸다.

20 はなは **甚だ**

매우, 몹시

+ 甚はなはだもって

「甚はなはだ」의 강조 표현

はなはだご迷惑(めいわく)かとは存(ぞん)じますが。

몹시 민폐라고는 생각합니다만.

21 おお **大いに**

크게, 많이, 매우

その発表(はっぴょう)が関心(かんしん)を大(おお)いに高(たか)めた。

그 발표가 관심을 크게 높였다.

大おおいに는 정도가 심한 모양과 양이나 수가 많은 모양을 나타내고, 甚はなはだ는 보통의 정도를 넘어서는 모양을 나타내며, 특히 자신에게 마이너스인 경우에도 사용된다.

22 つと **努めて**

애써, 가능한 한

彼(かれ)は努(つと)めて勇敢(ゆうかん)に振(ふ)る舞(ま)った。

그는 애써 용감하게 행동했다.

23 こぞ **挙って**

모두, 빠짐없이

全員(ぜんいん)こぞって賛成(さんせい)する。

전원 모두 찬성하다.

24 あ **挙げて**

모두, 전부, 모조리

国(くに)を挙(あ)げて産業(さんぎょう)のグローバル競争力強化(きょうそうりょくきょうか)に乗(の)り出(だ)す。

거국적으로 산업의 글로벌 경쟁력 강화에 나선다.

挙あげて는 관계하는 사람이나 힘 등을 목적을 위해 하나로 뭉쳐 결집한다는 뜻이고, 挙こぞって는 관계자 전원이 '모두, 일제히'라는 뜻이다.

25 み　み
見る見る
□□□ 순식간에
≒ たちまち 금세, 갑자기

ちそう　み　み　な
ご馳走は見る見る無くなる。
진수성찬은 순식간에 없어진다.

26 う　う
浮き浮き
□□□ 룰루랄라,
마음이 들뜬 모양
≒ わくわく
울렁울렁, 두근두근

ぜんたい　ゆうしょう
サッカーチーム全体が優勝してうきうきしてた。
축구 팀 전체가 우승하고 들떠 있었다.

うきうき가 신바람이 나서 몸도 마음도 들뜬 모양이라면, わくわく는 기쁨, 기대, 걱정 따위로 가슴이 설레는 모양을 나타낸다.

27
めきめき
□□□ 눈에 띄게, 무럭무럭

かのじょ　とうかく　あらわ
彼女はめきめきと頭角を現した。
그녀는 눈에 띄게 두각을 나타냈다.

28
すらすら
□□□ 술술, 줄줄, 척척

よ　なが
つかえずにすらすらと読み流すことができる。
막히지 않고 줄줄 읽어 내려갈 수 있다.

29
あるいは
□□□ 혹은, 또는

あす　あさって　うかが
明日あるいは 明後日には伺います。
내일 또는 모레에는 찾아뵙겠습니다.

30
それとも
□□□ 그렇지 않으면, 혹은

べんきょう　あそ
勉強をするか、それとも遊ぶか。
공부를 할까, 아니면 놀까?

それとも는 상대방에게 지시를 하는 경우에는 사용할 수 없는 표현이고, あるいは는 일상 회화체적 표현에서는 「～か～」를 자주 사용한다.

31
かくて
이리하여, 그리하여
≒ かくして 이리하여

かくて二人(ふたり)は結(むす)ばれた。
이리하여 두 사람은 맺어졌다.

かくて는 역사를 설명하는 경우 등의 딱딱한 문장체적인 표현에 사용한다.

32
従(したが)って
따라서, 그러므로

本人(ほんにん)は何(なに)も言(い)わなかった。従(したが)って僕(ぼく)も黙(だま)っていたんだ。
본인은 아무 말도 하지 않았다. 그런 까닭으로 나도 잠자코 있었던 거야.

従(したが)って는 약간 딱딱한 표현이고, 공적인 장면에서 격식을 차린 표현으로는 従(したが)いまして를 사용한다.

33
そこで
그래서, 그런 까닭으로

ひどく疲(つか)れた。そこで早(はや)く寝(ね)た。
몹시 피곤했다. 그래서 일찍 잤다.

そこで는 항상 구체적인 장면을 전제로, 자연적으로 이끌어지는 상황을 설명한다. 문장 후반부는 과거형인 경우가 보통이고, 격식을 차린 약간 딱딱한 표현이다.

34
それで
그러므로, 그래서
≒ で 그래서

金(かね)がなかった。それで仕方(しかた)なくあきらめた。
돈이 없었다. 그래서 하는 수 없이 포기했다.

それで는 회화체적인 표현으로, 반드시 구체적인 장면의 설정이 필요한 것이 아니다. 앞의 문장이 뒤에 있는 문장의 이유나 원인에 해당한다.

35
故(ゆえ)に
따라서, 그러므로

我思(われおも)う。故(ゆえ)に、我(われ)あり。
나는 생각한다. 고로 나는 존재한다.

故(ゆえ)に・よって는 문장체적이고 격식을 차린 딱딱한 표현으로, 주로 연설, 강연, 논문, 공적 문서 등에 사용되는 경우가 많다.

36
因(よ)って
따라서, 그러므로

よって彼(かれ)の有罪(ゆうざい)が確定(かくてい)した。
그러므로 그의 유죄가 확정되었다.

だから는 말하는 사람의 주관적인 판단이 들어가거나 앞의 사항의 당연한 결과로서 뒤의 사항이 일어나는 객관적인 인과관계가 있는 경우에도 사용할 수 있지만, 故(ゆえ)に・因(よ)って는 지금까지 말한 것을 토대로 결론을 이끌어 내는 접속사로 쓰인다.

하루 1분 체크

1 다음 단어의 일본어 표현으로 알맞은 것을 a, b 중에서 고르세요.

1. 지극히 (a. 自棄に b. 極めて)

2. 무조건 (a. 一向に b. 一概に)

3. 기꺼이 (a. 道理で b. 進んで)

4. 하물며 (a. まして b. てっきり)

5. 순식간에 (a. 見る見る b. めきめき)

2 다음 빈칸에 들어갈 가장 알맞은 단어를 보기에서 고르세요.

보기	a. 皆目	b. 今更	c. 甚だ

6. (　　　)になって一人(ひとり)暮(ぐ)らしの寂(さび)しさを知(し)った。

7. (　　　)ご迷惑(めいわく)かとは存(ぞん)じますが。

8. それがどんなものやら(　　　)見当(けんとう)がつかない。

3 다음 괄호 안에 들어갈 말로 가장 알맞은 것을 a, b 중에서 고르세요.

9. 税理士試験(ぜいりししけん)では青(あお)(a. それとも b. あるいは)黒(くろ)のインク(ボールペンなど)で回答(かいとう)を作成(さくせい)しなければいけません。

정답 1ⓑ 2ⓑ 3ⓑ 4ⓐ 5ⓐ 6ⓑ 7ⓒ 8ⓐ 9ⓑ

해석 9. 세무사 시험에서는 파랑 또는 검정 잉크(볼펜 등)로 답변을 작성하지 않으면 안 됩니다.

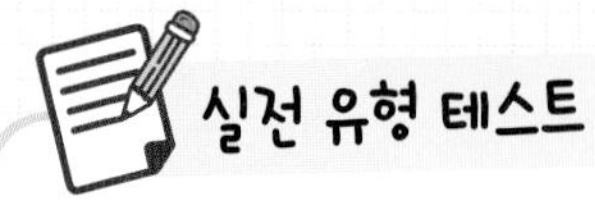

문제 1　밑줄 친 한자의 읽기 방법으로 알맞은 것을 고르세요. (한자 읽기)

1 生徒の行動に<u>手綱</u>を締める。

1 てつな　　2 てづな　　3 たつな　　4 たづな

2 車の代金を<u>月賦</u>で払う。

1 げつふ　　2 げつぶ　　3 げっぶ　　4 げっぷ

3 今夜<u>一献</u>いかがですか。

1 いちこん　　2 いちけん　　3 いっこん　　4 いっけん

문제 2　괄호 안에 들어갈 단어로 가장 알맞은 것을 고르세요. (문맥 규정)

4 筋肉が退化すると、皮膚が（　　　　）。

1 ゆるむ　　2 たるむ　　3 いたむ　　4 はずむ

5 （　　　　）思いを歌詞にした隠れた名曲。

1 せつない　　2 けむたい　　3 とぼしい　　4 ふるめかしい

6 時間がありません。（　　　　）、急いでください。

1 よって　　2 だから　　3 それで　　4 そのために

문제 3 밑줄 친 단어와 의미가 가장 가까운 것을 고르세요. (유의어)

7 気候変動問題は国際社会の喫緊の課題である。

1 最大　　2 最高　　3 大切　　4 至急

8 親御さまが交流する新しい出会いの場です。

1 両親　　2 家族　　3 親戚　　4 親子

9 あの人は呑気な人だ。

1 気楽な　　2 気軽な　　3 手軽な　　4 気重な

문제 4 다음 단어의 용법으로 가장 알맞은 것을 고르세요. (용법)

10 見落とす

1 高圧線の鉄塔の下で道を見落とす。
2 この好機を見落とすわけにはいかない。
3 死亡事故を起こした施設の過失を見落とす。
4 何度も読み返しているのに誤字を見落とす。

11 手厚い

1 現在は母親の手厚い看護を受け、復帰を目指す。
2 毎月一定額の積立型株式投資はとても手厚い投資方法だ。
3 人気医療ドラマシリーズの続編など手厚い作品が並んでいる。
4 通訳の問題とも言われているが、手厚く発言をするべきだ。

➔ 정답과 해석은 다음 페이지에서 확인하세요.

실전 유형 테스트 정답과 해석

 1④ 2④ 3③ 4② 5① 6② 7③ 8① 9① 10④ 11①

	문제 해석	복습하기
1	학생의 행동에 고삐를 죄다.	→ p.98
2	차의 대금을 월부로 지불하다.	→ p.117
3	오늘밤 한 잔 어떻습니까?	→ p.138
4	근육이 퇴화하면, 피부가 처진다.	→ p.126
5	애달픈 심정을 가사로 한 숨은 명곡.	→ p.161
6	시간이 없습니다. 그러니까 서둘러 주십시오.	→ p.174
7	기후 변화 문제는 국제 사회의 중요한 과제이다. 1 최대 2 최고 3 중요한 4 지급(매우 급함)	→ p.99
8	부모님이 교류하는 새로운 만남의 장입니다. 1 양친(부모) 2 가족 3 친척 4 부자(부모와 자식)	→ p.106
9	저 사람은 느긋한 사람이다. 1 마음 편한 2 소탈한 3 손쉬운 4 침울한	→ p.156
10	못 보고 넘기다 1 고압선의 철탑 아래에서 길을 잃다.〈見失う〉 2 이 좋은 기회를 놓칠 수는 없다.〈見逃す〉 3 사망 사고를 낸 시설의 과실을 묵인하다.〈見逃す〉 4 몇 번이나 되풀이해서 읽고 있는데 오자를 못 보고 넘기다.	→ p.117
11	극진하다 1 현재는 어머니의 극진한 간호를 받아, 복귀를 목표로 한다. 2 매달 일정액의 적립식 주식 투자는 매우 견실한 투자 방법이다.〈手堅い〉 3 인기 의료 드라마 시리즈의 속편 등 견실한 작품이 놓여 있다.〈手堅い〉 4 통역의 문제라고도 하지만, 신중하게 발언을 해야 한다.〈用心深く〉	→ p.161

★☆☆

3순위 단어

Day 21~30

MP3 01-21

Day 21

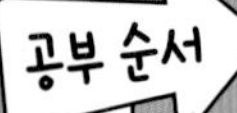

공부 순서 ▢ 미리 보기 ➔ ▢ 따라 읽기 ➔ ▢ 단어 암기 ➔ ▢ 확인 학습

- □ 端緒（たんしょ）
- □ 脚光（きゃっこう）
- □ 威嚇（いかく）
- □ 前倒し（まえだお）
- □ 街道（かいどう）
- □ 見分け（みわ）
- □ 見境（みさかい）
- □ 滞納（たいのう）
- □ 介助犬（かいじょけん）

- □ 思案（しあん）
- □ 罷業（ひぎょう）
- □ 手落ち（ておお）
- □ 啓蒙（けいもう）
- □ ブランク
- □ 佳境（かきょう）
- □ 満喫（まんきつ）
- □ 戦（いくさ）
- □ 伯仲（はくちゅう）

- □ 思惑（おもわく）
- □ 無実（むじつ）
- □ 汗だく（あせ）
- □ 翌日（よくじつ）
- □ 駆け引き（か、ひ）
- □ 発布（はっぷ）
- □ 一丸（いちがん）
- □ 地滑り（じすべ）
- □ 余剰（よじょう）

- □ 漏洩（ろうえい）
- □ うぬぼれる
- □ 思い上がる（おも、あ）
- □ 誇る（ほこ）
- □ 面食らう（めんく）
- □ 狼狽える（うろた）
- □ まごつく
- □ 埋める（うず）
- □ 潤う（うるお）

01 たんしょ
端緒
단서
≒ 手掛てがかり 실마리

はんにんたいほ　たんしょ
これが犯人逮捕の端緒となった。
이것이 범인 체포의 단서가 되었다.

02 きゃっこう
脚光
각광
≒ フットライト
풋라이트(footlight)

いちやくえいゆう　きゃっこう　あ
一躍英雄として脚光を浴びる。
일약 영웅으로서 각광을 받다.

- 脚(다리 각)
  - きゃく　脚本(きゃくほん) 각본
  - きゃっ　脚光(きゃっこう) 각광
  - ぎゃ　行脚(あんぎゃ) 행각, 도보 여행

03 いかく
威嚇
위협
+ 威嚇射撃いかくしゃげき
위협 사격
동

ねこ　りゆう　いかく
猫が理由もなく威嚇をすることはほとんどない。
고양이가 이유도 없이 위협을 하는 일은 거의 없다.

04 まえだお
前倒し
예산 · 예정을 앞당김
동

こうきょうじぎょうひ　まえだお　けいき　かいふく
公共事業費を前倒しして景気の回復をはかる。
공공사업비를 앞당겨서 경기 회복을 도모하다.

05 かいどう
街道
가도

ようしょ　ようしょ　つづ　かいどう　せいび
要所から要所へと続く街道が整備されている。
요소에서 요소로 이어지는 가도가 정비되어 있다.

- 街(거리 가)
  - がい　街頭(がいとう) 가두
  - かい　街道(かいどう) 가도

06 みわ
見分け
분별, 분간, 구별

あに　おとうと　みわ
兄と弟の見分けがつかない。
형과 동생을 분간할 수가 없다.

07 み さかい
見境
□□□ 분별, 판별, 구별

ぜんご　みさかい
かっとなって前後の見境がなくなる。
발끈해서 앞뒤 분별을 못하게 되다.

見境みさかい는 부정어와 함께 사용하는 경우가 많고, 見分みわけ는 보고 구별하는 것을 뜻한다.

---

08 たいのう
滞納
□□□ 체납
+滞納処分たいのうしょぶん
체납 처분
동

いま　たいのう　しはら　げんかい
今まで滞納することなく支払ってきたけど、限界だ。
지금까지 체납하지 않고 지불해 왔지만, 한계다.

滞 : 막힐 체　滞納(たいのう) 체납
帯 : 띠 대　包帯(ほうたい) 붕대

---

09 かいじょけん
介助犬
□□□ 안내견
≒補助犬ほじょけん 안내견

かいじょけん　したいふじゆうしゃ　てあし
介助犬は肢体不自由者の手足となる。
안내견은 지체 장애자의 손발이 된다.

---

10 し あん
思案
□□□ 여러 가지로 생각함, 근심
+思案顔しあんがお
근심스러운(생각에 잠긴) 얼굴
동

かれ　しあん　く
彼は思案に暮れている。
그는 (어찌 할 바를 몰라) 생각에 잠겨 있다.

---

11 ひ ぎょう
罷業
□□□ 파업
≒ストライキ
스트라이크(strike)

ひぎょうしゃ　ちんぎんねあ　ようきゅう
罷業者たちは賃金値上げを要求した。
파업자들은 임금 인상을 요구했다.

---

12 て お
手落ち
□□□ 실수, 부주의, 과실
+片手落かたておち 편파

けんさ　てお
検査に手落ちがあったのではないだろうか。
검사에 실수가 있었던 것이 아닐까.

13 けいもう
啓蒙
계몽

+啓蒙運動けいもううんどう
계몽 운동

동

むち　ひと　けいもう
無知な人たちを啓蒙する。
무지한 사람들을 계몽하다.

蒙 : 어두울 몽　啓蒙(けいもう) 계몽
豪 : 호걸 호　富豪(ふごう) 부호

14
ブランク
블랭크(blank), 여백, 공백

+ブランク・テスト
블랭크 테스트(blank test), 대조 시험

せんしゅせいかつ　ねん
選手生活に3年のブランクがある。
선수 생활에 3년의 공백이 있다.

15 かきょう
佳境
가경(한창 재미있는 판이나 고비)

かきょう　はい　まい
プロジェクトも佳境に入って参りました。
프로젝트도 가경에 접어들었습니다.

16 まんきつ
満喫
만끽

동

ある　こと　けしき　まんきつ
歩く事でゆっくりと景色を満喫できる。
걷는 것으로 천천히 경치를 만끽할 수 있다.

17 いくさ
戦
전쟁, 싸움

≒ 戦たたかい
싸움, 전쟁, 전투

か
いくさに勝つ。
싸움에 이기다.

戦いくさ는 전쟁, 싸움 등의 고풍스러운 표현이라면, 戦たたかい는 전쟁, 싸움 등의 의미뿐만 아니라 경기(시합), 장애와 어려움에 맞서는 행위 등 넓은 의미로 쓰인다.

18 はくちゅう
伯仲
백중, 팽팽함

+伯仲はくちゅうの間かん
백중지간, 백중지세, 서로 우열을 가리기 힘든 형세

동

りょう　ぎじゅつめん　はくちゅう
両チームは技術面ではほとんど伯仲していた。
두 팀은 기술 면에서는 거의 백중하고 있었다.

19 おもわく
思惑
생각, 의도, 평판

+ 思惑買おもわくがい 투기 매입

だれ　おもわく　はつげん
誰もがそれぞれの思惑があって発言しているのだ。

누구나가 각각의 의도가 있어서 발언하고 있는 것이다.

20 むじつ
無実
무실, 무고함

さいばん　かれ　むじつ　かくてい
裁判で彼の無実が確定した。

재판에서 그의 무죄가 확정됐다.

21 あせ
汗だく
땀투성이

≒ 汗あせまみれ 땀투성이, 땀범벅

きび　あつ　あせ
厳しい暑さで汗だくになる。

심한 더위로 땀투성이가 되다.

汗あせだく는 사람이 심하게 땀을 흘리는 모양을 말하지만, 汗あせまみれ는 사람뿐만 아니라 사람이 입고 있던 물건까지도 땀에 더러워진 모양을 나타낸다.

22 よくじつ
翌日
익일, 이튿날, 다음날

↔ 前日ぜんじつ 전날

ごご　じ　ちゅうもん　よくじつはっそう
午後２時までのご注文は翌日発送いたします。

오후 2시까지의 주문은 다음날 발송해 드립니다.

23 かひ
駆け引き
흥정, 상술(술책)

동

あいて　し　だんかい　へん　かひ
相手を知る段階で変に駆け引きをしたりはしない。

상대를 아는 단계에서 이상하게 줄다리기를 하거나 하지는 않는다.

24 はっぷ
発布
발포

≒ 公布こうふ 공포

동

けんぽう　はっぷ
憲法を発布する。

헌법을 발포하다.

発布はっぷ는 새롭게 제정된 법 등을 세상에 널리 알리는 것을 뜻하는 문장체적인 표현이고, 公布こうふ는 관보를 통해 법령 등을 일반 국민에게 알린다는 의미로 쓰인다.

25 いちがん
一丸
□□□ 한 덩어리
≒ 一塊ひとかたまり
한 덩어리, 일단(一團)

ぜんいんいちがん　なんきょく　き　ぬ
全員一丸となって難局を切り抜ける。
전원 하나가 되어 난국을 벗어나다.

26 としなみ
年波
□□□ 나이, 연륜

じょゆう　よ　としなみ　か
ベテラン女優も寄る年波には勝てない。
베테랑 여배우도 드는 나이에는 어쩔 수 없다.

27 よじょう
余剰
□□□ 잉여
+ 余剰物資よじょうぶっし
잉여 물자

みせ　よじょうしょうひん　ばいきゃく
店は、余剰商品を売却した。
가게는 잉여 상품을 매각했다.

剰 : 남을 잉　余剰(よじょう) 잉여
乗 : 탈 승　搭乗(とうじょう) 탑승

28 ろうえい
漏洩
□□□ 누설
동

かいしゃ　じょうほうろうえい　みと
その会社は情報漏洩があったことを認めた。
그 회사는 정보 누설이 있었음을 인정했다.

29
うぬぼれる
□□□ 자부하다, 자만하다

じぶん
自分だけがえらいとうぬぼれる。
자신만이 훌륭하다고 자만하다.

30 おもあ
思い上がる
□□□ 우쭐해하다, 잘난 체하다

じぶんひとり　かだいひょうか　おも　あ
自分一人で過大評価して思い上がる。
자기 혼자서 과대평가해서 우쭐해하다.

思おもい上あがる가 타인이 어떻게 생각하든, 자신을 훌륭하다고 생각하는 것이라면, うぬぼれる는 자신의 능력을 실제 이상이라고 굳게 믿고 행동하여, 객관적으로 보면 부정적인 평가가 포함된다.

31 ほこ
誇る
자랑하다,
자랑으로 여기다

せかいさいだい ほこ せいてつこうじょう
世界最大を誇る製鉄工場。
세계 최대를 자랑하는 제철 공장.

誇ほこる는 타인이 봐도 실제로 가치가 있는 점에 대해서 말하는 경우가 많다.

---

32 めんく
面食らう
당황하다, 허둥대다

きゅう めんく
急なことですっかり面食らった。
갑작스러운 일이어서 몹시 당황했다.

面食めんくらう는 갑작스러운 일로 당황하는 모양이고, 허물없는 사이에 사용하는 속어적인 표현이다.

---

33 うろた
狼狽える
당황하다, 허둥대다

おも できごと
思いがけない出来事にうろたえる。
뜻밖의 사건에 허둥대다.

狼狽うろたえる는 예상도 하지 못했던 사태에 직면해서, 그 해결책을 위해 열심히 발버둥친다는 의미로 쓰인다.

34
まごつく
당황하다, 갈팡질팡하다

かって わ
勝手が分からずまごつく。
사정을 몰라서 갈팡질팡하다.

まごつく는 어찌해야 좋을지 몰라 당황하는 모양으로, 서툴기 때문에 헤매고 있다는 뉘앙스가 강하다.

---

35 うず
埋める
묻다, 메우다, 뒤덮다

＋埋うめる
묻다, 메우다, 채우다

ひろば ひと うず
広場が人で埋められた。
광장이 인파로 뒤덮였다.

埋うずめる는 주로 빈 곳을 뭔가로 구석구석까지 완전히 덮고 채운다는 뜻이다. 埋うめる는 주로 부족한 부분을 채운다는 의미가 강하고, 땅에 뭔가를 묻는 의미로 쓰인다.

---

36 うるお
潤う
축축해지다, 윤택해지다

≒ 湿しめる
축축해지다, 습기 차다

かいしゃ じゅうぎょういん ふところ うるお けいえい すす
会社と従業員の懐が潤うように経営を進めている。
회사와 종업원의 주머니가 넉넉해지도록 경영을 진행하고 있다.

潤うるおう는 적당한 수분을 머금게 한다는 뜻으로, 긍정적 의미(윤택해지다)로 사용되는 경우가 많지만, 湿しめる는 수분, 습기를 약간 머금어 활기가 없거나 침울해진다는 의미로 사용되는 경우가 많다.

하루 1분 체크

1 다음 단어의 읽기로 가장 알맞은 것을 a, b 중에서 고르세요.

1. 脚光 (**a.** きゃくこう **b.** きゃっこう)

2. 街道 (**a.** かいどう **b.** がいどう)

3. 罷業 (**a.** ひごう **b.** ひぎょう)

2 다음 단어의 한자 표기로 가장 알맞은 것을 a, b 중에서 고르세요.

4. 체납(たいのう) (**a.** 帯納 **b.** 滞納)

5. 계몽(けいもう) (**a.** 啓蒙 **b.** 啓豪)

6. 잉여(よじょう) (**a.** 余乗 **b.** 余剰)

3 다음 괄호 안에 들어갈 말로 가장 알맞은 것을 a, b 중에서 고르세요.

7. 兄(あに)と弟(おとうと)の(**a.** 見分け **b.** 見境)がつかない。

8. 世界最大(せかいさいだい)を(**a.** 誇る **b.** うぬぼれる)製鉄工場(せいてつこうじょう)。

9. 会社(かいしゃ)と従業員(じゅうぎょういん)の懐(ふところ)が(**a.** 潤う **b.** 湿る)。

정답 1ⓑ 2ⓐ 3ⓑ 4ⓑ 5ⓐ 6ⓑ 7ⓐ 8ⓐ 9ⓐ

MP3 01-22

Day 22

공부 순서 미리 보기 → 따라 읽기 → 단어 암기 → 확인 학습

- □ 口頭(こうとう)
- □ 口答(こうとう)
- □ 暇(いとま)
- □ 不覚(ふかく)
- □ 生き甲斐(い がい)
- □ 悔い(く)
- □ 縁側(えんがわ)
- □ ホームレス
- □ 解剖(かいぼう)
- □ 寿退社(ことぶきたいしゃ)
- □ 遺影(いえい)
- □ 不朽(ふきゅう)
- □ 不滅(ふめつ)
- □ 喪中(もちゅう)
- □ 概算(がいさん)
- □ 発祥地(はっしょうち)
- □ 甘口(あまくち)
- □ 目論見(もくろみ)
- □ 内輪(うちわ)
- □ 干潟(ひがた)
- □ 由緒(ゆいしょ)
- □ 味付け(あじつ)
- □ 余所見(よそみ)
- □ 猛暑(もうしょ)
- □ 思い付き(おも つ)
- □ 辞退(じたい)
- □ 固辞(こじ)
- □ 哀悼(あいとう)
- □ 乗り切る(の き)
- □ 乗り込む(の こ)
- □ 乗り出す(の だ)
- □ 剥ぐ(は)
- □ 剥げる(は)
- □ 阻む(はば)
- □ 蘇る(よみがえ)
- □ 率いる(ひき)

01 こうとう
口頭
구두
≒ 口述こうじゅつ 구술

こうとうしけん　こた
口頭試験でこわごわ答えた。
구두시험에서 조심조심 대답했다.

口頭こうとう는 입으로 말하는 것인데 비해, 口述こうじゅつ는 실제로 진술하는 말이 문장체적이고, 그것이 그대로 문장이 되는 경우가 많다.

02 こうとう
口答
구답(말로 대답함)
↔ 筆答ひっとう 필답

こうとう　しょうこ
口答では証拠にならない。
말로 한 대답으로는 증거가 되지 않는다.

口答こうとう는 입으로 대답한다는 뜻이고, 筆答ひっとう는 글로 써서 대답한다는 뜻이다.

03 いとま
暇
틈, 휴가, 사직, 해고
＋~する暇いとまもない
~할 틈도 없다

いそが　れんあい　いとま
忙しいから恋愛をする暇もない。
바쁘기 때문에 연애를 할 틈도 없다.

04 ふかく
不覚
불각, 불찰, 깨닫지 못함
ナ

じぎょう　て　だ　ぼく　ふかく
あの事業に手を出したのは僕の不覚だった。
그 사업에 손을 댄 것은 나의 불찰이었다.

05 いがい
生き甲斐
사는 보람

よ　たの　な　いがい　な
この世に楽しみが無ければ生き甲斐が無い。
이 세상에 낙이 없으면 사는 보람이 없다.

06 く
悔い
뉘우침, 후회
＋悔くいる
후회하다, 뉘우치다

く　のこ　がんば
悔いが残らないように頑張れ。
후회가 남지 않도록 분발해라.

07 えんがわ
縁側
툇마루

えんがわ　ひ　あ
縁側に日が当たる。
툇마루에 볕이 들다.

08
ホームレス
홈리스(homeless), 노숙자

だいとし　もんだい
ホームレスは大都市の問題になった。
노숙자는 대도시의 문제가 되었다.

09 かいぼう
解剖
해부
+ 生体解剖せいたいかいぼう 생체 해부
동

ぶんせき　かいぼう
分析するために解剖する。
분석하기 위해서 해부하다.

10 ことぶきたいしゃ
寿退社
결혼 퇴사
동

けっこん　ことぶきたいしゃ　よてい
結婚して、寿退社をする予定です。
결혼해서, 결혼 퇴사를 할 예정입니다.

11 いえい
遺影
유영, 고인의 사진이나 초상화

げんき　いえいしゃしん　と
元気なうちに遺影写真を撮っておこう。
건강할 때 영정 사진을 찍어 둬야지.

- 遺(남길 유)
  い　遺影(いえい) 유영
  ゆい　遺言(ゆいごん) 유언

12 ふきゅう
不朽
불후

にんげん　も　かんじょう　えが　ふきゅう　めいさく
人間の持つあらゆる感情を描いた不朽の名作だ。
인간이 가진 모든 감정을 묘사한 불후의 명작이다.

Chapter 01 Chapter 02 **Chapter 03**

13 ふめつ
不滅
불멸
ナ

れいこん ふめつ しん
霊魂の不滅を信じる。
영혼의 불멸을 믿는다.

不滅ふめつ는 그 존재를 영원히 지울 수 없는 것으로, 가치로 빛나는 추상적인 존재에 많이 쓰인다. 不朽ふきゅう는 가치를 잃지 않고 길이 후세에 남기는 구체적인 사물에 많이 쓰인다.

14 もちゅう
喪中
상중
≒ 忌中きちゅう 기중

もちゅう ねんまつねんし あいさつ えんりょもう あ
喪中につき年末年始のご挨拶をご遠慮申し上げます。
상중이므로 연말연시의 인사를 삼가 주시길 말씀드립니다.

喪中もちゅう는 보통 사후 꼬박 1년간을 말하며 연하장, 경사 등을 삼가지만, 忌中きちゅう는 사후 49일간을 말하며 그 기간 중 현관에 「忌中きちゅう」라고 쓴 종이를 붙인다.

15 がいさん
概算
개산, 어림셈
↔ 精算せいさん
정산, 정밀한 계산

がいさんみつ れんらく
まずは概算見積もりをご連絡します。
우선은 개산 견적을 연락드립니다.

16 はっしょうち
発祥地
발상지

ちゅうとう せいようぶんめい はっしょうち
中東は西洋文明の発祥地だ。
중동은 서양 문명의 발상지이다.

17 あまくち
甘口
단맛이 돎, 단맛을 좋아함
↔ 辛口からくち
매운맛이 돎,
매운맛을 좋아함

あたた ちいき そだ あまくち ひら
温かい地域に育つ甘口の平たいタマネギ。
따뜻한 지역에 자라는 단맛이 나는 납작한 양파.

18 もくろみ
目論見
계획, 의도
≒ 企くわだて 기획, 계획

かれ もくろみどお だいせいきょう
彼の目論見通り、イベントは大盛況となった。
그의 계획대로, 이벤트는 대성황을 이뤘다.

Day 22

19 うちわ
内輪
가정 내, 집안
+ 内輪話うちわばなし 비밀 이야기

あの家(いえ)は内輪(うちわ)もめが絶(た)えない。
저 집은 가정 내 분란이 끊이지 않는다.

20 ひがた
干潟
간석지
≒ 潮干潟しおひがた 갯벌, 개펄

人工干潟(じんこうひがた)を造成(ぞうせい)する試(こころ)みが展開(てんかい)されている。
인공 갯벌을 조성하는 시도가 전개되고 있다.

21 ゆいしょ
由緒
유서, 내력(유래)

国内外(こくないがい)の要人(ようじん)が多(おお)く訪(おとず)れた由緒(ゆいしょ)ある邸宅(ていたく)だ。
국내외의 요인(중요한 사람)이 많이 찾은 유서 깊은 저택이다.

- 由(말미암을 유)
  - ゆ　経由(けいゆ) 경유
  - ゆう　自由(じゆう) 자유
  - ゆい　由緒(ゆいしょ) 유서

22 あじつ
味付け
양념하여 맛을 냄
동

醤油(しょうゆ)で薄(うす)く味付(あじつ)けする。
간장으로 연하게 간을 맞추다.

23 よそみ
余所見
한눈팖, 곁눈질
≒ わきみ 곁눈질, 한눈팔기
동

弟(おとうと)がよそ見運転(みうんてん)の車(くるま)にぶつけられた。
동생이 부주의 운전하는 차에 부딪혔다.

24 もうしょ
猛暑
맹서, 폭염
≒ 酷暑こくしょ 혹서, 폭염

猛暑続(もうしょつづ)きで水不足(みずぶそく)が深刻(しんこく)になった。
계속된 폭염으로 물 부족이 심각해졌다.

25 おもつ
思い付き
문득 생각남, 착상

げんじつ ちょくし おも せいさく てんかい
現実を直視せずに思いつきで政策を展開している。
현실을 직시하지 않고 즉흥적으로 정책을 펴고 있다.

26 じたい
辞退
사퇴
동

しめい じたい
せっかくのご指名ですが、辞退いたします。
모처럼의 지명입니다만, 사퇴하겠습니다.

27 こじ
固辞
고사
동

しゃちょうしゅうにん ようせい こじ
社長就任の要請を固辞する。
사장 취임의 요청을 고사하다.

固辞こじ는 제의나 권유 따위를 굳이 사양하는 것이고, 辞退じたい는 추천이나 의뢰, 일단 받은 권리나 지위의 수여를 자신에게 어울리지 않아서 취소하는 경우에 많이 쓰인다.

28 あいとう
哀悼
애도
≒ 追悼ついとう 추도
동

つつし あいとう い あら
謹んで哀悼の意を表わす。
삼가 애도의 뜻을 표하다.

哀悼あいとう는 사람의 죽음을 슬퍼하며 안타까워하는 것이고, 追悼ついとう는 돌아가신 사람의 생전을 기리며 슬퍼하는 의미로 쓰인다.

29 のき
乗り切る
극복하다
☞ 1그룹(五段) 활용

あつ なつ の き しょくじ しょうかい
暑い夏を乗り切るための食事についてご紹介します。
더운 여름을 극복하기 위한 식사에 대해서 소개해 드립니다.

30 のこ
乗り込む
올라타다, 진입하다
≒ 押おし入いる
강제로 들어가다

だいとうりょう くるま の こ
大統領は車に乗り込むところです。
대통령은 차에 탑승하는 중입니다.

31 **乗り出す** (のりだす)
착수하다, 개입하다

企業と官庁が連携して雇用対策に乗り出す。
기업과 관청이 연계해서 고용 대책에 나서다.

32 **剥ぐ** (はぐ)
벗기다, 박탈하다
+ 剥がす(はがす)
벗기다, (붙은 것을) 떼다

洋服を脱がせるように木の皮を剥ぐことが出来る。
양복을 벗기듯이 나무껍질을 벗길 수가 있다.

剥ぐ(はぐ)는 표면에 붙어 있는 것을 떼는 경우에 많이 사용하고, 剥がす(はがす)는 剥ぐ(はぐ)보다 강한 표현으로, 힘을 주어 떼어낸다는 뜻으로, 대상이나 본체가 부서지거나 망가질 우려가 있다.

33 **剥げる** (はげる)
(칠, 껍데기 따위가) 벗겨지다
+ 剥く(むく)
벗기다(까다), (눈을) 부라리다

私の塗ったペンキが剥げた。
내가 칠한 페인트가 벗겨졌다.

34 **阻む** (はばむ)
저지하다, 방해하다
≒ 阻止(そし)する 저지하다

彼の再選を阻む運動を起こして首尾よく成功した。
그의 재선을 저지하는 운동을 일으켜서 순조롭게 성공했다.

35 **蘇る** (よみがえる)
되살아나다, 소생하다

一度消えていたものが蘇る。
한번 사라졌던 것이 되살아나다.

36 **率いる** (ひきいる)
인솔하다, 통솔하다
≒ 統率(とうそつ)する
통솔하다

リーダーとしてチームを率いて金メダルを目指す。
리더로서 팀을 이끌고 금메달을 목표로 한다.

1 다음 단어의 읽기로 가장 알맞은 것을 a, b 중에서 고르세요.

1. 遺影 (**a.** いえい **b.** ゆいえい)

2. 目論見 (**a.** もくろみ **b.** もくろんみ)

3. 由緒 (**a.** ゆしょ **b.** ゆいしょ)

2 다음 단어의 한자 표기로 가장 알맞은 것을 a, b 중에서 고르세요.

4. 불멸(ふめつ) (**a.** 不減 **b.** 不滅)

5. 발상지(はっしょうち) (**a.** 発詳地 **b.** 発祥地)

6. 저지하다(はばむ) (**a.** 阻む **b.** 岨む)

3 다음 괄호 안에 들어갈 말로 가장 알맞은 것을 a, b 중에서 고르세요.

7. (**a.** 口頭 **b.** 口答) 試験(しけん)。

8. 暑(あつ)い夏(なつ)を (**a.** 乗り込む **b.** 乗り切る)

9. 木(き)の皮(かわ)を (**a.** 剥ぐ **b.** 剥げる)

정답 1ⓐ 2ⓐ 3ⓑ 4ⓑ 5ⓑ 6ⓐ 7ⓐ 8ⓑ 9ⓐ

MP3 01-23

Day 23

공부 순서 □ 미리 보기 → □ 따라 읽기 → □ 단어 암기 → □ 확인 학습

□ 事柄(ことがら)	□ モラル	□ 効(き)き目(め)	□ 連携(れんけい)
□ 隔(へだ)たり	□ 会心(かいしん)	□ 苦杯(くはい)	□ 冷(ひ)やかす
□ 一端(いったん)	□ 獣(けだもの)	□ 浅知恵(あさぢえ)	□ 滅(ほろ)びる
□ 一端(いっぱし)	□ 流布(るふ)	□ 腹心(ふくしん)	□ 踏(ふ)み切(き)る
□ 箇条書(かじょうがき)	□ 飲(の)み代(しろ)	□ 因縁(いんねん)	□ 踏(ふ)み込(こ)む
□ 追慕(ついぼ)	□ 高揚(こうよう)	□ 趣(おもむき)	□ 謙(へりくだ)る
□ 獲物(えもの)	□ 猛反対(もうはんたい)	□ 合間(あいま)	□ 投(な)げ出(だ)す
□ 不摂生(ふせっせい)	□ 終焉(しゅうえん)	□ 善後策(ぜんごさく)	□ 訪(おとず)れる
□ 逸材(いつざい)	□ 弁(べん)	□ 節目(ふしめ)	□ 貪(むさぼ)る

01 ことがら
事柄
사정, 사항, 일
≒ 物事ものごと
물건과 일, 사물

その事柄(ことがら)を詳細(しょうさい)に語(かた)る。
그 사항을 상세히 말하다.

事柄ことがら는 그 사람의 경험과 상상한 일이 어떤 내용인지를 나타내고, 物事ものごと는 事柄ことがら를 포함한 그 사람의 생각과 행동 전부를 포괄적으로 나타낸다.

02 へだ
隔たり
간격, 거리, 차이
≒ 間隔かんかく 간격

理想(りそう)と現実(げんじつ)の間(あいだ)には大(おお)きな隔(へだ)たりがある。
이상과 현실의 사이에는 큰 간격이 있다.

03 いったん
一端
일단, 한쪽 끝, 일부분

見解(けんかい)の一端(いったん)を述(の)べる。
견해의 일단을 말하다.

04 いっぱし
一端
남 못지않음

口(くち)だけは一端(いっぱし)のことを言(い)う。
말만은 그럴듯한 소리를 하다.

05 かじょうがき
箇条書
조목별로 씀

問題点(もんだいてん)を箇条(かじょう)書(が)きにする。
문제점을 조목별로 쓰다.

06 ついぼ
追慕
추모
동

偉大(いだい)な政治家(せいじか)を追慕(ついぼ)する。
위대한 정치인을 추모하다.

慕 : 그릴 모　追慕(ついぼ) 추모
墓 : 무덤 묘　墓地(ぼち) 묘지
暮 : 저물 모　歳暮(せいぼ) 세모

07 えもの
獲物
사냥감

おお　えもの　と
大きなワシが獲物に飛びかかった。
큰 독수리가 사냥감에 달려들었다.

08 ふせっせい
不摂生
불섭생, 신체의 건강에 주의를 하지 않음, 건강 관리를 소홀히 함
≒ 不養生ふようじょう 불섭생
ナ

ふせっせい　けんこう　がい
不摂生で健康を害する。
불섭생으로 건강을 해치다.

不摂生ふせっせい는 식생활, 운동, 영양 등의 생활습관을 소홀히 하고 건강에 주의하지 않는다는 뜻이고, 不養生ふようじょう는 증상이 없으니 괜찮을 것이라며 신체의 건강에 주의하지 않는다는 뜻이다.

09 いつざい
逸材
일재, 뛰어난 인재

しどうしゃ　いくどうおん　ぜっさん　いつざいちゅう　いつざい
指導者が異口同音に絶賛する逸材中の逸材だ。
지도자가 이구동성으로 극찬하는 일재 중의 일재이다.

逸 : 편안할 일　逸材(いつざい) 일재
免 : 면할 면, 해산할 문　免税(めんぜい) 면세

10
モラル
모럴(moral), 도덕, 윤리
+ モラルハザード 모럴 해저드, 도덕적 해이

せいふ　しょう　い
政府にモラルハザードが生じていたと言える。
정부에 모럴 해저드가 생겨나 있었다고 할 수 있다.

11 かいしん
会心
회심, 마음에 듦

かいしん　さく
会心の作とひそかにほほえんでいた。
회심작이라고 은근히 미소 짓고 있었다.

12 けだもの
獣
짐승

けだもの
あいつは獣だ。
저 놈은 짐승이다.

獣けだもの는 사람답지 않은 사람을 욕하여 이르는 말이고, 獣けもの는 전신에 털이 나고 네 발로 걷는 포유동물을 이르는 말로 쓰인다.

13 るふ
流布
유포
[동]

せつ いっぱん るふ
この説は一般に流布している。
이 설은 일반에 유포되어 있다.

- 流(흐를 류)
  る　流布(るふ) 유포
  りゅう　流域(りゅういき) 유역

---

14 のしろ
飲み代
술값
≒ 酒代さかだい 술값

きゅうりょう ぶん のしろ つか
給料の3分の1ぐらいは飲み代に使ってしまう。
월급의 3분의 1 정도는 술값으로 써버리다.

飲のみ代しろ는 술을 마시는 그때마다 지불하는 대금을 말하는 경우가 많지만, 酒代さかだい는 외상으로 해 놓고 나중에 정리해서 술집에 지불하는 대금을 말하는 경우도 많다.

---

15 こうよう
高揚
고양, 높이고 북돋움

きも はげ こうよう
気持ちが激しく高揚する。
기분이 심하게 고양되다.

---

16 もうはんたい
猛反対
맹렬한 반대
[동]

おや こんぜんりょこう もうはんたい
親に婚前旅行を猛反対された。
부모가 혼전 여행을 맹렬히 반대했다.

---

17 しゅうえん
終焉
종언, 임종
≒ 大詰おおづめ
끝장, 종국, 대단원

かれ けいかく しゅうえん
それは彼のあらゆる計画の終焉だった。
그것은 그의 모든 계획의 종언이었다.

終焉しゅうえん은 어느 사회 체제나 시대의 마지막을 뜻하는 의미로 쓰이지만, 大詰おおづめ는 정치적인 교섭이나 사건의 수사 등에 관한 최종적인 단계라는 의미로 쓰인다.

---

18 べん
弁
변, 언변

じんせいけいけん つ べん た
人生経験を積むことで弁が立つようになる。
인생 경험을 쌓는 것으로 말하는 것을 잘하게 된다.

19 きめ
効き目
효과, 효능

くすり き め
薬の効き目がなくなってきた。
약의 효능이 없어지고 있다.

20 くはい
苦杯
고배, 쓰라린 경험

くはい きっ けっか
またしても苦杯を喫する結果となりました。
또 다시 고배를 마시는 결과가 되었습니다.

21 あさぢえ
浅知恵
얕은 지식, 잔꾀
≒ 猿知恵さるぢえ
얕은 지식, 잔재주

わかもの あさぢえ じゅうだいもんだい たいしょ
若者の浅知恵ではこの重大問題に対処できない。
젊은이의 얕은 지식으로는 이 중대 문제에 대처할 수 없다.

22 ふくしん
腹心
복심, 마음속, 심복
≒ 右腕みぎうで
오른팔, 심복 부하

かれ ふくしん ぶか かれ うらぎ
彼の腹心の部下が彼を裏切った。
그의 심복 부하가 그를 배신했다.

腹心ふくしん은 깊이 신뢰하고 어떤 비밀이라도 털어놓을 수 있는 사람을 뜻하고, 右腕みぎうで는 어떤 사람이 가장 신뢰하고 있는 유능한 부하를 뜻한다.

23 いんねん
因縁
인연, 운명

ふたり むす なに いんねん
二人が結ばれたのも何かの因縁だろう。
두 사람이 맺어진 것도 뭔가의 인연일 것이다.

24 おもむき
趣
멋, 정취
≒ 風情ふぜい 풍정, 운치

うつく ていえん おもむき けいだい
美しい庭園の趣がある境内。
아름다운 정원의 정취가 있는 경내.

25 あいま
合間
짬, 틈
≒ 間ま 사이, 짬, 기회

仕事しごとの合間あいまを縫ぬって引ひっ越こしの準備じゅんびをしている。
일의 짬을 내서 이사 준비를 하고 있다.

合間あいま는 연속된 행위의 단락을 나타내며, 시간적인 의미로 사용되는 경우가 많지만, 間ま는 다음의 일이 생기기까지, 또는 그 상태가 계속되는 동안의 시간을 나타낸다.

26 ぜんごさく
善後策
선후책

一刻いっこくも早はやく帰かえって、善後策ぜんごさくを講こうじる必要ひつようがあった。
한시라도 빨리 돌아가서, 선후책을 강구할 필요가 있었다.

27 ふしめ
節目
단락, 구분, 고비

彼かれは人生じんせいの節目ふしめを迎むかえている。
그는 인생의 고비를 맞이하고 있다.

28 れんけい
連携
연휴, 제휴
동

そのためには地方ちほうとの連携れんけいの強化きょうかが重要じゅうようである。
그러기 위해서는 지방과의 제휴 강화가 중요하다.

29 ひ
冷やかす
놀리다, 희롱하다, 눈요기만 하다
≒ からかう 조롱하다, 놀리다

お客きゃくさんはたくさん来きたが、冷ひやかしの客きゃくばかりだ。
손님은 많이 왔지만, 눈요기만 하는 손님뿐이다.

冷ひやかす는 말에 의한 행위로, 살 생각도 없이 물건을 보거나 값만 물어본다는 의미도 있는 한편, からかう는 사람은 물론이고 동물 등에 대해서도 사용하며, 말뿐만이 아니라 태도나 행위로도 나타낸다.

30 ほろ
滅びる
멸망하다, 없어지다
+ 滅ほろぼす 멸망시키다, 망하게 하다

古ふるくからの伝統でんとうは簡単かんたんに滅ほろびるものではない。
오랜 전통은 간단히 없어지는 것이 아니다.

Day 23

31 ふ　き
踏み切る
결단하다, 단행하다
☞ 1그룹(五段) 활용
≒ 思おもい切きる
단념하다, 각오하다
☞ 1그룹(五段) 활용

こうくうがいしゃ　ね さ　ふ き　じ かん　もんだい
航空会社が値下げに踏み切るのは時間の問題だ。
항공 회사가 가격 인하를 단행하는 것은 시간 문제다.

踏ふみ切きるは 어떤 행동으로 옮기는 것에 용기를 갖고 결단하는 것을 나타내고, 思おもい切きるは 思おもい切きって(과감히), 思おもい切きった(대담한)의 형태로, 결심하고 대담한 행동으로 옮기는 것을 나타낸다.

32 ふ　こ
踏み込む
발을 들여놓다,
깊게 파고들다

だいたん　きんゆうかん わ　ふ こ　ひつよう
大胆な金融緩和に踏み込む必要がある。
대담한 금융 완화에 깊이 파고들 필요가 있다.

33 へりくだ
謙る
겸양하다, 자기를 낮추다
≒ 謙遜けんそんする
겸손하다

び とく　かんが
へりくだることが美徳だと考えている。
자기를 낮추는 것이 미덕이라고 생각하고 있다.

謙へりくだるは 자신을 낮추어서 상대를 높이는 의식에서 나오는 행위지만, 謙遜けんそんするは 자신을 낮추어서 상대를 높이는 의식에서 나오는 행위와 단순히 자신 쪽을 낮추는 경우가 있다.

34 な　だ
投げ出す
팽개치다,
아낌없이 내놓다
≒ 放ほうり出だす
내팽개치다, 내쫓다

すべ　な だ　ど こ　に
全て投げ出して何処かへ逃げてしまいたい。
모두 팽개치고 어딘가로 달아나 버리고 싶다.

投なげ出だすは 포기하고 중도에 그만둔다는 의미도 있고, 목적을 위해 중요한 것을 아낌없이 바치는 경우에도 사용하지만, 放ほうり出だすは 投げ出すよ보다 행위 자체의 난폭한 정도가 강하다.

35 おとず
訪れる
방문하다,
시기가 찾아오다
≒ 訪たずねる 방문하다, 찾다

ぎ せい　へい わ　おとず
犠牲がなければ平和は訪れなかったのか。
희생이 없으면 평화는 찾아오지 않았을 것인가?

訪おとずれるは 개인적인 느낌이 적고, 상대방이 방문하는 뉘앙스가 강하지만, 訪たずねるは 개인적인 느낌이 강하고, 이쪽에서 방문하는 뉘앙스가 강하다.

36 むさぼ
貪る
탐내다, 욕심 부리다
≒ 欲張よくばる
너무 욕심을 부리다

どくせん き ぎょう　うんえいがいしゃ　ぼう り
独占企業である運営会社が暴利をむさぼっている。
독점 기업인 운영 회사가 폭리를 취하고 있다.

貪 : 탐할 탐　貪(むさぼ)る 탐내다
貧 : 가난할 빈　貧(まず)しい 가난하다

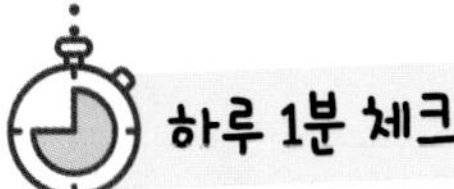

1 다음 단어의 읽기로 가장 알맞은 것을 a, b 중에서 고르세요.

1. 会心 (**a.** えしん **b.** かいしん)

2. 流布 (**a.** るふ **b.** りゅうふ)

3. 飲み代 (**a.** のみしろ **b.** のみだい)

2 다음 단어의 한자 표기로 가장 알맞은 것을 a, b 중에서 고르세요.

4. 추모(ついぼ) (**a.** 追墓 **b.** 追慕)

5. 일재(いつざい) (**a.** 免材 **b.** 逸材)

6. 탐내다(むさぼる) (**a.** 貪る **b.** 貧る)

3 다음 괄호 안에 들어갈 말로 가장 알맞은 것을 a, b 중에서 고르세요.

7. (**a.** 苦杯 **b.** 苦敗)を喫(きっ)する。

8. 伝統(でんとう)は簡単(かんたん)に(**a.** 伏せる **b.** 滅びる)ものではない。

9. 平和(へいわ)が(**a.** 訪ねる **b.** 訪れる)。

정답 1ⓑ 2ⓐ 3ⓐ 4ⓑ 5ⓑ 6ⓐ 7ⓐ 8ⓑ 9ⓑ

MP3 01-24

Day 24

공부 순서 미리 보기 → 따라 읽기 → 단어 암기 → 확인 학습

□ 言質(げんち)	□ 閲覧(えつらん)	□ 凝縮(ぎょうしゅく)	□ 諸経費(しょけいひ)
□ 稲作(いなさく)	□ 一目(いちもく)	□ 不信(ふしん)	□ 申(もう)し入(い)れる
□ 陰謀(いんぼう)	□ ウォームビズ	□ 朝酒(あさざけ)	□ 営(いとな)む
□ 便宜(べんぎ)	□ 楽屋(がくや)	□ 手前味噌(てまえみそ)	□ 届(とど)け出(で)る
□ 風当(かぜあ)たり	□ 頭角(とうかく)	□ 隔絶(かくぜつ)	□ 挑(いど)む
□ 策(さく)	□ 雨漏(あまも)り	□ 変遷(へんせん)	□ 漏(も)らす
□ 侮辱(ぶじょく)	□ 名札(なふだ)	□ 一筋(ひとすじ)	□ 漏(も)れる
□ 目玉(めだま)	□ 理屈(りくつ)	□ 造詣(ぞうけい)	□ 打(う)ち上(あ)げる
□ 大晦日(おおみそか)	□ 引(ひ)き出物(でもの)	□ 崖(がけ)	□ 割(わ)り込(こ)む

01 げんち
言質
언질, 꼬투리나 증거가 될 말

言質(げんち)を取(と)られないようにあやふやな返事(へんじ)をした。
언질을 잡히지 않도록 모호한 대답을 했다.

- 質(바탕 질, 폐백 지)
  - しつ　素質(そしつ) 소질
  - しち　質屋(しちや) 전당포
  - ち　言質(げんち) 언질

02 いなさく
稲作
벼농사
+ 畑作はたさく 밭농사

台風(たいふう)は稲作(いなさく)に大損害(だいそんがい)を与(あた)えた。
태풍은 벼농사에 큰 손해를 주었다.

03 いんぼう
陰謀
음모, 몰래 나쁜 흉계를 꾸미는 일

陰謀(いんぼう)を企(くわだ)てる悪(あく)の組織(そしき)から世界(せかい)の平和(へいわ)を守(まも)る。
음모를 꾸미는 악의 조직으로부터 세계 평화를 지키다.

謀 : 꾀 모　陰謀(いんぼう) 음모
媒 : 중매 매　触媒(しょくばい) 촉매

04 べんぎ
便宜
편의
+ 便宜上べんぎじょう 편의상
ナ

資金調達(しきんちょうたつ)の便宜(べんぎ)を得(え)る。
자금 조달의 편의를 얻다.

05 かぜあ
風当たり
바람받이, 비판(비난)

政府(せいふ)の改革案(かいかくあん)に対(たい)する世間(せけん)の風当(かぜあ)たりが強(つよ)い。
정부의 개혁안에 대한 세간의 비난이 거세다.

06 さく
策
계획, 계략, 대책

万全(ばんぜん)の策(さく)を講(こう)じることが極(きわ)めて重大(じゅうだい)である。
만전의 대책을 강구하는 것이 지극히 중대하다.

07 ぶじょく
侮辱
모욕
+侮辱罪ぶじょくざい 모욕죄
동

ぶじょく　ふんがい
侮辱されて憤慨する。
모욕을 당하고 분개하다.

侮 : 업신여길 모　侮辱(ぶじょく) 모욕
悔 : 뉘우칠 회　後悔(こうかい) 후회

08 めだま
目玉
꾸지람을 들음, 특가품
+目玉商品めだましょうひん
특별 세일 상품

せいかつひつじゅひん　めだましょうひん　つか
生活必需品が目玉商品に使われる。
생활필수품이 특가 상품으로 쓰인다.

09 おおみそか
大晦日
섣달 그믐날(12월 31일)
≒おおつごもり
섣달 그믐날

にほん　おおみそか　はんきゅうじつ
日本では大晦日が半休日である。
일본에서는 섣달 그믐날이 반휴일이다.

10 えつらん
閲覧
열람
≒閲覧室えつらんしつ
열람실
동

しりょう　えつらん　ひつよう
資料の閲覧には、パスワードが必要だ。
자료의 열람에는 패스워드가 필요하다.

閲 : 검열할 열　閲覧(えつらん) 열람
閣 : 집 각　閣僚(かくりょう) 각료

11 いちもく
一目
일목, 한 번 봄
+一目置いちもくおく
한 수 위로 보다
동

かれ　ぎじゅつ　がいぶ　いちもくお
彼の技術は外部からも一目置かれている。
그의 기술은 외부로부터도 한 수 위로 경의를 표하고 있다.

12
ウォームビズ
웜 비즈(Warm Biz)
↔クールビズ
쿨 비즈(Cool + Business)

なつ　ふゆ　じっせん
夏はクールビズ、冬はウォームビズを実践する。
여름은 쿨 비즈, 겨울은 웜 비즈를 실천한다.

ウォームビズ는 난방 시의 사무실 온도를 20℃로 설정할 것을 권장하는 것이고, クールビズ는 사무실 냉방 온도를 28℃로 유지하고 넥타이를 하지 않는 등의 시원한 복장을 권장하는 것이다.

13 がくや
楽屋
무대 뒤, 분장실
+ 楽屋話がくやばなし 뒷이야기, 내막 이야기

楽屋(がくや)は休憩(きゅうけい)や打(う)ち合(あ)わせのためにも使用(しよう)される。
분장실은 휴식과 협의를 위해서도 사용된다.

- 楽(즐길 락, 풍류 악, 좋아할 요)
  - がく　楽屋(がくや) 분장실
  - らく　楽園(らくえん) 낙원
  - らっ　楽観(らっかん) 낙관

14 とうかく
頭角
두각

その会社(かいしゃ)はコンピューター業界(ぎょうかい)で頭角(とうかく)を現(あらわ)した。
그 회사는 컴퓨터 업계에서 두각을 나타냈다.

15 あまも
雨漏り
비가 샘
동

天井(てんじょう)は雨漏(あまも)りの染(し)みができていた。
천장은 비가 샌 얼룩이 생겨 있었다.

16 なふだ
名札
명찰, 명패(문패)
≒ ネームプレート 네임플레이트(nameplate)

迷子(まいご)になった時(とき)のための名札(なふだ)。
미아가 되었을 때를 위한 명찰.

名札なふだ는 가슴에 다는 것, 못에 걸거나 못을 박아 붙이는 것 등에 다양하게 사용하지만, ネームプレート는 주로 기계나 기구의 제조 회사, 기종 등을 기입한 금속의 패를 나타내는 경우가 많다.

17 りくつ
理屈
이치(도리), 합리화하려는 이유
+ 理屈屋りくつや 이론만 따지는 사람

強(し)いて理屈(りくつ)をつけて言(い)い張(は)る。
굳이 이유를 붙여서 우겨대다.

18 ひでもの
引き出物
답례품

引(ひ)き出物(でもの)は地域(ちいき)によってかなり違(ちが)いがある。
답례품은 지역에 따라서 상당히 차이가 있다.

19 ぎょうしゅく
凝縮
□□□ 응축
≒ 圧縮あっしゅく 압축
동

くうはく も ぎょうしゅく
エクセルで空白を持たないようにリストを凝縮する。
엑셀(Excel)로 공백을 갖지 않도록 리스트를 응축시킨다.

凝縮ぎょうしゅく는 크게 퍼져 있던 것을 작게 다지거나 한 점으로 집중시키는 것이고, 圧縮あっしゅく는 압력을 가해서 물체를 작게 하는 것이다. 凝縮 쪽이 그 정도가 크다.

20 ふしん
不信
□□□ 불신, 신용하지 않음
+ 不審ふしん
불심, 의심스러움

ひと ふしん め
人から不信の目でにらまれる。
남이 불신의 눈으로 노려보다.

21 あさざけ
朝酒
□□□ 아침 술

ひとりぐ とき あさざけ しゅうかん
一人暮らしの時についたのが朝酒の習慣だ。
혼자 살 때에 생긴 것이 아침 술의 습관이다.

22 てまえみそ
手前味噌
□□□ 자화자찬
≒ 自画自賛じがじさん
자화자찬

かれ てまえみそ なら じまん
彼は手前味噌ばかり並べて自慢をする。
그는 자화자찬만 늘어놓고 자랑을 한다.

手前味噌てまえみそ는 자신의 집에서 만든 된장을 자랑하는 데서 온 말이고, 自画自賛じがじさん은 자신이 그린 그림을 스스로 칭찬하는 데서 온 말이다.

23 かくぜつ
隔絶
□□□ 격절, 동떨어짐
동

むら やま がいかい かくぜつ
その村は山によって外界から隔絶されていた。
그 마을은 산에 의해 바깥 세상으로부터 격리되어 있었다.

24 へんせん
変遷
□□□ 변천
≒ 推移すいい 추이
동

いくた へんせん へ げんざい せいど
幾多の変遷を経て現在の制度となりました。
수많은 변천을 거쳐서 현재의 제도가 되었습니다.

変遷へんせん은 적어도 몇 년 이상의 레벨에서 생각하는 변화를 나타내지만, 推移すいい는 시간의 길이에 대해서는 한정하지 않고, 숫자로 나타나는 변화에 많이 사용된다.

25 ひとすじ
一筋
한 줄기, 외곬
＋一筋縄ひとすじなわ
보통 수단

一筋ひとすじの小路こうじが畑はたけを横切よこぎっている。
한 줄기 좁은 길이 밭을 가로지르고 있다.

26 ぞうけい
造詣
조예
≒ 学識がくしき 학식

彼かれの日本史にほんしに関かんする造詣ぞうけいの深ふかさに驚おどろいた。
그의 일본사에 관한 조예의 깊이에 놀랐다.

造詣ぞうけい는 그 분야에 대한 넓은 지식과 깊은 이해를 나타내는 것이고, 学識がくしき는 학문에서 얻은 높은 식견과 풍부한 지식을 나타낸다.

27 がけ
崖
낭떠러지, 벼랑(절벽)
≒ 断崖だんがい
단애, 낭떠러지

崖がけが崩くずれて下したの家いえがつぶれた。
벼랑이 무너져서 아래 집이 찌부러졌다.

崖がけ는 일반적으로 사용하는 말이고, 断崖だんがい는 위에서 아래를 내려다본 경우에 사용하는 말이며, 絶壁ぜっぺき(절벽)는 아래에서 위를 올려다본 경우에 많이 사용된다.

28 しょけいひ
諸経費
제경비, 여러 경비

見積書みつもりしょの最後さいごに諸経費しょけいひという項目こうもくがある。
견적서의 마지막에 제경비라는 항목이 있다.

29 もう い
申し入れる
제기하다,
자진하여 말하다
≒ 申もうし出でる
지청해서 말하다, 신청하다

強硬きょうこうな態度たいどで抗議こうぎや要求ようきゅうなどを申もうし入いれる。
강경한 태도로 항의와 요구 등을 제기하다.

申もうし入いれる는 이쪽의 의지와 희망을 상대에게 알리는 것이고, 申もうし出でる는 스스로의 의견, 희망 등을 자신보다도 윗사람, 혹은 관공서 등에 말하는 것을 나타낸다.

30 いとな
営む
(일)하다, 경영하다

配偶者はいぐうしゃや両親りょうしんの資産しさんを借かりて事業じぎょうを営いとなんでいる。
배우자와 부모의 자산을 빌려서 사업을 경영하고 있다.

Day 24

31 とど で
届け出る
신고하다, 신청하다
≒ 願ねがい出でる
출원하다, 청원하다

かいさいび とおか まえ とど で
開催日の10日前までに届け出てください。
개최일의 10일 전까지 신고하여 주십시오.

届とどけ出でるは 관공서, 회사, 학교, 또는 상사 등에게 서류 또는 구두로 신청하는 것이고, 願ねがい出でるは 해 주었으면 하고 부탁한다는 의미가 있다.

32 いど
挑む
도전하다, (싸움을) 걸다
≒ 挑戦ちょうせんする
도전하다

たいよう せかいいっしゅう いど
太陽エネルギーのみで世界一周に挑んでいる。
태양 에너지만으로 세계 일주에 도전하고 있다.

33 も
漏らす
새게 하다, 누설하다, 빠뜨리다

ひと ひみつ も
うっかり人の秘密を漏らしてしまった。
무심코 남의 비밀을 누설하고 말았다.

34 も
漏れる
새다, 누락되다, 누설되다
≒ 漏もる (액체 등이) 새다

めいぼ なまえ も
名簿から名前が漏れる。
명부에서 이름이 누락되다.

漏もれるは '새다'란 뜻으로, 누락되거나 누설된다는 의미로도 쓰인다. 漏もるは 액체 등이 샌다는 의미이다.

35 う あ
打ち上げる
쏘아 올리다, 흥행이나 일을 마치다

ぎょう きぎょう えいせい う あ
サービス業の企業が衛星を打ち上げる。
서비스업을 하는 기업이 위성을 발사하다.

36 わ こ
割り込む
끼어들다, 새치기하다

ひと はなし わ こ しつれい
人の話に割り込むのは失礼だ。
남의 이야기에 끼어드는 것은 실례다.

1 다음 단어의 읽기로 가장 알맞은 것을 a, b 중에서 고르세요.

1. 言質　(**a.** げんち　**b.** げんしつ)

2. 名札　(**a.** めいさつ　**b.** なふだ)

3. 楽屋　(**a.** らくや　**b.** がくや)

2 다음 단어의 한자 표기로 가장 알맞은 것을 a, b 중에서 고르세요.

4. 음모(いんぼう)　(**a.** 陰謀　**b.** 陰媒)

5. 모욕(ぶじょく)　(**a.** 悔辱　**b.** 侮辱)

6. 열람(えつらん)　(**a.** 閣覧　**b.** 閲覧)

3 다음 괄호 안에 들어갈 말로 가장 알맞은 것을 a, b 중에서 고르세요.

7. リストを(**a.** 凝縮　**b.** 圧縮)する。

8. 幾多(いくた)の(**a.** 推移　**b.** 変遷)を経(へ)る。

9. 名簿(めいぼ)から名前(なまえ)が(**a.** 漏る　**b.** 漏れる)

정답 1ⓐ 2ⓑ 3ⓑ 4ⓐ 5ⓑ 6ⓑ 7ⓐ 8ⓑ 9ⓑ

MP3 01-25

Day 25

공부 순서 □ 미리 보기 → □ 따라 읽기 → □ 단어 암기 → □ 확인 학습

- □ 地金(じがね)
- □ 手遅れ(ておくれ)
- □ 大失態(だいしったい)
- □ 道順(みちじゅん)
- □ 完璧(かんぺき)
- □ 得体(えたい)
- □ 一面(いちめん)
- □ 腐心(ふしん)
- □ 大入り(おおいり)

- □ 家出(いえで)
- □ 囚人(しゅうじん)
- □ 歯切れ(はぎれ)
- □ 偉人(いじん)
- □ 目途(めど)
- □ 力不足(ちからぶそく)
- □ 役不足(やくぶそく)
- □ 体(てい)たらく
- □ 遭難(そうなん)

- □ 荒(あ)れ地(ち)
- □ 問屋(とんや)
- □ キャリア
- □ 偽装(ぎそう)
- □ 温床(おんしょう)
- □ 類(たぐ)い
- □ 核心(かくしん)
- □ 香典(こうでん)
- □ 暁(あかつき)

- □ 仕草(しぐさ)
- □ 避(よ)ける
- □ 委(ゆだ)ねる
- □ 任(まか)す
- □ 行(ゆ)き合(あ)う
- □ 行(ゆ)き詰(づ)まる
- □ 揉(も)める
- □ 持(も)ち込(こ)む
- □ 持(も)ち出(だ)す

01 じがね
地金
지금, 본바탕, 본성
≒ 本性ほんしょう 본성

気取(きど)っていてもそのうちに地金(じがね)が出(で)る。
젠체하고 있어도 머지않아 본색이 나온다.

02 ておく
手遅れ
때를 놓침, 때늦음

被害者(ひがいしゃ)は病院(びょういん)に運(はこ)ばれたが、もはや手遅(ておく)れだった。
피해자는 병원으로 옮겨졌으나, 이미 때를 놓쳤다.

03 だいしったい
大失態
큰 실수

解説者(かいせつしゃ)がとんでもない大失態(だいしったい)を演(えん)じてしまったようだ。
해설자가 터무니없는 큰 실수를 저질러 버린 것 같다.

態 : 모습 태　大失態(だいしったい) 큰 실수
熊 : 곰 웅　白熊(しろくま) 백곰

04 みちじゅん
道順
순서, 코스, 절차
≒ 順路じゅんろ 길 순서

自動的(じどうてき)に配送順序(はいそうじゅんじょ)や道順(みちじゅん)を設定(せってい)する。
자동적으로 배송 순서와 절차를 설정한다.

05 かんぺき
完璧
완벽
≒ 完全無欠かんぜんむけつ 완전무결
ナ

自分(じぶん)の完璧主義(かんぺきしゅぎ)が仕事(しごと)に弊害(へいがい)を及(およ)ぼしている。
자신의 완벽주의가 일에 폐해를 끼치고 있다.

璧 : 구슬 벽　完璧(かんぺき) 완벽
壁 : 벽 벽　岩壁(がんぺき) 암벽

06 えたい
得体
정체, 본성
≒ 正体しょうたい 정체

得体(えたい)の知(し)れぬ怪物(かいぶつ)が現(あらわ)れた。
정체를 알 수 없는 괴물이 나타났다.

Day 25

07 いちめん
一面
일면, 1면, 전체
+一面的いちめんてき
일면적, 일방적

田んぼも道路も水没し、辺り一面が海のようだった。
논도 도로도 수몰되어, 주변 일대가 바다 같았다.

08 ふしん
腐心
부심, 애태움
≒ 苦心くしん 고심
동

社内の不満を抑えることに腐心した。
사내의 불만을 억제하는 일에 부심했다.

腐心ふしん은 苦心くしん보다 시간적으로나 규모 면에서 커서 해결이 어려운 문제에 대해서 고민하는 것이고, 苦心くしん은 어떤 일을 이루겠다고 이런저런 걱정을 하며 고민하는 것이다.

09 おおいり
大入り
입장객이 많음
+大入おおいり袋ぶくろ
만원 축하 봉투

大入り満員の観客を前に公演する。
대만원의 관객을 앞에 놓고 공연하다.

10 いえで
家出
가출
+出家しゅっけ 출가
동

都会に憧れて家出する。
도회지를 동경해서 가출하다.

11 しゅうじん
囚人
수인, 죄수
≒ 受刑者じゅけいしゃ
수형자

道路建設で囚人たちが働かされた問題があった。
도로 건설에서 죄수들이 강제로 일하게 된 문제가 있었다.

囚人しゅうじん는 형무소에 수감되어 있는 사람의 속칭이라면, 受刑者じゅけいしゃ는 판결로 확정된 형 집행을 받고 있는 사람을 뜻하는 정식 명칭으로 쓰인다.

12 はぎ
歯切れ
씹히는 맛, 말씨의 명확성

このブログの文章には歯切れの悪いものが多い。
이 블로그의 문장에는 분명치 않은 것이 많다.

13 いじん
偉人
위인
+偉人伝いじんでん 위인전

偉人たちにも人間味溢れる部分がある。
위인들에게도 인간미 넘치는 부분이 있다.

偉 : 클 위　偉人(いじん) 위인
違 : 다를 위　相違(そうい) 상위

14 めど
目途
목표, 전망
≒ 目安めやす
목표, 대중, 기준

大規模組織や国家単位ではまだ目途が立たない。
대규모 조직과 국가 단위에서는 아직 전망이 보이지 않는다.

15 ちからぶそく
力不足
역부족

落選は私の力不足によるものだ。
낙선은 나의 능력 부족으로 인한 것이다.

16 やくぶそく
役不足
직책이나 역할이 하찮음

彼にはその役では役不足だ。
그에게는 그 배역이 격에 어울리지 않는다.

役不足やくぶそく가 능력에 비해서 직책이나 역할이 하찮거나 배역이나 직책 등에 불만을 품은 것이라면, 力不足ちからぶそく는 자신의 노력이나 능력 등이 부족함을 나타낸다.

17 てい
体たらく
모양새, 꼬락서니

戦場を故郷とするわたしがなんという体たらくだ。
전장을 고향으로 하는 내가 이게 무슨 꼴이냐.

18 そうなん
遭難
조난
+二重遭難にじゅうそうなん
이중조난
동

遭難事件はその帰途に起こった。
조난 사건은 그 귀로에 일어났다.

19 あち
荒れ地
황무지, 거친 땅
≒ 痩やせ地ち
메마른 땅, 척박한 땅

じつ じゅうたく め まえ あ ち
実はこの住宅、目の前が荒れ地なんですよ。
실은 이 주택, 목전이 황무지예요.

荒あれ地ちは 여러 이유로 경작에 적합하지 않은 땅이거나 이용하지 않고 방치되어 있는 거친 땅인 데 비해, 痩やせ地ちは 땅이 메말라서 작물이 자라기 어려운 땅이다.

20 とんや
問屋
도매상
+ 卸売おろしうり 도매

せいか そめものどんや
生家は染物問屋であった。
생가는 염색물 도매상이었다.

21
キャリア
커리어(career), 경력
+ ノンキャリア
논 커리어(non + career)

す かてい はい じょせい ふ
キャリアを捨てて家庭に入る女性が増えている。
경력을 버리고 가정으로 들어가는 여성이 늘고 있다.

일본에서 キャリア는 국가 공무원 채용 1종에 합격하여 중앙 본청에 채용되어 있는 일반 행정직을 속칭하고, ノンキャリア는 중앙 관청의 국가 공무원 중에서 1종 시험 합격자가 아닌 공무원을 뜻한다.

22 ぎそう
偽装
위장
+ 偽装失業ぎそうしつぎょう
위장 실업
동

ぎそう めいわく ちゅうい
偽装した迷惑メールにご注意ください。
위장한 스팸 메일에 주의하여 주십시오.

23 おんしょう
温床
온상, (비유적으로) 좋지 않은 일이 일어나기 쉬운 환경
↔ 冷床れいしょう 냉상

いみ かれ おんしょう
ある意味で彼らはトラブルの温床だ。
어떤 의미에서 그들은 트러블의 온상이다.

24 たぐ
類い
같은 부류, 동류, 유례
+ 類たぐいない
유례가 없다, 비길 데 없다

たぐ
この類いのものはたくさんある。
이런 부류의 것은 많이 있다.

25 かくしん
核心
핵심

質(しつ)の高(たか)い雇用(こよう)は、マクロ経済政策(けいざいせいさく)の核心(かくしん)である。
질 높은 고용은 거시 경제 정책의 핵심이다.

26 こうでん
香典
향전, 부의(賻儀)
+ 香典返こうでんがえし
부의를 받은 답례

故人(こじん)との親疎(しんそ)によって香典(こうでん)の料(りょう)も違(ちが)う。
고인과의 친소에 따라서 부의의 금액도 다르다.

- 典(법 전)
  でん　香典(こうでん) 부의(賻儀)
  てん　辞典(じてん) 사전

27 あかつき
暁
새벽(녘), 어떤 일이 실현되는 때

合格(ごうかく)の暁(あかつき)には車(くるま)を買(か)ってあげる。
합격이 실현되는 날에는 차를 사 주겠다.

28 しぐさ
仕草
행위(처사), 동작(표정)

優雅(ゆうが)な仕草(しぐさ)でグラスに水(みず)を注(そそ)ぎ込(こ)んだ。
우아한 동작으로 잔에 물을 부어 넣었다.

29 よ
避ける
피하다, 옆으로 비키다
≒ 避さける 피하다, 꺼리다

突然右折(とつぜんうせつ)しようと出(で)て来(き)た車(くるま)をよけた。
갑자기 우회전하려고 나온 차를 피했다.

避よける는 대상물과의 물리적인 접촉을 회피하기 위한 동작에 중점이 놓여 있는 경우에 사용하지만, 避さける는 의식에 중점이 놓여 있거나 대상물이 추상적인 경우에 사용한다.

30 ゆだ
委ねる
일임하다, 내맡기다

社員(しゃいん)を信(しん)じ社員(しゃいん)の自主性(じしゅせい)に委(ゆだ)ねる。
사원을 믿으며 사원의 자주성에 맡기다.

委ゆだねる는 일의 처리나 결정, 판단 등의 모든 것을 상대에게 전적으로 의존하는 형태인데, 任まかせる보다 의존의 정도가 강하다.

Day 25

31 まか
任す
□□□
맡기다,
그대로 내버려 두다

とき　ながみ　まか
時の流れに身を任す。
시류에 몸을 맡기다.

任まかす는 任まかせる보다 고어적인 표현으로, 일의 처리나 판단 등 본인이 해야만 하는 일을 다른 사람에게 의뢰하여 그 사람의 책임하에 자유롭게 하도록 하는 것이다.

32 ゆ　あ
行き合う
□□□
가다가 만나다, 마주치다
≒ 巡めぐり合あう 오랜만에 우연히 만나다, 해후하다

いろいろ　ひと　ゆ　あ　きかい
色々な人に行き合う機会がある。
여러 사람과 마주칠 기회가 있다.

行ゆき合あう는 어딘가로 향하는 도중에 우연히 대면하는 경우에 사용하지만, 巡めぐり合あう는 오랜 기간을 거쳐서 생각지도 않게 대면하는 경우에 사용한다.

33 ゆ　づま
行き詰る
□□□
막다르다, (앞이) 막히다
≒ 切羽詰せっぱつまる 궁지에 몰리다, 다급해지다

だれ　なん　かたち　ゆ　づ　けいけん
誰でも何らかの形で行き詰まった経験がある。
누구나 어떤 형태로든 앞이 꽉 막힌 경험이 있다.

34 も
揉める
□□□
분쟁이 일어나다,
옥신각신하다
≒ 争あらそう 다투다, 경쟁하다

いけん　そうい　かいぎ　も
意見の相違で会議が揉める。
의견의 차이로 회의가 옥신각신하다.

揉もめる는 어떤 것을 서로 차지하려고 다른 사람과 다툰다는 뜻이고, 争あらそう는 어떤 원인 때문에 서로 다툰다는 뜻이다.

35 も　こ
持ち込む
□□□
반입하다, 가지고 오다

しょくぶつ　きない　も　こ
植物は機内に持ち込むことはできますか。
식물은 기내에 반입할 수 있습니까?

36 も　だ
持ち出す
□□□
반출하다, 제기하다

もんだい　つぎ　かいごう　も　だ　き
その問題を次の会合に持ち出すことに決めた。
그 문제를 다음 모임에 제기하는 것으로 정했다.

하루 1분 체크

1 다음 단어의 읽기로 가장 알맞은 것을 a, b 중에서 고르세요.

1. 地金 (a. ちがね b. じがね)

2. 家出 (a. かしゅつ b. いえで)

3. 香典 (a. こうてん b. こうでん)

2 다음 단어의 한자 표기로 가장 알맞은 것을 a, b 중에서 고르세요.

4. 큰 실수(だいしったい) (a. 大失態 b. 大失熊)

5. 완벽(かんぺき) (a. 完璧 b. 完壁)

6. 위인(いじん) (a. 違人 b. 偉人)

3 다음 괄호 안에 들어갈 말로 가장 알맞은 것을 a, b 중에서 고르세요.

7. (a. 目途 b. 目安)が立(た)たない。

8. 突然(とつぜん)出(で)て来(き)た車(くるま)を(a. よける b. さける)。

9. その問題(もんだい)を次(つぎ)の会合(かいごう)に(a. 持ち込む b. 持ち出す)。

정답 1ⓑ 2ⓑ 3ⓑ 4ⓐ 5ⓐ 6ⓑ 7ⓐ 8ⓐ 9ⓑ

MP3 01-26

Day 26

공부 순서 ▢ 미리 보기 ➔ ▢ 따라 읽기 ➔ ▢ 단어 암기 ➔ ▢ 확인 학습

□ 鼓舞(こぶ)	□ がらくた	□ 絶望(ぜつぼう)	□ 空き巣(あきす)
□ 底打ち(そこうち)	□ 金槌(かなづち)	□ 内訳(うちわけ)	□ 群がる(むらがる)
□ 恒例(こうれい)	□ 捜索(そうさく)	□ 柵(さく)	□ 集う(つどう)
□ カテゴリー	□ 有様(ありさま)	□ 垣根(かきね)	□ 照れる(てれる)
□ 一見(いっけん)	□ 後手(ごて)	□ 下調べ(したしらべ)	□ はにかむ
□ 天寿(てんじゅ)	□ 先手(せんて)	□ 勃興(ぼっこう)	□ 恥じらう(はじらう)
□ 気付き(きづき)	□ 岐路(きろ)	□ 浮気(うわき)	□ 恥じる(はじる)
□ 本領(ほんりょう)	□ 歩み(あゆみ)	□ 略奪(りゃくだつ)	□ 待ち兼ねる(まちかねる)
□ 摂取(せっしゅ)	□ 切望(せつぼう)	□ 強奪(ごうだつ)	□ 思い知る(おもいしる)

Chapter 01 Chapter 02 Chapter 03

01 こぶ
鼓舞
고무, 북돋움
동

社長(しゃちょう)は社員(しゃいん)の志気(しき)を鼓舞(こぶ)するために一席(いっせき)ぶった。
사장은 사원의 사기를 고무하기 위해서 일장 연설을 했다.

02 そこう
底打ち
시세가 바닥을 침
≒ 底入そこいれ
최저 시세까지 떨어짐
동

最近(さいきん)は底打(そこう)ちするパターンが増(ふ)えている。
최근에는 시세가 바닥을 치는 패턴이 늘고 있다.

03 こうれい
恒例
항례, 하기로 정해져 있는 의식이나 행사
≒ 慣例かんれい 관례

県内各地(けんないかくち)で年末恒例(ねんまつこうれい)の行事(ぎょうじ)があります。
현 내 각지에서 연말 연례의 행사가 있습니다.

恒例こうれい는 항상 시기가 정해진 일을 나타내고, 慣例かんれい는 이전부터 행하여져 온 습관처럼 된 일을 나타낸다.

04
カテゴリー
카테고리(Kategorie)
≒ 範疇はんちゅう 범주

プロジェクトのカテゴリーを作成(さくせい)することができる。
프로젝트의 카테고리를 작성할 수 있다

05 いっけん
一見
일견, 언뜻 보기에
＋一見いちげん
단골이 아니고 처음임

この人(ひと)は一見賢(いっけんかしこ)そうに見(み)える。
이 사람은 언뜻 보기에 영리해 보인다.

06 てんじゅ
天寿
천수, 타고난 수명
≒ 天命てんめい
천명, 타고난 수명

天寿(てんじゅ)を全(まっと)うするというのは何歳(なんさい)をいうのですか。
천수를 다 누린다는 것은 몇 살을 말하는 것입니까?

天寿てんじゅ는 하늘로부터 주어진 수명으로, 天寿てんじゅを全まっとうする(수명을 다하다) 등으로 쓰이는 데 비해, 天命てんめい는 하늘에 의해서 정해진 숙명으로 人事じんじを尽つくして天命てんめいを待まつ(진인사대천명) 등으로 사용한다.

07 きづ
気付き
알아차림, 깨달음

ちい　きづ　おお　はつめい
小さな気付きが大きな発明につながる。
작은 깨달음이 큰 발명으로 이어진다.

08 けんじ
堅持
견지, 굳게 지님
동

へいわ　まも　きほんりねん　けんじ
平和を守る基本理念を堅持する。
평화를 지키는 기본 이념을 견지하다.

09 せっしゅ
摂取
섭취
동

せいかく　せっしゅ　さんしゅつ
正確に摂取カロリーを算出する。
정확하게 섭취 열량을 산출하다.

摂 : 당길 섭, 몰아 잡을 섭　摂取(せっしゅ) 섭취
渋 : 떫을 삽　渋滞(じゅうたい) 정체

10 ぼっこう
勃興
발흥, 갑자기 세력이 강해짐
동

ぼっこう　たいおう
勃興するアジアにいかに対応するか。
발흥하는 아시아에 어떻게 대응할까?

勃 : 노할 발　勃興(ぼっこう) 발흥
励 : 힘쓸 려　奨励(しょうれい) 장려

11 かなづち
金槌
쇠망치, 헤엄을 전혀 못함
+ 金槌頭かなづちあたま 돌대가리

かなづち　たた　ほか　はず
金槌で叩いているうちに他のところが外れた。
망치로 두드리고 있는 사이에 다른 곳이 빠졌다.

12 そうさく
捜索
수색
≒ 捜査そうさ 수사
동

とざんそうなんしゃ　そうさく　けいさつ　しょうぼうだん　おこな
登山遭難者の捜索はまず警察や消防団が行います。
등산 조난자 수색은 우선 경찰이나 소방단이 실시합니다.

捜索そうさく는 실종된 사람을 찾거나, 형사 소송법에 의거하여 증거물과 범인을 찾기 위해서 강제로 조사하는 것을 뜻하고, 捜査そうさ는 범인을 찾고 범죄의 증거 등을 모으는 일련의 수속을 뜻한다.

13 ありさま
有様
꼴, 모양, 상태

証券市場(しょうけんしじょう)は閑古鳥(かんこどり)が鳴(な)いている有様(ありさま)だ。
증권 시장은 파리만 날리고 있는 상태이다.

14 ごて
後手
후수, 선수를 빼앗김
↔ 先手せんて 선수

対策(たいさく)が後手(ごて)になってしまい敗戦(はいせん)に直結(ちょっけつ)してしまう。
대책이 뒷북이 되고 말아 패전에 직결되어 버리다.

- 後(뒤 후)
  - ご　後手(ごて) 후수
  - こう　後悔(こうかい) 후회

15 せんて
先手
선수, 먼저 수를 쓰는 일
↔ 後手ごて 후수

先手(せんて)を打(う)つことが有利(ゆうり)になる。
선수를 치는 것이 유리하게 된다.

16 きろ
岐路
기로, 갈림길
≒ 分わかれ道みち 갈림길

現在(げんざい)、この制度(せいど)は岐路(きろ)に立(た)っているのかもしれない。
현재, 이 제도는 기로에 서 있는 것일지도 모른다.

17 あゆ
歩み
걸음, 사물의 진행
≒ 歩行ほこう 보행

研究会(けんきゅうかい)の発足(ほっそく)からこれまでの研究(けんきゅう)の歩(あゆ)みを記載(きさい)する。
연구회의 발족부터 지금까지의 연구 진행을 기재하다.

18 せつぼう
切望
절망, 절실히 바람
≒ 渇望かつぼう 갈망
동

戦争(せんそう)がこの世界(せかい)からなくなることを切望(せつぼう)する。
전쟁이 이 세상에서 사라질 것을 절실히 바라다.

切望せつぼう가 절실히 바라는 것이라면, 渇望かつぼう는 마치 목이 말라 물을 원하는 것처럼 끊임없이 바라는 것으로 바람의 정도가 切望보다 강하다.

Day 26

19 ぜつぼう
絶望
절망, 희망이 없어 포기함
↔ 希望きぼう 희망
동

妻(つま)の死(し)で彼(かれ)は絶望(ぜつぼう)に陥(おちい)った。
아내의 죽음으로 그는 절망에 빠졌다.

20 うちわけ
内訳
내역
≒ 明細めいさい 명세

見積(みつ)もりの内訳(うちわけ)を添付(てんぷ)ファイルにてご連絡(れんらく)します。
견적의 내역을 첨부 파일로 연락드리겠습니다.

- 内(안 내)
  ない　国内(こくない) 국내
  だい　境内(けいだい) 경내
  うち　内訳(うちわけ) 내역

21 さく
柵
울짱, 울타리
≒ 垣かき 울타리, 담

池(いけ)の周(まわ)りに柵(さく)をめぐらす。
연못 주위에 울타리를 치다.

柵さく가 출입을 제한하기 위해 나무나 대나무로 일정 구역을 둘러싸는 것이라면, 垣かき는 일정 구역을 다른 것과 나누기 위해 돌, 흙, 대나무, 나무 등으로 친 칸막이를 말한다.

22 かきね
垣根
울타리, 장벽
＋垣根越かきねごし
담을 사이에 둠

垣根(かきね)越(ご)しに立(た)ち話(ばなし)をする。
울타리 너머로 서서 이야기하다.

垣根かきね는 垣かき중에서 특히 대나무나 나무로 생긴 것을 말하는 경우가 많다.

23 したしら
下調べ
예비 조사, 예습
↔ お浚さらい 복습
동

不動産(ふどうさん)を購入(こうにゅう)する時(とき)に下調(したしら)べをすることは必要(ひつよう)だ。
부동산을 구입할 때에 사전 조사를 하는 것은 필요하다.

24
がらくた
잡동사니

だまされてがらくたを買(か)ってしまった。
속아서 잡동사니를 사고 말았다.

25 うわき
浮気
바람기, 변덕
+浮気者うわきもの 바람둥이
ナ

彼は妻の浮気が原因で離婚した。
그는 아내의 바람기가 원인으로 이혼했다.

26 りゃくだつ
略奪
약탈
+略奪農業りゃくだつのうぎょう 약탈 농업
동

暴力によって略奪され、破壊された。
폭력에 의해 약탈되고, 파괴되었다.

奪 : 빼앗을 탈　略奪(りゃくだつ) 약탈
奮 : 떨칠 분　奮闘(ふんとう) 분투

27 ごうだつ
強奪
강탈
동

武装強盗が現金と貴金属を強奪して逃走した。
무장 강도가 현금과 귀금속을 강탈하고 도주했다.

強奪ごうだつ는 남의 물건이나 권리를 강제로 빼앗는 것으로 개인 또는 소수의 행위이고, 略奪りゃくだつ는 군대나 폭도 등이 집단으로 빼앗는 것을 나타낸다.

28 あ す
空き巣
빈 둥지, 빈집털이
+空あき巣す狙ねらい 빈집털이

空き巣の目的は侵入することではなく窃盗だ。
빈집털이의 목적은 침입하는 것이 아니라 절도이다.

29 むら
群がる
떼 지어 모이다, 군집하다

気温が低いときは、蜂が巣に群がっている。
기온이 낮은 때는 벌이 집에 떼 지어 있다.

群むらがる는 물건을 대상으로 그 주위에 빽빽이 모여들고 있는 경우에 사용할 수 있지만, 특정의 공간적인 범위 안에 집합하는 의미로는 사용하기 어렵고 동물에 사용되는 경우가 많다.

30 つど
集う
모이다, 모여들다

シリコンバレーには世界の頭脳が集っている。
실리콘 밸리에는 세계의 두뇌가 모여 있다.

集つどう는 물건을 대상하는 경우에도 공간(장소)을 대상으로 하는 경우에도 사용할 수 있고, 사람이 무엇인가를 할 목적으로 한 곳에 모이는 경우에도 사용한다.

31 照(て)れる
수줍어하다, 쑥스러워하다

照(て)れて思(おも)わず声(こえ)が高(たか)くなる。
쑥스러워서 무심코 목소리가 커지다.

照てれる는 남의 앞에서 주목받거나 스스로도 자신을 의식하거나 해서 긴장하고 부끄러워한다는 뜻으로, 평상시와 다른 몸짓이나 행동을 하는 경우를 말한다.

32 はにかむ
부끄러워하다, 수줍어하다

はにかんだ笑顔(えがお)がなんとも可愛(かわい)らしい。
수줍어하는 미소가 정말 사랑스럽다.

はにかむ는 실제의 행동을 취하는 照てれる와는 다르며, 말이나 몸짓을 줄이고, 미소 짓거나 아래를 향하거나 눈을 딴 데로 돌리거나 하며 부끄러움을 나타내는 행위이다.

33 恥(は)じらう
부끄러워하다, 수줍어하다

花(はな)も恥(は)じらう乙女(おとめ)たちを前(まえ)にして、緊張(きんちょう)する。
꽃도 무색케 할 소녀들을 앞에 두고, 긴장하다.

恥はじらう는 어떤 이유로 자신을 부끄러워하여 말이나 행동을 줄이고 남의 눈을 피하려는 감정으로서, 젊은 여성에게 많이 사용한다.

34 恥(は)じる
부끄러이 여기다

+～に恥はじない
～에 부끄럽지 않다

自分(じぶん)に恥(は)じない自分(じぶん)の行動(こうどう)を自分(じぶん)でするしかない。
자신에게 부끄럽지 않은 자신의 행동을 스스로 할 수밖에 없다.

35 待(ま)ち兼(か)ねる
애타게 기다리다, 학수고대하다

+待まち望のぞむ
어서 이룩하기를 바라다, 희망하다

毎年(まいとし)待(ま)ち兼(か)ねているファンもたくさんいる。
매년 애타게 기다리고 있는 팬도 많이 있다.

36 思(おも)い知(し)る
뼈저리게 느끼다, 통감하다
☞ 1그룹(五段) 활용

過酷(かこく)な社会(しゃかい)の現実(げんじつ)を思(おも)い知(し)る。
가혹한 사회의 현실을 통감하다.

하루 1분 체크

1 다음 단어의 읽기로 가장 알맞은 것을 a, b 중에서 고르세요.

1. 後手　(**a.** ごて　**b.** こうて)

2. 内訳　(**a.** ないわけ　**b.** うちわけ)

3. 強奪　(**a.** ごうだつ　**b.** きょうだつ)

2 다음 단어의 한자 표기로 가장 알맞은 것을 a, b 중에서 고르세요.

4. 섭취(せっしゅ)　(**a.** 摂取　**b.** 渋取)

5. 발흥(ぼっこう)　(**a.** 励興　**b.** 勃興)

6. 약탈(りゃくだつ)　(**a.** 略奪　**b.** 略奮)

3 다음 괄호 안에 들어갈 말로 가장 알맞은 것을 a, b 중에서 고르세요.

7. 年末(ねんまつ)(**a.** 慣例　**b.** 恒例)の行事(ぎょうじ)があります。

8. (**a.** 絶望　**b.** 切望)に陥(おちい)った。

9. 花(はな)も(**a.** 恥じる　**b.** 恥じらう)乙女(おとめ)たちを前(まえ)にして、緊張(きんちょう)する。

정답 1ⓐ　2ⓑ　3ⓐ　4ⓐ　5ⓑ　6ⓐ　7ⓑ　8ⓐ　9ⓑ

MP3 01-27

Day 27

공부 순서 미리 보기 → 따라 읽기 → 단어 암기 → 확인 학습

□ 骨頂(こっちょう)	□ 朗報(ろうほう)	□ 海峡(かいきょう)	□ 盛衰(せいすい)
□ 間柄(あいだがら)	□ 吉報(きっぽう)	□ 丸投(まるな)げ	□ 果(は)たす
□ 猛者(もさ)	□ 宴(うたげ)	□ 嗜好(しこう)	□ 遂(と)げる
□ 繊維(せんい)	□ 粗筋(あらすじ)	□ 更正(こうせい)	□ 全(まっと)うする
□ 顔付(かおつ)き	□ あらまし	□ 憂(う)さ	□ 交(まじ)える
□ 吟味(ぎんみ)	□ 大筋(おおすじ)	□ 成(な)り上(あ)がり	□ 遮(さえぎ)る
□ 麓(ふもと)	□ 前触(まえぶ)れ	□ 英雄(えいゆう)	□ 項垂(うなだ)れる
□ 値打(ねう)ち	□ ブローカー	□ 緩和(かんわ)	□ 跨(また)がる
□ 一別(いちべつ)	□ 無心(むしん)	□ 諦(あきら)め	□ 赴(おもむ)く

01 こっちょう
骨頂
최상, 더없는 것
≒ 随一ずいいち 제일, 첫째

きけん ばしょ い ぐ こっちょう
危険な場所にわざわざ行くなんて愚の骨頂だ。
위험한 장소에 일부러 가다니 더없이 어리석다.

骨頂こっちょう는 더할 나위 없음을 뜻하는 말로, 주로 바람직하지 않은 경우에 사용하는 데 비해, 随一ずいいち는 많은 것 중에서 일등, 첫 번째를 뜻한다.

02 あいだがら
間柄
관계, 사이, 간
≒ 関係かんけい 관계

した あいだがら しゃくようしょ さくせい しょうりゃく
親しい間柄では借用書の作成を省略する。
친한 사이에서는 차용증의 작성을 생략한다.

間柄あいだがら는 사람과 사람의 사이를 나타내지만, 関係かんけい는 사람끼리의 연결 외에 사물과 사물 등 다양한 연결을 나타내고, 그때 상황에서 심리적 변화에 따른 연관성도 나타낸다.

03 もさ
猛者
맹자, 강자, 고수
≒ 強者きょうしゃ 강자

ごけんてい ちょうせん もさ ふ
エスペラント語検定に挑戦する猛者が増えている。
에스페란토어 검정에 도전하는 고수가 늘고 있다.

猛者もさ는 뛰어난 기술과 체력을 갖고 활약하는 사람이고, 強者きょうしゃ는 매우 강하거나 뛰어난 사람을 나타낸다.

04 せんい
繊維
섬유
＋ 繊維産業せんいさんぎょう 섬유 산업

しょくもつせんい けんこう よ し
食物繊維が健康に良いことはよく知られている。
식물 섬유가 건강에 좋은 것은 잘 알려져 있다.

繊 : 가늘 섬　繊維(せんい) 섬유
織 : 짤 직, 기치 치　組織(そしき) 조직

05 かおつ
顔付き
용모, 표정
≒ 容貌ようぼう 용모

かれ かおつ ゆうざい しょうこ
彼の顔付きが有罪の証拠だ。
그의 표정이 유죄의 증거이다.

顔付かおつき가 감정 등으로 변하는 표정을 뜻하는 데 비해, 容貌ようぼう는 생김새만 나타내고, 몸 전체를 포함하는 경우가 있다.

06 ぎんみ
吟味
음미, 잘 조사함
동

てん しんちょう ぎんみ ひつよう
この点は慎重に吟味する必要がある。
이 점은 신중하게 음미할 필요가 있다.

07 ふもと
麓
(산)기슭
↔ 山頂さんちょう 산정, 산꼭대기

こうえん やま ふもと ひろ
公園は山の麓に広がっている。
공원은 산기슭에 펼쳐져 있다.

麓 : 산기슭 록(녹) 麓(ふもと) (산)기슭
塵 : 티끌 진 微塵(みじん) 미진

08 ねうち
値打ち
값, 값어치, 가치
≒ 価値かち 가치

ほん よ ねう
この本は読む値打ちがある。
이 책은 읽을 값어치가 있다.

値打ねうち는 일상적이고 구체적인 것에 사용하는 경우가 많지만, 価値かち는 추상적인 것에도 구체적인 것에도 사용한다.

09 いちべつ
一別
일별, 한 번 헤어짐
+ 一別以来いちべついらい 일별 이후
동

いちべつ いらい さいかい よろこ
一別以来の再会にその喜びはひとしおでした。
일별 이후의 재회에 그 기쁨은 한결 더했습니다.

10 ろうほう
朗報
낭보, 기쁜 소식
↔ 悲報ひほう 비보, 슬픈 소식

じょせいいし しんさつ きぼう かた ろうほう
女性医師による診察を希望の方に朗報です。
여성 의사의 진찰을 희망하는 분에게 기쁜 소식입니다.

11 きっぽう
吉報
길보, 희소식
↔ 凶報きょうほう 흉보

やきゅうぶ こうしえんはつしゅつじょう きっぽう とど
野球部に甲子園初出場の吉報が届いた。
야구부에 고시엔 첫 출전의 희소식이 날아들었다.

吉報きっぽう가 결혼, 출산, 성공 등의 경사스러운 일들을 전하는 소식이라면, 朗報ろうほう는 미래에 희망을 갖게 하고, 상쾌한 기분으로 만들어 주는 기쁜 소식을 나타낸다.

12 うたげ
宴
연회, 잔치
≒ 宴会えんかい 연회

らいひん まね せいだい うたげ
来賓をお招きして、盛大な宴になりました。
내빈을 모시고, 성대한 연회가 되었습니다.

宴うたげ는 연회의 고풍스럽고 우아한 표현인 데 비해, 宴会えんかい는 친목이나 접대를 위해 일반적으로 열리는 회합으로, 술과 음식을 즐기는 것이 중심이 된다.

13 あらすじ
粗筋
대강의 줄거리, 개략

映画「雪の華」のキャストとあらすじを公開する。
영화 〈눈의 꽃〉의 출연진과 줄거리를 공개하다.

粗筋あらすじ는 소설, 연극, 영화 등의 대략적인 내용을 나타낸다.

14
あらまし
줄거리, 개요, 대충

利用状況のあらましを見る。
이용 상황의 개요를 보다.

あらまし는 전체의 요점을 정리한 것을 나타내며, '대충'이라는 뜻의 부사로도 사용된다.

15 おおすじ
大筋
대강의 줄거리

経過の大筋を述べる。
경과의 대강을 말하다.

大筋おおすじ는 내용의 대략적인 부분, 또는 기본적인 부분을 나타낸다.

16 まえぶ
前触れ
예고, 전조, 조짐
≒ 予告よこく 예고

黒い雲は嵐の前触れだ。
검은 구름은 폭풍우의 전조다.

前触まえぶれ는 사전에 알리는 의미 외에 무슨 일이 일어나려고 하는 전조의 의미로도 사용하지만, 予告よこく는 앞으로 할 일을 사전에 상대에게 알려준다는 의미로 쓰인다.

17
ブローカー
브로커(broker), 중개인

ブローカーは円高のおかげで大もうけした。
브로커는 엔고 덕분으로 대박을 터뜨렸다.

18 むしん
無心
무심, 염치없이 금품을 요구함
동

母親に金を無心する妹に激怒した。
어머니에게 염치없이 돈을 달라는 여동생에게 격노했다.

- 心(마음 심)
  しん 無心(むしん) 무심
  じん 用心(ようじん) 조심, 주의

19 かいきょう
海峡
해협

海峡(かいきょう)の幅(はば)が狭(せま)く、潮流(ちょうりゅう)が複雑(ふくざつ)で極(きわ)めて強(つよ)い。
해협의 폭이 좁아 조류가 복잡하고 매우 강하다.

峡 : 골짜기 협　海峡(かいきょう) 해협
狭 : 좁을 협　偏狭(へんきょう) 편협

---

20 まるな
丸投げ
일을 통째로 맡김
동

ある仕事(しごと)を、詳(くわ)しい説明(せつめい)もなしに丸投(まるな)げされた。
어떤 일을 자세한 설명도 없이 통째로 맡겨졌다.

---

21 しこう
嗜好
기호
≒ 好このみ 좋아함, 취향

嗜好品(しこうひん)は、生命(せいめい)の維持(いじ)に必須(ひっす)ではありません。
기호품은 생명 유지에 필수가 아닙니다.

嗜好しこう는 특히 좋아하는 것을 즐기는 것으로 대체로 음식에 대해서 사용하지만, 好このみ는 좋아한다고 하는 기분의 경향을 나타내고 폭넓은 대상에 사용한다.

---

22 こうせい
更正
경정, 바로잡아 고침
+ 更正決定こうせいけってい 경정 결정
동

修正申告(しゅうせいしんこく)と更正(こうせい)の違(ちが)いを確認(かくにん)しておきましょう。
수정 신고와 경정의 차이를 확인해 둡시다.

- 正(바를 정)
  せい　更正(こうせい) 경정
  しょう　正面(しょうめん) 정면

---

23 う
憂さ
시름, 우울함
+ 憂うさ晴ばらし 기분전환

酒(さけ)を飲(の)んで憂(う)さを晴(は)らした。
술을 마시고 시름을 달랬다.

---

24 なあ
成り上がり
벼락출세, 벼락부자

成(な)り上(あ)がりの国会議員(こっかいぎいん)はモノにならない。
벼락출세한 국회의원은 어엿한 인물이 되지 못한다.

25 えいゆう
英雄
영웅
≒ ヒーロー 히어로(hero)

こくみんてきえいゆう　きねんひ　た
国民的英雄をしのんで記念碑を建てる。
국민적 영웅을 그리워하고 기념비를 세우다.

英雄えいゆう가 보통 사람이 할 수 없는 일을 해낸 사람을 뜻하는 데 비해, ヒーロー는 인기가 높거나 뛰어난 활약을 펼친 사람 또는 소설이나 영화 등의 남자 주인공을 뜻한다.

26 かんわ
緩和
완화
동

としない　こうつうじゅうたい　かんわ
都市内の交通渋滞を緩和する。
도시 내 교통 체증을 완화하다.

27 あきら
諦め
단념, 체념
≒ 断念だんねん 단념

あきら
はっきり諦めがつくから、これでよかった。
확실히 체념이 가기 때문에, 이것으로 잘됐다.

28 せいすい
盛衰
성쇠
+ 栄枯盛衰えいこせいすい 영고성쇠

かいしゃ　せいすい　じけん
これは会社の盛衰にかかわる事件である。
이것은 회사의 성쇠에 관계되는 사건이다.

- 盛(성할 성)
  - せい　盛衰(せいすい) 성쇠
  - じょう　繁盛(はんじょう) 번성

29 は
果たす
완수하다, 달성하다

ちゅうがくじだい　やくそく　は
中学時代からの約束を果たした。
중학교 시절부터의 약속을 지켰다.

果はたす는 꼭 해야 할 일 또는 하려고 마음먹은 일을 완수한다는 뜻과 그 입장에서 일을 훌륭하게 잘 해낸다는 의미로 쓰이고, 동사 ます형에 연결하여 '죄다 ~해 버리다'의 뜻을 나타내기도 한다.

30 と
遂げる
이루다, 끝내다, 마치다

かがく　きゅうそく　しんぽ　と
コンピューター科学が急速な進歩を遂げた。
컴퓨터 과학이 급속한 진보를 이루었다.

遂とげる는 하고 싶다고 생각하던 것을 끝내거나 최종적으로 그와 같은 결과가 된다는 의미로 쓰이고, 실현이 쉽지 않은 것을 달성하는 경우에 사용한다.

Day 27

31 まっと
全うする
완수하다, 다하다

かれ　てんじゅ　まっと
彼は天寿を全うした。
그는 천수를 다했다.

全まっとうするは 자신에게 주어진 일을 완전하게 끝낸다는 의미로 쓰인다.

32 まじ
交える
섞다, 교차시키다
≒ 交かわす
주고받다, 교차하다

ひざ　まじ　はな
なるべく膝を交えて話すようにしている。
되도록 무릎을 맞대고 이야기하도록 하고 있다.

交まじえるは '안에 같이 끼워 넣거나 섞는다'나 '무기를 갖고 서로 공격한다'는 뜻이고, 交かわす는 '상호간에 서로 주고받는다'는 의미와 접미어적으로 '서로 ~하다'의 뜻으로 쓰인다.

33 さえぎ
遮る
가리다, 차단하다
☞ 1그룹(五段) 활용

つよ　ひかり　せんたくてき　さえぎ　ほうほう　こうあん
強い光だけを選択的に遮る方法を考案する。
강한 빛만을 선택적으로 차단하는 방법을 고안한다.

34 うな だ
項垂れる
고개(머리)를 숙이다
≒ うつむく
머리(고개)를 숙이다

いもうと　きのう　らくたん
妹は昨日からずっと落胆してうなだれている。
여동생은 어제부터 내내 낙담해서 고개를 숙이고 있다.

35 またが
跨る
걸터타다, 걸치다
≒ 跨またぐ
가랑이를 벌리고 넘다

ふくすうねん ど　てつどうこう じ　おこな
複数年度にまたがって鉄道工事を行う。
여러 해에 걸쳐서 철도 공사를 시행하다.

跨またがるが 「～にまたがる」의 형태로 가랑이를 벌리고 올라타는 행위와 기간을 나타내는 경우도 있는 데 비해, 跨またぐ는 「～をまたぐ」 형태로 가랑이를 벌려서 물건 위를 넘는 인간의 동작을 나타낸다.

36 おもむ
赴く
향하여 가다, 향하다
≒ 出向でむく
(목적한 장소로) 나가다

かいがい ふ にんさき　か ぞく　おもむ
海外赴任先に家族で赴く。
해외 부임지에 가족 모두 향하다.

赴おもむく는 목적 또는 가야 할 이유가 있어서 이동하는 것으로 감정의 상태 이동에도 사용하지만, 出向でむく는 자신이 있는 곳에서 이동하는 것으로 언젠가는 제자리로 돌아온다는 전제가 있다.

하루 1분 체크

1 다음 단어의 읽기로 가장 알맞은 것을 a, b 중에서 고르세요.

1. 無心 (**a.** むしん **b.** むじん)

2. 更正 (**a.** こうせい **b.** こうしょう)

3. 盛衰 (**a.** せいすい **b.** せいじょう)

2 다음 단어의 한자 표기로 가장 알맞은 것을 a, b 중에서 고르세요.

4. 섬유(せんい) (**a.** 織維 **b.** 繊維)

5. 산기슭(ふもと) (**a.** 塵 **b.** 麓)

6. 해협(かいきょう) (**a.** 海峡 **b.** 海狭)

3 다음 괄호 안에 들어갈 말로 가장 알맞은 것을 a, b 중에서 고르세요.

7. 黒(くろ)い雲(くも)は嵐(あらし)の(**a.** 予告 **b.** 前触れ)だ。

8. 彼(かれ)の(**a.** 容貌 **b.** 顔付き)が有罪(ゆうざい)の証拠(しょうこ)だ。

9. 急速(きゅうそく)な進歩(しんぽ)を(**a.** 遂げた **b.** 果たした)。

정답 1ⓐ 2ⓐ 3ⓐ 4ⓑ 5ⓑ 6ⓐ 7ⓑ 8ⓑ 9ⓐ

MP3 01-28

Day 28

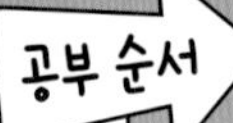

□ 미리 보기 → □ 따라 읽기 → □ 단어 암기 → □ 확인 학습

□ 生生(なまなま)しい	□ 浅(あさ)ましい	□ 斬新(ざんしん)だ	□ 不快(ふかい)だ
□ 生温(なまぬる)い	□ 忙(せわ)しい	□ 生真面目(きまじめ)だ	□ 不機嫌(ふきげん)だ
□ 情(なさ)けない	□ 類(たぐ)いない	□ 甘美(かんび)だ	□ 無邪気(むじゃき)だ
□ 情(なさ)け深(ぶか)い	□ 蔑(ないがし)ろだ	□ 空(うつ)ろだ	□ 凄絶(せいぜつ)だ
□ 弱々(よわよわ)しい	□ 巧妙(こうみょう)だ	□ 質素(しっそ)だ	□ 婉曲(えんきょく)だ
□ 擽(くすぐ)ったい	□ 緩慢(かんまん)だ	□ 薄弱(はくじゃく)だ	□ 数奇(すうき)だ
□ 平(ひら)たい	□ ふんだんだ	□ 柔軟(じゅうなん)だ	□ 無口(むくち)だ
□ 名高(なだか)い	□ 不審(ふしん)だ	□ 型破(かたやぶ)りだ	□ 迅速(じんそく)だ
□ 卑(いや)しい	□ 贅沢(ぜいたく)だ	□ 詳細(しょうさい)だ	□ 大仰(おおぎょう)だ

Chapter 01
Chapter 02
Chapter 03

01 なまなま
生生しい
생생하다, 새롭다

さくや み なまなま あくむ あたま はな
昨夜に見た生生しい悪夢がまだ頭から離れない。
어젯밤에 꾼 생생한 악몽이 아직 머리에서 떠나지 않는다.

02 なまぬる
生温い
미적지근하다, 미온적이다
≒ 手緩てぬるい
지나치게 관대하다

なまぬる しか かた き め
そんなに生温い叱り方では効き目がない。
그렇게 미온적인 꾸지람으로는 효과가 없다.

03 なさ
情けない
한심하다, 무정하다
≒ 嘆なげかわしい
한탄스럽다, 한심스럽다

し かれ なさ ひと
あんなことを知らないとは、彼も情けない人だ。
그런 것을 모르다니 그도 한심한 사람이다.

情なさけない는 비참하게 생각하는 마음이 포함되어 나타나지만, 嘆なげかわしい는 화가 날 정도로 한심하다는 의미로 情けない보다 정도가 강하다.

04 なさ ぶか
情け深い
동정심(인정)이 많다

さいしょ なさ ぶか しょち
最初は情け深い処置をしてくれる。
처음에는 관대한 조처를 해 주다.

05 よわよわ
弱々しい
아주 약하다, 허약하다

よわよわ はんのう
このような、弱々しい反応なんてもってのほかだ。
이와 같은 아주 약한 반응이라니 당치도 않다.

06 くすぐ
擽ったい
간지럽다, 겸연쩍다
≒ 照てれ臭くさい
멋쩍다, 겸연쩍다

ぼうえいほんのう はたら
そもそもくすぐったいとは、防衛本能の働きだ。
애당초 간지럽다는 것은 방어 본능의 작용이다.

Day 28

07 ひら
平たい
평평하다, 알기 쉽다
≒ 平たいらだ 평평하다

平ひらたい鍋なべにごぼうを先さきに敷しいて玉たまねぎを入いれる。
납작한 냄비에 우엉을 먼저 깔고 양파를 넣는다.

平ひらたい는 두터움이 없이 균일하게 퍼져 있는 모양을 나타내지만, 平たいらだ는 표면에 높낮이와 요철이 없이 균일한 모양을 나타내고, お平たいら의 형태로 편하게 앉는 모양을 나타내기도 한다.

08 なだか
名高い
유명하다

静岡しずおかは茶ちゃとみかんの産地さんちとして名高なだかい。
시즈오카는 차와 귤의 산지로서 유명하다.

09 いや
卑しい
천하다, 저속하다, 초라하다
↔ 尊とうとい
귀중하다, 고귀하다

行おこないによって尊とうとくもなり卑いやしくもなる。
행실에 따라서 고귀하게도 되며 천하게도 된다.

10 あさ
浅ましい
야비하다, 딱하다
≒ さもしい
야비하다, 치사하다

金儲かねもうけは浅あさましい行為こういがつきまといがちである。
돈벌이는 야비한 행위가 따라다니기 쉽다.

浅あさましい는 さもしい와 거의 같은 뜻이지만, 하등한 인간의 행위로 여겨져서 어이없어 하는 경우에 사용하고, さもしい는 금전이나 이익에 집착하여 비열하더라도 그것을 얻으려고 하는 경우에 사용한다.

11 せわ
忙しい
바쁘다, 조급하다
≒ 慌あわただしい
어수선하다, 분주하다

女おんなの子こは肩かたで忙せわしく息いきをしていた。
여자아이는 어깨로 가쁘게 숨을 쉬고 있었다.

忙せわしい는 바쁘거나 조급하다는 의미지만 주로 조급하다는 의미로 쓰이고, 慌あわただしい는 일이 임박해서 침착하지 못하고, 서두르거나 당황하거나 하는 의미로 쓰인다.

12 たぐ
類いない
비길 데 없다, 유례가 없다
≒ 比類ひるいない
비할 데 없다

過去かこに類たぐいない人口減少じんこうげんしょうが加速かそくしていく。
과거에 유례가 없는 인구 감소가 가속해 가다.

13 ないがし
蔑ろだ
업신여기다, 소홀히 하다
명

かれ　いけん　ないがし
彼の意見は蔑ろにされた。
그의 의견은 무시당했다.

14 こうみょう
巧妙だ
교묘하다
↔ 拙劣せつれつだ 졸렬하다
명

こうみょう　てぐち
巧妙な手口にだまされるな。
교묘한 수법에 속지 마라.

15 かんまん
緩慢だ
완만하다
명

どうろ　かんまん　かたむ
道路が緩慢に傾いている。
도로가 완만하게 기울어져 있다.

16
ふんだんだ
많다, 충분하다
+ 沢山たくさん 많음, 충분함

やさい　つか　わていしょく
野菜をふんだんに使ったヘルシーな和定食。
야채를 듬뿍 사용한 건강한 일본 정식.

17 ふしん
不審だ
확실하지 않다, 의심스럽다
명

ふしん　おも　まよ　ひゃくとおばんつうほう
不審に思ったときは、迷わず110番通報してください。
수상쩍게 여겼을 때는 망설이지 말고 110번 통보하여 주십시오.

不審ふしんだ는 근거 없이 의심스럽게 생각하는 것을 나타내지만, 疑惑ぎわく는 단순히 의심한다기보다 더 신용할 수 없다는 강한 의미가 내포되어 있다.

18 ぜいたく
贅沢だ
사치스럽다, 비용이 많이 들다
↔ 質素しっそだ 검소하다
명

ぜいたく　ふんいき
そのホテルは贅沢な雰囲気がある。
그 호텔은 호화로운 분위기가 있다.

Day 28

19 ざんしん
斬新だ
참신하다

斬新なアイデアでいっぱいの若いデザイナー。
참신한 아이디어로 가득한 젊은 디자이너.

斬 : 벨 참　　斬新(ざんしん) 참신
漸 : 점점 점, 적실 점　漸次(ぜんじ) 점차

20 きまじめ
生真面目だ
고지식하다,
지나치게 착실하다
명

生真面目で誠実な人物だと伝わっている。
올곧고 성실한 인물이라고 전해지고 있다.

21 かんび
甘美だ
감미롭다
명

チェロ独奏の場面では、甘美な旋律で魅了した。
첼로 독주의 장면에서는 감미로운 선율로 매료시켰다.

22 うつ
空ろだ
속이 텅 비다, 얼빠지다
+ 空からっぽ 텅 빔
명

木の根元が空ろになっている。
나무 밑동이 텅 비어 있다.

空うつろだ는 본래 속이 차 있어야 할 것이 없음을 뜻하고, 空からっぽ는 비어 있는 것 자체를 강조하는 뜻이다.

23 しっそ
質素だ
검소하다
≒ 簡素かんそだ 간소하다
명

質素な服装をする。
검소한 복장을 하다.

質素しっそだ는 생활에 사치가 없으며 검약하는 모양을 나타내지만, 簡素かんそだ는 쓸데없는 부분을 생략하는 모양의 의미로 쓰인다.

24 はくじゃく
薄弱だ
박약하다
+ 意志薄弱いしはくじゃく 의지박약
명

そのメリットに関する論拠は薄弱である。
그 메리트에 관한 논거는 박약하다.

25 じゅうなん
柔軟だ
유연하다
≒ しなやかだ
탄력 있고 부드럽다
명

あいて じゅうなん たいど きたい ま
相手が柔軟な態度になることを期待して待つ。
상대가 유연한 태도가 되는 것을 기대하며 기다리다.

柔軟じゅうなんだ는 동작 등이 부드러운 모양과, 사고방식이 편협되지 않고 다양한 것에 순조롭게 대처할 수 있는 모양을 나타내고, しなやかだ는 움직임이 매끄러운 모양을 나타낸다.

26 かたやぶ
型破りだ
관행을 깨다, 색다르다
≒ 風変ふうがわりだ
색다르다
명

かたやぶ こうどう しゃかい か
型破りな行動が社会を変えていく。
파격적인 행동이 사회를 바꾸어 간다.

型破かたやぶりだ는 생각, 행위, 성격 등이 크게 벗어나 있는 모양을 나타내고, 風変ふうがわりだ는 상태, 모양, 분위기 등이 일반적인 것과 달리 약간 기묘하게 느끼는 모양을 나타낸다.

27 しょうさい
詳細だ
상세하다
＋ 明細めいさい 명세
명

きょじゅうしゃめい きさい しょうさい じゅうたくちず ていきょう
居住者名が記載された詳細な住宅地図を提供した。
거주자 이름이 기재된 상세한 주택 지도를 제공했다.

詳細しょうさいだ는 미세한 점까지 자세하다는 뜻으로, 객관적이고 사무적인 미세함을 나타내지만, 明細めいさい는 하나하나 확실하게 자세한 것 또는 明細書めいさいしょ(명세서)의 약어로도 쓰인다.

28 ふかい
不快だ
불쾌하다
＋ 不快指数ふかいしすう
불쾌지수
명

わたし まいにち ふかい おと つつ
私たちの毎日は、不快な音に包まれています。
우리의 매일은 불쾌한 소리에 휩싸여 있습니다.

不快ふかいだ는 외부로부터 영향을 받아서 몸 전체로 느끼고 거부 반응을 일으켜서 기분까지 좋지 않게 되거나, 짜증스러운 기분이 되는 상태로, 더위, 소음, 공기 오염 등의 환경이 주된 요인이 된다.

29 ふきげん
不機嫌だ
기분이 언짢다
≒ 不愉快ふゆかいだ
유쾌하지 않다

かれ ふきげん だま
彼は不機嫌そうに黙っていた。
그는 언짢은 듯이 잠자코 있었다.

不機嫌ふきげんだ는 기분이 좋지 않은 상태를 나타내고, 不愉快ふゆかいだ는 환경이 좋지 않은 것 이외에, 상대방의 말투나 태도 등 인간관계로 인해 불쾌함을 느끼는 경우에 자주 쓰인다.

30 むじゃき
無邪気だ
천진난만하다
명

こうえん こ むじゃき あそ
公園で子どもが無邪気に遊んでいる。
공원에서 어린이가 천진난만하게 놀고 있다.

31 せいぜつ
凄絶だ
처절하다
명

たが じんせい せ お せいぜつ たたか く ひろ
互いの人生を背負って、凄絶な戦いを繰り広げる。
서로의 인생을 짊어지고, 처절한 싸움을 벌인다.

凄 : 쓸쓸할 처　凄絶(せいぜつ) 처절
凌 : 업신여길 릉(능)　凌辱(りょうじょく) 능욕

32 えんきょく
婉曲だ
완곡하다
↔ 露骨ろこつだ 노골적이다

えんきょく い か おとな にんげんかんけい か
婉曲な言い換えは大人の人間関係に欠かせない。
완곡한 환언은 어른의 인간관계에 없어서는 안 된다.

33 すうき
数奇だ
수기하다, 불우하다, 기구하다
≒ 不運ふうんだ 불운하다
명

しご いたい すうき うんめい
死後、その遺体が数奇な運命をたどることがある。
사후, 그 시체가 기구한 운명을 겪는 경우가 있다.

34 むくち
無口だ
말수가 적다, 과묵하다
↔ おしゃべり 지껄임, 수다스러움
명

むくち むはんのう おっと いか かん
無口で無反応な夫に怒りを感じてしまう。
과묵하고 무반응인 남편에게 분노를 느껴 버린다.

35 じんそく
迅速だ
신속하다
≒ 速すみやかだ 빠르다, 신속하다
명

じんそく ぎょうむ たいおう こうじょう めざ
迅速な業務対応とサービスの向上を目指している。
신속한 업무 대응과 서비스의 향상을 목표로 하고 있다.

36 おおぎょう
大仰だ
허풍을 떨다, 과하게 하다
＋ 大おおげさ 과장, 허풍을 떪
명

たい きず おおぎょう いた
大したことのない傷だったが、大仰に痛がっていた。
대수롭지 않은 상처였지만, 호들갑스럽게 아파하고 있었다.

仰 : 우러를 앙　大仰(おおぎょう) 허풍을 떪
抑 : 누를 억　抑圧(よくあつ) 억압

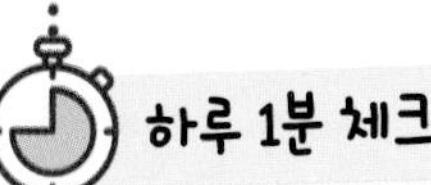

1 다음 단어의 읽기로 가장 알맞은 것을 a, b 중에서 고르세요.

1. 忙しい (**a.** せわしい **b.** いやしい)

2. 質素だ (**a.** しちそだ **b.** しっそだ)

3. 無口だ (**a.** むくちだ **b.** むぐちだ)

2 다음 단어의 한자 표기로 가장 알맞은 것을 a, b 중에서 고르세요.

4. 참신하다(ざんしんだ) (**a.** 斬新だ **b.** 漸新だ)

5. 처절하다(せいぜつだ) (**a.** 凌絶だ **b.** 凄絶だ)

6. 허풍을 떨다(おおぎょうだ) (**a.** 大仰だ **b.** 抑仰だ)

3 다음 괄호 안에 들어갈 말로 가장 알맞은 것을 a, b 중에서 고르세요.

7. (**a.** 忙しく **b.** 慌ただしく) 息(いき)をする。

8. (**a.** 疑惑 **b.** 不審) に思(おも)う。

9. (**a.** 柔軟 **b.** しなやか) な態度(たいど)になる。

정답 1ⓐ 2ⓑ 3ⓐ 4ⓐ 5ⓑ 6ⓐ 7ⓐ 8ⓑ 9ⓐ

MP3 01-29

Day 29

공부 순서 ☐ 미리 보기 → ☐ 따라 읽기 → ☐ 단어 암기 → ☐ 확인 학습

☐ 久(ひさ)しい	☐ けち臭(くさ)い	☐ 過疎(かそ)だ	☐ 物好(ものず)きだ
☐ やるせない	☐ 揺(ゆ)るぎ無(な)い	☐ 浅(あさ)はかだ	☐ 華奢(きゃしゃ)だ
☐ 人恋(ひとこい)しい	☐ 遣(や)り切(き)れない	☐ 多様(たよう)だ	☐ 痛切(つうせつ)だ
☐ 人懐(ひとなつ)こい	☐ 怠慢(たいまん)だ	☐ ふしだらだ	☐ 痛烈(つうれつ)だ
☐ 惨(むご)たらしい	☐ 敏感(びんかん)だ	☐ 稚拙(ちせつ)だ	☐ 円満(えんまん)だ
☐ 生臭(なまぐさ)い	☐ 盛大(せいだい)だ	☐ 理不尽(りふじん)だ	☐ 不可欠(ふかけつ)だ
☐ 疾(やま)しい	☐ 不義理(ふぎり)だ	☐ 短気(たんき)だ	☐ 大胆(だいたん)だ
☐ 後(うし)ろめたい	☐ 多感(たかん)だ	☐ 屈強(くっきょう)だ	☐ 適宜(てきぎ)だ
☐ 後(うし)ろ暗(ぐら)い	☐ あらわだ	☐ 著名(ちょめい)だ	☐ 気障(きざ)だ

01 ひさ
久しい
오래다, 오래간만이다

みなさま たいへん ひさ
皆様、大変お久しゅうございます。
여러분, 무척 오래만입니다.

02
やるせない
안타깝다, 처량하다
≒ 辛つらい 괴롭다, 모질다

き きも
そのニュースを聞いてやるせない気持ちになった。
그 뉴스를 듣고 안타까운 심정이 되었다.

やるせない는 슬픔 등의 마음을 달랠 수가 없어서 어찌할 수 없는 기분이 되는 것이고, 辛つらい는 정신적, 육체적으로 그 상황이나 환경 등에서 고통을 받고 견디기 어려워하는 것을 나타낸다.

03 ひとこい
人恋しい
사람이 그립다
≒ 人懐ひとなつかしい
사람이 그립다

きせつ か ひとこい
季節が変わると人恋しくなるのはなぜでしょうか。
계절이 바뀌면 사람이 그리워지는 것은 왜일까요?

04 ひとなつ
人懐こい
사람을 잘 따르다, 붙임성이 있다
≒ 人懐ひとなつっこい
사람을 잘 따르다 (회화체)

ひとなつ ひと にがて ひと
人懐こい人が苦手という人もいる。
붙임성이 있는 사람이 거북하다는 사람도 있다.

05 むご
惨たらしい
비참하다, 처참하다
≒ 無残むざんだ
무참하다, 끔찍하다

じょじ ゆめ きぼう うば さ
女児の夢も希望もむごたらしく奪い去られた。
여아의 꿈도 희망도 처참하게 빼앗겼다.

惨むごたらしい는 「惨むごい」의 강조 표현으로 회화체로 사용하지만, 無残むざんだ는 잔혹한 상태로, 깊이 동정하게 되는 모양을 나타낸다.

06 なまぐさ
生臭い
비린내가 나다

きんぎょ すいそう なまぐさ いや にお
金魚の水槽から、生臭く嫌な臭いがする。
금붕어의 수조에서, 비릿하고 불쾌한 냄새가 난다.

生臭なまぐさい는 욕망 등에 얽매여서 세속적이거나, 매사에 이해타산이 얽혀 있는 모양을 나타내는 경우도 있다.

Day 29

07 やま
疚しい
꺼림칙하다, 양심의 가책을 느끼다

そんなことをしたら、一生(いっしょう)やましく思(おも)うでしょうね。
그런 일을 하면, 평생 꺼림칙하게 생각하겠지요.

やましい는 양심에 부끄러움이 있다는 의미를 나타낸다.

08 うし
後ろめたい
떳떳하지 못하다, 뒤가 켕기다

彼(かれ)は、後(うし)ろめたい気持(きも)ちでいっぱいだった。
그는 뒤가 켕기는 마음으로 가득했다.

後(うし)ろめたい는 양심에 부끄러운 마음이 있어서 남이나 상대에 대해서 왠지 모르게 마음이 꺼림칙하다는 의미를 나타낸다.

09 うし ぐら
後ろ暗い
떳떳하지 못하다, 뒤가 구리다

彼(かれ)には後(うし)ろ暗(ぐら)い過去(かこ)があるようだ。
그에게는 뒤가 구린 과거가 있는 것 같다.

後(うし)ろ暗(ぐら)い는 남에게 알리고 싶지 않은 불편한 부분이 있는 모양을 나타낸다.

10 くさ
けち臭い
인색하다, 쩨쩨하다

けち臭(くさ)い人(ひと)には人(ひと)が集(あつ)まらない。
쩨쩨한 사람에게는 사람이 모이지 않는다.

11 ゆ な
揺るぎ無い
흔들림 없다, 확고하다

カメラ製造(せいぞう)における日本(にほん)の競争力(きょうそうりょく)は揺(ゆ)るぎない。
카메라 제조에서의 일본의 경쟁력은 흔들림 없다.

12 や き
遣り切れない
해낼 수 없다, 견뎌낼 수 없다
≒ 敵(かな)わない
대적할 수 없다, 견딜 수 없다

期限(きげん)があと一日(いちにち)ではとてもやりきれない。
기한이 앞으로 하루로는 도저히 해낼 수 없다.

遣(や)り切(き)れない는 '참을 수 없거나 견뎌낼 수 없다', 또 '마지막까지 해낼 수 없다'는 뜻이고, 敵(かな)わない는 '부담이 커서 견딜 수 없거나 대적할 수 없다'는 뜻이다.

Chapter 01
Chapter 02
Chapter 03

13 たいまん
怠慢だ
태만하다
≒ 怠惰たいだだ 나태하다
명

仕事(しごと)を他人(たにん)まかせにするとは怠慢(たいまん)だ。
일을 남에게 내맡기다니 태만하다.

怠慢たいまんだ는 하지 않아도 곤란하지 않기 때문에 할 필요를 느끼지 않아 게으르다는 뜻이고, 怠惰たいだだ는 의욕도 없고 하고 싶지도 않아서 게으르다는 뜻이다.

14 びんかん
敏感だ
민감하다
↔ 鈍感どんかんだ 둔감하다
명

敏感肌(びんかんはだ)にうるおいをたっぷり与(あた)えて保護(ほご)します。
민감성 피부에 수분을 듬뿍 줘서 보호합니다.

敏 : 민첩할 민　敏感(びんかん) 민감
侮 : 업신여길 모　侮辱(ぶじょく) 모욕

15 せいだい
盛大だ
성대하다
≒ 盛さかんだ
성하다, 한창이다, 성대하다
명

創立(そうりつ)50周年(しゅうねん)記念式典(きねんしきてん)が盛大(せいだい)に行(おこな)われました。
창립 50주년 기념 식전이 성대하게 행하여졌습니다.

盛大せいだいだ는 의식이나 집회 등 사업 규모가 크며 번화하고 근사한 모양이지만, 盛さかんだ는 기세가 강함, 규모 등이 최고인 모양, 열심히 여러 차례 반복하여 행하는 모양에도 쓰인다.

16 ふぎり
不義理だ
도리에 어긋나다
명

不義理(ふぎり)なことをしたので縁(えん)を切(き)った奴(やつ)がいる。
도리에 어긋나는 일을 했기 때문에 인연을 끊은 녀석이 있다.

17 たかん
多感だ
다감하다, 감수성이 예민하다
+ 多情多感たじょうたかん 다정다감
명

多感(たかん)な時期(じき)を受験勉強(じゅけんべんきょう)に費(つい)やしている。
감수성이 예민한 시기를 수험 공부에 소비하고 있다.

18
あらわだ
가린 것 없이 드러나다, 공공연하다
+ あからさま 명백함, 노골적임

肌(はだ)をあらわにして寒(さむ)そうに見(み)える。
맨 살을 드러내서 추운 듯이 보이다.

あらわだ는 숨겨져 있던 것이 완전히 드러나는 모양이지만, あからさま는 본래 숨겨 두고 있어야 할 것을 굳이 그대로 확연하게 내놓은 모양이다.

Day 29

19 かそ
過疎だ
과소하다
↔ 過密かみつだ 과밀하다
명

ほっかいどう のうそんぶ かそ
北海道では、農村部などが過疎になっている。
홋카이도에서는 농촌부 등이 과소로(인구가 매우 적게) 되어 있다.

20 あさ
浅はかだ
소견이 얕다
≒ 軽薄けいはくだ 경박하다

おぼ あさ ちしき はな
うろ覚えで浅はかな知識で話す。
어렴풋한 기억으로 얕은 지식으로 말하다.

浅あさはかだ는 사려가 부족하거나 소견이 얕은 모양을 나타내고, 軽薄けいはくだ는 얕은 생각의 결과로 언동에 신중함이 부족한 모양을 나타낸다.

21 たよう
多様だ
다양하다
↔ 一様いちようだ 한결같다
명

げんだいしゃかい たよう もんだい かか
現代社会は多様な問題を抱えている。
현대 사회는 다양한 문제를 안고 있다.

22
ふしだらだ
단정치 못하다, 행실이 나쁘다
↔ 不品行ふひんこうだ 품행이 나쁘다
명

ちちおや きび むすめ
父親がただ厳しいだけだと娘はふしだらになる。
아버지가 그저 엄하기만 하면 딸은 행실이 나빠진다.

23 ちせつ
稚拙だ
치졸하다, 서툴다
≒ 拙つたない 서투르다, 변변찮다
명

ちせつ しゅび たいりょうとくてん ゆる
稚拙な守備によって大量得点を許してしまった。
서툰 수비로 인해서 대량 득점을 허용하고 말았다.

稚 : 어릴 치 稚拙(ちせつ) 치졸
維 : 벼리 유 維持(いじ) 유지

24 りふじん
理不尽だ
도리에 맞지 않다, 불합리하다
≒ 不合理ふごうりだ 불합리하다
명

かいしゃ りふじん おこ
会社で理不尽なことで怒られた。
회사에서 불합리한 일로 혼났다.

理不尽りふじんだ는 당연한 도리가 통하지 않는 것으로 어긋난 행동에 대하여 쓰이고, 不合理ふごうりだ는 사고(思考), 제도 등 실제의 행동을 수반하지 않는 방면으로 많이 쓰인다.

25 たんき
短気だ
성질이 급하다

≒ 気短きみじかだ 조급하다, 성급하다

명

こうはい たんき せいかく なや
後輩が短気な性格で悩んでいる。
후배가 성급한 성격으로 고민하고 있다.

短気たんきだ는 성급하게 결론이나 결과를 얻으려고 금방 화를 내거나 물건을 내던질 것 같은 모양이고, 気短きみじかだ는 성급하게 일을 처리하여 결과를 얻으려는 모양을 나타낸다.

26 くっきょう
屈強だ
몹시 힘이 세다

명

とつぜん しゅうい くっきょう おとこ と かこ
突然、周囲を屈強な男たちに取り囲まれる。
갑자기 주위를 억센 남자들에게 둘러싸이다.

27 ちょめい
著名だ
저명하다

≒ 有名ゆうめいだ 유명하다

명

かれ げかい うえ ちょめい さっか
彼は外科医である上に著名な作家であった。
그는 외과 의사인 데다가 저명한 작가였다.

著名ちょめいだ는 사회적으로 인정받고 널리 알려진 경우에 사용하지만, 有名ゆうめいだ는 사람뿐만 아니라 일상의 가까운 곳에서 화제(좋고 나쁨에 관계없음)에 오른 사물에도 사용한다.

28 ものず
物好きだ
유별난 것을 좋아하다

명

かんちゅうすいえい ものず ひと
寒中水泳とは物好きな人だ。
한중 수영이라니 유별난 사람이다.

29 きゃしゃ
華奢だ
연약하며 날씬하다

↔ 頑丈がんじょうだ 튼튼하다

명

じょせい えんしゅつ きゃしゃ
女性らしさを演出してくれる華奢なタイプ。
여성스러움을 연출해 주는 날씬한 타입.

30 つうせつ
痛切だ
통절하다, 뼈저리다

≒ 切実せつじつだ 절실하다

명

ぎょうかい きき つうせつ かん
業界の危機を痛切に感じる。
업계의 위기를 뼈저리게 느끼다.

痛切つうせつだ는 뼈에 사무치도록 느끼는 경우에 사용하고, 切実せつじつだ는 마음 깊이 느끼는 모양으로, 직접적인 이해관계가 생기는 것에 대해서 중요하게 느끼는 경우에 사용한다.

31 つうれつ
痛烈だ
통렬하다
≒ 手厳てきびしい
매우 엄하다
명

かれ わら ごえ つうれつ ひにく
彼の笑い声には痛烈な皮肉がこもっていた。
그의 웃음소리에는 통렬한 비꼼이 담겨 있었다.

痛烈つうれつだ는 기세가 아주 격렬한 모양을 나타내고, 手厳てきびしい는 배려하는 것 없이 상대에 대응하는 것으로 인정사정이 없는 모양을 나타낸다.

32 えんまん
円満だ
원만하다
≒ 物柔ものやわらかだ
모나지 않고 부드럽다
명

きねんび たいせつ ふうふ なか えんまん
記念日を大切にするだけで、夫婦の仲は円満になる。
기념일을 소중히 하는 것만으로, 부부 사이는 원만해진다.

33 ふかけつ
不可欠だ
불가결하다
+ 不可欠条件ふかけつじょうけん 필요조건
명

わたし かぞく ひつようふかけつ そんざい
私にとって家族は必要不可欠な存在です。
나에게 가족은 필요불가결한 존재입니다.

34 だいたん
大胆だ
대담하다
+ 大胆不敵だいたんふてき
대담무쌍
명

しゅしょう だいたん せいさくてんかん ちゃくしゅ
首相が大胆な政策転換に着手している。
총리가 대담한 정책 전환에 착수하고 있다.

胆 : 쓸개 담　大胆(だいたん) 대담
胎 : 아이 밸 태　胎児(たいじ) 태아

35 てきぎ
適宜だ
적당하다
명

ば おう てきぎ しょち
その場に応じた適宜な処置をとる。
그 상황에 따른 적당한 조치를 취하다.

適宜てきぎだ는 그 장소에 딱 적합하다는 의미를 나타내고, 각각의 상황에 맞게 행동하는 모양으로, 부사적으로도 쓰인다.

36 きざ
気障だ
같잖다, 아니꼽다

かお ぎんぶち きざ かん
顔に銀縁のメガネがちょっと気障な感じだ。
얼굴에 은테의 안경이 좀 같잖은 느낌이다.

하루 1분 체크

1 다음 단어의 읽기로 가장 알맞은 것을 a, b 중에서 고르세요.

1. 久しい (**a.** ひさしい **b.** なつかしい)

2. 屈強だ (**a.** くつごうだ **b.** くっきょうだ)

3. 気障だ (**a.** きざだ **b.** きしょうだ)

2 다음 단어의 한자 표기로 가장 알맞은 것을 a, b 중에서 고르세요.

4. 민감하다(びんかんだ) (**a.** 敏感だ **b.** 侮感だ)

5. 치졸하다(ちせつだ) (**a.** 維拙だ **b.** 稚拙だ)

6. 대담하다(だいたんだ) (**a.** 大胆だ **b.** 大胎だ)

3 다음 괄호 안에 들어갈 말로 가장 알맞은 것을 a, b 중에서 고르세요.

7. 一生(いっしょう) (**a.** やましく **b.** うしろぐらく) 思(おも)う。

8. 仕事(しごと)を他人(たにん)まかせにするとは (**a.** 怠惰 **b.** 怠慢) だ。

9. (**a.** 気短 **b.** 短気) を起(お)こす。

정답 1ⓐ 2ⓑ 3ⓐ 4ⓐ 5ⓑ 6ⓐ 7ⓐ 8ⓑ 9ⓑ

MP3 01-30

Day 30

□ 미리 보기 → □ 따라 읽기 → □ 단어 암기 → □ 확인 학습

- □ ひたすら
- □ 丸(まる)ごと
- □ まんまと
- □ うまいこと
- □ やたらに
- □ みだりに
- □ 無暗(むやみ)に
- □ しっくり
- □ ことごとく

- □ くっきり
- □ いっそ
- □ むしろ
- □ かえって
- □ 今一(いまひと)つ
- □ 今一(いまいち)
- □ 至(いた)って
- □ 専(もっぱ)ら
- □ どうにか

- □ どうやら
- □ まともに
- □ もろに
- □ 一先(ひとま)ず
- □ 取(と)り敢(あ)えず
- □ きびきび
- □ てきぱき
- □ しゃきしゃき
- □ へとへと

- □ くたくた
- □ ～というのは
- □ なぜなら
- □ ～とはいうものの
- □ ～とはいえ
- □ にもかかわらず
- □ 若(も)しくは
- □ ないし
- □ 又(また)は

01
ひたすら
□□□ 오로지, 그저

≒ ひたむき 곧장, 열심히

彼(かれ)はひたすら後悔(こうかい)した。

그는 그저 후회했다.

ひたすら는 어느 한 가지에 집중하고 그것만 하는 것으로, 행위가 반복되는 상태를 나타낸다. ひたむき는 매우 열심히 하는 것으로, 부정적인 의미를 나타내는 말과는 잘 호응하지 않는다.

02
丸(まる)ごと
□□□ 통째로

文章(ぶんしょう)をセットでまるごと記憶(きおく)することが大切(たいせつ)だ。

문장을 세트로 통째로 기억하는 것이 중요하다.

03
まんまと
□□□ 감쪽같이, 보기 좋게

賢(かしこ)い詐欺師(さぎし)にまんまと騙(だま)された。

영리한 사기꾼에게 감쪽같이 속았다.

04
うまいこと
□□□ 교묘하게

≒ 巧(たく)みに 교묘하게

誰(だれ)にも気(き)づかれずにうまいことやった。

아무에게도 걸리지 않고 교묘하게 했다.

05
やたらに
□□□ 무턱대고, 쓸데없이

≒ やたらと 무턱대고

やたらに忙(いそが)しいことをアピールする。

쓸데없이 바쁜 것을 어필하다.

やたらに・やたらと는 '필요도 없는데 많이'의 뜻을 갖고 있으며, 절도가 없거나 도를 넘은 경우에 사용한다.

06
みだりに
□□□ 함부로, 멋대로

みだりに出歩(である)いてはいけない。

함부로 나돌아 다니면 안 된다.

みだりに는 '허가도 없이 마음대로'의 의미가 강하고, 사람의 행동에 대해서만 사용하며, 대부분의 경우 금지하는 표현을 수반한다.

07 無暗に(むやみ)
무모하게, 터무니없이

むやみに人(ひと)を信(しん)じるものではない。
무턱대고 남을 믿는 것은 아니다.

無暗むやみには 이것저것 상관하지 않고 무차별하게 한다는 뉘앙스가 강하고, 절도가 없거나 도를 넘은 경우에 사용한다.

08 しっくり
딱 들어맞는 모양

バランスなどの観点(かんてん)からしっくりしない。
밸런스 등의 관점에서 잘 어울리지 않는다.

09 ことごとく
전부, 모두
≒ すべて 전부, 전체

本(ほん)の内容(ないよう)はことごとく新(あたら)しい。
책의 내용은 전부 새롭다.

10 くっきり
또렷이, 선명하게

高層(こうそう)ビルが空(そら)を背景(はいけい)にくっきり見(み)えていた。
고층 빌딩이 하늘을 배경으로 선명하게 보이고 있었다.

11 いっそ
도리어, 차라리

このまま生(い)きていくよりいっそ死(し)にたい。
이대로 살아가기보다 차라리 죽고 싶다.

いっそ는 과감한 의미를 가지며 그때까지와는 다른 방향으로 나아간다는 의미를 나타내고, 사람의 의지를 보이는 문장이 이어지는 경우에도 사용할 수 있다. むしろ, かえって는 사람의 의지를 보이는 문장에 사용할 수 없다.

12 むしろ
차라리, 오히려
+ ~よりむしろ~
~보다 오히려(차라리)~

この部屋(へや)は研究室(けんきゅうしつ)というよりむしろ談話室(だんわしつ)だ。
이 방은 연구실이라기보다 오히려 담화실이다.

むしろ는 비교해서 한쪽을 고르는 의미를 나타낸다. 또 비교하는 두 가지 이상의 것이 반대의 의미를 갖지 않을 경우에도 사용할 수 있지만, かえって는 사용할 수 없다.

13 **かえって**
오히려, 반대로

勧すすめられたら、かえって行いく気きがしなくなった。
권유를 받았더니, 오히려 가고 싶지 않아졌다.

かえって는 '반대로, 예상에 반하여'라는 뜻이므로, 비교하는 두 가지 이상의 것이 반대의 의미를 갖지 않을 경우에는 사용할 수 없다.

14 いまひと
今一つ
하나 더, 조금 부족한 모양

今一ついまひとつ演技えんぎに迫力はくりょくが足たりない。
연기에 박력이 약간 부족하다.

15 いまいち
今一
조금 부족한 모양

今日きょうは調子ちょうしが今一いまいちだ。
오늘은 컨디션이 최상이 아니다.

今一いまいち는 今一いまひとつ의 회화체적인 표현이고, 개인적인 판단을 강조한다.

16 いた
至って
지극히, 매우
≒ 非常ひじょうに 매우, 상당히

授業態度じゅぎょうたいどは至いたって真面目まじめである。
수업 태도는 지극히 성실하다.

至いたって는 非常ひじょうに보다 약간 격식을 차린 표현이다.

17 もっぱ
専ら
오로지, 한결같이
≒ 主おもに 주로, 대부분

メールは苦手にがてなようで、専もっぱら電話でんわばかりだ。
메일은 거북한 듯, 오로지 전화뿐이다.

専もっぱら는 다른 것은 제쳐 놓고 그것에만 집중하는 모양을 나타내고, 主おもに는 전체에서 큰 부분을 차지하는 것, 우선시하는 것을 나타낸다.

18 **どうにか**
그럭저럭, 어떻게든

1次試験じしけんはどうにか独学どくがくで合格ごうかくできた。
1차 시험은 그럭저럭 독학으로 합격할 수 있었다.

19 どうやら

그럭저럭, 아무래도

どうやら不合格(ふごうかく)になったようだ。

아무래도 불합격이 된 것 같다.

どうやら는 주로 '~らしい・みたいだ・のようだ' 문형에 쓰이고, '아마도(필시)'란 뜻을 나타낸다. どうにか는 주로 '~する・した・できる・できた' 문형에 쓰이고, '어떻게 해서든지'란 뜻을 나타낸다.

20 まともに

정면으로, 직접

太陽(たいよう)がまともに照(て)り付(つ)けている。

태양이 정면으로 내리쬐고 있다.

21 もろに

직접, 완전히

出版界(しゅっぱんかい)は不況(ふきょう)の影響(えいきょう)をもろに受(う)けた。

출판계는 불황의 영향을 그대로 받았다.

もろに는 まともに의 속어적인 표현으로, '완전히, 마구'라는 뜻으로도 쓰인다.

22 一先(ひとま)ず

우선, 일단

それを聞(き)いて、私(わたし)はひとまず安心(あんしん)した。

그것을 듣고, 나는 일단 안심했다.

23 取(と)り敢(あ)えず

우선, 즉각

全員(ぜんいん)がとりあえず生(なま)ビールを注文(ちゅうもん)した。

전원이 우선 생맥주를 주문했다.

取とり敢あえず는 다른 일은 제쳐놓고 '우선, 첫째'라는 뜻이고, 一先ひとまず는 앞으로의 일은 별도로 하고 그 시점에서 일단락을 짓는다는 뜻이다.

24 きびきび

빠릿빠릿, 생기발랄

彼(かれ)の娘(むすめ)は動作(どうさ)がきびきびしている。

그의 딸은 동작이 팔팔하고 민첩하다.

きびきび는 동작이나 태도 등이 민첩하고 빠르며 생기 넘치는 모양, 시원시원하고 분명하며 활기찬 모양을 나타낸다.

25 **てきぱき**
척척, 시원시원

てきぱきと答(こた)えられるように準備(じゅんび)をしておこう。
척척 대답할 수 있도록 준비를 해 둬야지.

てきぱき는 동작이 솜씨 있고 기민한 모양으로, 일을 재빨리 요령 있게 처리해 가는 모양을 나타낸다.

---

26 **しゃきしゃき**
척척, 아삭아삭

シャキシャキで美味(おい)しい野菜炒(やさいいた)めのレシピ。
아삭아삭하고 맛있는 야채 볶음 조리법.

しゃきしゃき는 사물을 재빨리 요령 있게 처리하는 모양으로 여성에 관해서 사용하는 경우가 많고, 물건을 시원스럽게 씹는 소리 또는 물건을 자르는 소리를 나타낸다.

---

27 **へとへと**
기진맥진한 모양

走(はし)り続(つづ)けてついに完全(かんぜん)にへとへとになった。
계속해서 달려서 결국 완전히 기진맥진해졌다.

---

28 **くたくた**
녹초가 됨, 흐물흐물

彼(かれ)はくたくたの背広(せびろ)を着(き)ていた。
그는 후줄근한 양복을 입고 있었다.

くたくた는 지치거나 녹초가 된 모양, 옷감의 천 따위가 낡아서 후줄근해진 모양, 약한 불의 냄비 속에서 끓는 소리나 모양을 나타내고, へとへと는 몹시 지쳐서 힘이 없는 모양을 나타낸다.

---

29 **～というのは**
~라는 것은

秘密保持契約(ひみつほじけいやく)というのはどういうものか。
비밀 유지 계약이라는 것은 어떤 것인가?

～というのは는 사정을 부가적으로 설명하는 경우라면, 꼭 확실한 인과관계가 없더라도 사용할 수 있고, 회화체적인 표현이다.

---

30 **なぜなら**
왜냐하면

≒ なぜならば
왜냐하면

なぜなら泳(およ)げないからです。
왜냐하면 수영할 수 없기 때문입니다.

なぜなら는 명확한 인과관계가 있는 경우에만 사용한다. 격의 없는 상황에서는 문장체에 더 가까운 표현에 속하지만, 격식차린 자리에서는 회화체적인 느낌을 풍긴다.

31 **～とは言(い)うものの**

～라고는 하지만

近(ちか)いとは言(い)うものの、歩(ある)いて30分(ぷん)はかかる。

가깝다고는 하나, 걸어서 30분은 걸린다.

32 **～とはいえ**

～라고는 하더라도

春(はる)も近(ちか)い。とはいえまだ寒(さむ)い。

봄도 가깝다. 그렇다고는 하나 아직 춥다.

～とはいえ는 앞의 내용으로부터 기대, 예상된 것과 결과가 다른 경우에 사용하고, ～とはいうものの는 앞의 내용으로부터 예상된 것과 다른 사태가 이어지는 것을 나타낸다.

33 **にもかかわらず**

그럼에도 불구하고

雨(あめ)にもかかわらず彼(かれ)は出(で)かけた。

비에도 불구하고 그는 나갔다.

にもかかわらず는 앞부분에서 예상 가능한 사실과는 다른 사태를 나타내는 표현이 뒤에 이어진다.

34 **若(も)しくは**

혹은, 또는

国電(こくでん)もしくは地下鉄(ちかてつ)が便利(べんり)です。

국철 전차 또는 지하철이 편리합니다.

법령문에서는 若(も)しくは를 又(また)は보다 하위의 결합에 사용한다.

35 **ないし**

내지, 또는, 혹은

+ないしは

「ないし」의 힘줌말

家庭(かてい)ないし学校(がっこう)での教育(きょういく)。

가정 내지 학교에서의 교육.

36 **又(また)は**

혹은, 또는, 그게 아니면

特急列車(とっきゅうれっしゃ)または航空機(こうくうき)が利用(りよう)できる。

특급 열차 또는 항공기를 이용할 수 있다.

あるいは, ないしは, 若(も)しくは는 又(また)は와 거의 같은 의미로 사용할 수 있지만, 선택지가 셋 이상일 경우에는, 선택지 앞에 または를 사용해야 한다.

하루 1분 체크

1 다음 단어의 일본어 표현으로 알맞은 것을 a, b 중에서 고르세요.

1. 교묘하게 (**a.** まともに **b.** うまいこと)

2. 또렷이 (**a.** くっきり **b.** しっくり)

3. 어떻게든 (**a.** どうやら **b.** どうにか)

4. 오로지 (**a.** もろに **b.** もっぱら)

5. 척척 (**a.** きびきび **b.** てきぱき)

2 다음 빈칸에 들어갈 가장 알맞은 단어를 보기에서 고르세요.

보기	**a.** いっそ	**b.** むしろ	**c.** かえって

6. このまま生(い)きていくより(　　　)死(し)にたい。

7. 勧(すす)められたら、(　　　)行(い)く気(き)がしなくなった。

8. 研究室(けんきゅうしつ)というより(　　　)談話室(だんわしつ)だ。

3 다음 괄호 안에 들어갈 말로 가장 알맞은 것을 a, b 중에서 고르세요.

9. 申(もう)し訳(わけ)ありませんが、来週(らいしゅう)お休(やす)みをいただけないでしょうか。(**a.** というのは **b.** なぜなら)、国(くに)から母(はは)が突然(とつぜん)訪(たず)ねてくることになったんです。

정답 1ⓑ 2ⓐ 3ⓑ 4ⓑ 5ⓑ 6ⓐ 7ⓒ 8ⓑ 9ⓐ

해석 9. 죄송합니다만, 다음 주 휴가를 얻을 수 있을까요? 왜냐하면(라고 하는 것은), 고향에서 어머니가 갑자기 찾아오게 되었거든요.

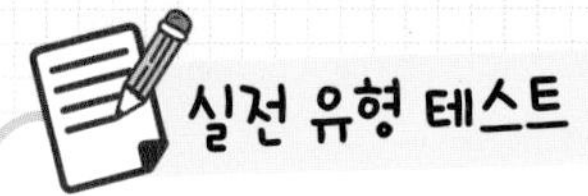

실전 유형 테스트

문제 1 밑줄 친 한자의 읽기 방법으로 알맞은 것을 고르세요. (한자 읽기)

1 実際に<u>干潟</u>に行ったことがある。

1 ひかた　　2 ひがた　　3 びかた　　4 びがた

2 日本は民主思想が<u>勃興</u>している。

1 ぼつこう　　2 ぼつきょう　　3 ぼっこう　　4 ぼっきょう

3 <u>更正</u>は申告書の内容を改めるものである。

1 こうせい　　2 きょうせい　　3 こうしょう　　4 きょうしょう

문제 2 괄호 안에 들어갈 단어로 가장 알맞은 것을 고르세요. (문맥 규정)

4 （　　　）と答えられるように準備します。

1 てきぱき　　2 きびきび　　3 くたくた　　4 しゃきしゃき

5 引越してきたばかりで、勝手がわからず（　　　）。

1 あわてる　　2 面食らう　　3 まごつく　　4 うろたえる

6 ボールペン、万年筆、（　　　）鉛筆で書いてください。

1 あるいは　　2 ないしは　　3 もしくは　　4 または

문제 3 밑줄 친 단어와 의미가 가장 가까운 것을 고르세요. (유의어)

7 メンバーの中から腹心の部下となる人間を選ぶ。

1 右腕　2 右肩　3 右手　4 右足

8 彼は言語学の造詣が深い。

1 威力　2 識見　3 威勢　4 学識

9 国内トーナメントの開催日程についてもめている。

1 組んで　2 争って　3 協力して　4 競争して

문제 4 다음 단어의 용법으로 가장 알맞은 것을 고르세요. (용법)

10 まんまと

1 彼の嘘にまんまと騙された。
2 彼はまんまと手も足も出ない。
3 欠席の場合はまんまと知らせる。
4 彼はまんまと興味がないでもない。

11 集う

1 何をすればお金が集うようになるのか。
2 日本劇団の卒業生たちが一堂に集う。
3 餌に集ってくる魚は、かなり迫力があった。
4 負けた側に同情が集うのは当然かも知れない。

➔ 정답과 해석은 다음 페이지에서 확인하세요.

실전 유형 테스트 정답과 해석

정답 1② 2③ 3① 4① 5③ 6④ 7① 8④ 9② 10① 11②

	문제 해석	복습하기
1	실제로 갯벌에 간 적이 있다.	→ p.192
2	일본은 민주 사상이 발흥하고 있다.	→ p.222
3	경정은 보고서 내용을 고치는 것이다.	→ p.232
4	척척 대답할 수 있도록 준비하겠습니다.	→ p.257
5	막 이사를 해서, 사정을 몰라 갈팡질팡하다.	→ p.186
6	볼펜, 만년필 또는 연필로 써 주십시오.	→ p.258
7	멤버 중에서 심복 부하가 될 인간을 뽑는다. 1 오른팔(심복 부하) 2 오른쪽 어깨 3 오른손 4 오른발	→ p.200
8	그는 언어학의 조예가 깊다. 1 위력 2 식견 3 위세 4 학식	→ p.209
9	국내 토너먼트 개최 일정에 대해서 옥신각신하고 있다. 1 짜고 2 다투고 3 협력하고 4 경쟁하고	→ p.218
10	감쪽같이 1 그의 거짓말에 감쪽같이 속았다. 2 그는 전혀 꼼짝 못하다.〈まるっきり〉 3 결석인 경우에는 미리 알린다.〈前もって〉 4 그는 아주 흥미가 없는 것도 아니다.〈まんざら〉	→ p.253
11	모이다 1 무엇을 하면 돈이 모이게 되는 것인가?〈集まる〉 2 일본 극단의 졸업생들이 한자리에 모이다. 3 먹이에 몰려오는 물고기는 꽤 박력이 있었다.〈群がる〉 4 진 쪽에 동정이 모이는 것은 당연할지도 모른다.〈集まる〉	→ p.225

부록

플러스 단어 360

1	あか 垢 때	あか よご い ふく 垢で汚れた衣服。 때로 더러워진 옷.
2	あと ち 跡地 건물 등을 헌 터	けい む しょ あと ち こうえん 刑務所の跡地を公園にする。 교도소 터를 공원으로 만들다.
3	あと つ 跡継ぎ 집안의 대를 이음, 후계자	あと つ し 跡継ぎなしで死ぬ。 후사(後嗣) 없이 죽다.
4	あん ど 安堵 안도	ちち びょうじょう あん ど 父の病状がよくなって安堵する。 아버지의 병세가 호전되어 안도하다.
5	いっかん 一環 일환	と し けいかく いっかん こうえん 都市計画の一環として公園をつくる。 도시 계획의 일환으로 공원을 만들다.
6	いつ わ 逸話 일화	いつ わ おお じんぶつ 逸話の多い人物。 일화가 많은 인물.
7	う か 羽化 우화, 유충이 성충이 되어 날개가 돋음	そうちょう う か セミは早朝に羽化する。 매미는 이른 아침에 우화한다.
8	う しず 浮き沈み 부침, 떴다 가라앉았다 함	う しず はげ よ なか 浮き沈みの激しい世の中。 부침(흥망)이 심한 세상.
9	うたたね 転寝 선잠, 얕은 잠	み うたたね テレビを見ながら転寝する。 텔레비전을 보면서 선잠 자다.
10	うぶごえ 産声 갓난아기의 첫 울음소리	あか うぶごえ い み 赤ちゃんの産声には意味がある。 아기의 첫 울음소리에는 의미가 있다.
11	うんてん し きん 運転資金 운전자금	じゅうぶん うんてん し きん も 十分な運転資金を持っていない。 충분한 운전자금을 갖고 있지 않다.
12	え 笑み 미소, 밤송이 등이 익어서 벌어짐	かいしん え う 会心の笑みを浮かべる。 회심의 미소를 짓다.
13	おおぐち 大口 큰 입, 큰소리, 거액	おおぐち じゅちゅう 大口の受注があった。 거액의 수주가 있었다.
14	おおみず 大水 홍수	おおみず はし なが 大水で橋が流れた。 홍수로 다리가 떠내려갔다.
15	おくそく 憶測 억측	かれ おくそく せいかく 彼の憶測は正確であった。 그의 억측은 정확했다.

16	かいこ 回顧 회고	じぶん　じんせい　かいこ 自分の人生を回顧した。 자신의 인생을 회고했다.
17	かいさい 快哉 쾌재	かいさい　さけ　こえ タイガースファンの快哉を叫ぶ声だった。 타이거즈 팬의 쾌재를 외치는 목소리였다.
18	かいじゅう 怪獣 괴수, 괴물	かいじゅう　ぬ　み 怪獣の縫いぐるみを見てこわがる。 괴수 인형을 보고 무서워하다.
19	かいたく 開拓 개척	あたら　とりひきさき　かいたく 新しい取引先を開拓する。 새로운 거래처를 개척하다.
20	かくしゅう 隔週 격주	かくしゅう　きんむ　こと　かのう 隔週の勤務とする事も可能です。 격주 근무로 하는 것도 가능합니다.
21	がくふ 楽譜 악보	かれ　がくふ　ひ 彼はピアノを楽譜なしで弾いた。 그는 피아노를 악보 없이 쳤다.
22	かこん 禍根 화근, 재앙의 근원	しょうらい　かこん　のこ 将来に禍根を残すことになる。 장래에 화근을 남기는 일이 된다.
23	かしらもじ 頭文字 머리글자	かしらもじ　こもじ　つか　おお 頭文字も小文字で使われることが多い。 머리글자도 소문자로 쓰이는 경우가 많다.
24	かっくう 滑空 활공	かぜ　の　かっくう カモメは風に乗って滑空した。 갈매기는 바람을 타고 활공했다.
25	がっしょうれんこう 合従連衡 합종연횡	がっしょうれんこう　うご　とぼ 合従連衡の動きは乏しい。 합종연횡의 움직임은 부족하다.
26	かつもく 刮目 괄목	かつもく　あたい　ぎょうせき 刮目に価する業績。 괄목할 만한 업적.
27	かはん 河畔 하반, 강가(강변)	かはん ロンドンはテムズ河畔にある。 런던은 템스 강변에 있다.
28	からす　ぎょうずい 烏の行水 까마귀 목욕, 목욕을 대충함	きみ　ほんとう　からす　ぎょうずい 君は本当に烏の行水だね。 너는 정말 목욕을 대충하는구나.
29	かんげき 間隙 간극	ふたり　あいだ　かんげき 二人の間に間隙がある。 두 사람 사이에 간극이 있다.
30	かんしょう 緩衝 완충	かんしょうざい　きせいひん　つうはん　か 緩衝材の既製品を通販で買う。 완충재의 기성품을 통신 판매로 사다.

플러스 단어 360

31	かんしんじ 関心事 관심사	れんあい じんるいさいだい かんしんじ 恋愛は人類最大の関心事。 연애는 인류 최대의 관심사.
32	かんせい 陥穽 함정	さぎし しか かんせい おちい 詐欺師の仕掛けた陥穽に陥る。 사기꾼이 꾸민 함정에 빠지다.
33	かんべん 勘弁 용서	かんべん それだけは勘弁してください。 그것만은 용서해 주십시오.
34	がんゆう 含有 함유	てつぶん おお がんゆう 鉄分を多く含有している。 철분을 많이 함유하고 있다.
35	きが 飢餓 기아, 굶주림	せかい きがもんだい かいけつ 世界の飢餓問題を解決する。 세계의 기아 문제를 해결하다.
36	きがい 危害 위해, 위험한 재해	こ きがい くわ 子どもに危害を加える。 아이에게 위해를 가하다.
37	ききゅう 希求 희구, 강하게 바라고 구함	へいわ みんしゅしゅぎ ききゅう 平和と民主主義を希求する。 평화와 민주주의를 희구하다.
38	きざ 兆し 징조	ねつ びょうき きざ 熱のあるのは病気の兆しである。 열이 있는 것은 병의 징조이다.
39	ぎじ 疑似 의사, 유사	ぎじかんじゃ ほうこく コレラ疑似患者が報告された。 콜레라 유사 환자가 보고되었다.
40	きじく 基軸 기축	じだい きじくつうか へんか 時代によって基軸通貨は変化する。 시대에 따라서 기축 통화는 변화한다.
41	きしべ 岸辺 물가, 강변	きしべ さかな つ 岸辺で魚を釣る。 물가에서 물고기를 낚다.
42	きずあと 傷跡 상흔, 상처 자국	せんそう きずあと のこ 戦争の傷跡がまだ残っている。 전쟁의 상흔이 아직 남아 있다.
43	きせき 軌跡 궤적	いじん きせき 偉人の軌跡をたどる。 위인의 궤적을 더듬어 가다.
44	きせき 奇跡 기적	がん こくふく きせき 癌を克服したのは奇跡だ。 암을 극복한 것은 기적이다.
45	きひ 忌避 기피	じぶん せきにん きひ 自分の責任を忌避する。 자기 책임을 기피하다.

46	糾合(きゅうごう) 규합, 세력이나 사람을 모음	国語学者の総力を糾合する。 국어학자의 총력을 규합하다.
47	窮乏(きゅうぼう) 궁핍	浪費しなければ、窮乏することもない。 낭비하지 않으면, 궁핍할 일도 없다.
48	丘陵(きゅうりょう) 구릉	起伏して続く丘陵地帯。 기복해서 이어지는 구릉지대.
49	胸襟(きょうきん) 흉금, 마음속 깊이 품은 생각	互いに胸襟をひらいて語り合った。 서로 흉금을 터놓고 이야기를 나누었다.
50	境遇(きょうぐう) 경우, 처지	裕福な境遇で暮らす。 유복한 처지에서 살다.
51	凝視(ぎょうし) 응시	彼がじっと凝視する。 그가 가만히 응시하다.
52	境地(きょうち) 경지, 처지, 환경	悟りの境地に入る。 깨달음의 경지에 들다.
53	極力(きょくりょく) 극력, 힘을 다해	極力リスクは減らしたい。 힘을 다해 리스크는 줄이고 싶다.
54	虚飾(きょしょく) 허식, 겉치레	あの人は虚飾がある。 저 사람은 허식이 있다.
55	拠点(きょてん) 거점	海外の生産拠点を一括管理する。 해외의 생산 거점을 일괄 관리하다.
56	亀裂(きれつ) 균열	親子の関係に亀裂が入る。 부모 자식 관계에 균열이 생기다.
57	均衡(きんこう) 균형	収支の均衡をとる。 수지의 균형을 잡다.
58	金字塔(きんじとう) 금자탑	前人未到の金字塔を打ち立てた。 전인미답의 금자탑을 세웠다.
59	空費(くうひ) 허비, 낭비	つまらぬことに金と時間を空費する。 쓸데없는 일에 돈과 시간을 허비하다.
60	苦言(くげん) 고언	一言苦言を呈したい。 한 마디 고언을 드리고 싶다.

플러스 단어 360

No.	단어	예문
61	嘴(くちばし) 부리	君(きみ)はまだ嘴(くちばし)が黄色(きいろ)い。 너는 아직 부리가 노랗다(애송이다).
62	口笛(くちぶえ) 휘파람	口笛(くちぶえ)を吹(ふ)いて犬(いぬ)を呼(よ)び戻(もど)す。 휘파람을 불어서 개를 불러들이다.
63	功徳(くどく) 공덕	功徳(くどく)を積(つ)むことに励(はげ)むべきだ。 공덕을 쌓는 데 힘써야 한다.
64	経験則(けいけんそく) 경험칙	その案(あん)は経験則(けいけんそく)でいくと失敗(しっぱい)だ。 그 안은 경험칙으로 가면 실패다.
65	傾斜(けいしゃ) 경사	屋根(やね)の傾斜(けいしゃ)が急(きゅう)だ。 지붕의 경사가 가파르다.
66	警鐘(けいしょう) 경종	地球温暖化(ちきゅうおんだんか)に警鐘(けいしょう)を鳴(な)らす。 지구 온난화에 경종을 울리다.
67	啓発(けいはつ) 계발, 사상 따위를 일깨워 줌	この本(ほん)を読(よ)んで大(おお)いに啓発(けいはつ)された。 이 책을 읽고 크게 계발되었다.
68	軽蔑(けいべつ) 경멸	貧(まず)しい人(ひと)を軽蔑(けいべつ)してはならない。 가난한 사람을 경멸해서는 안 된다.
69	経歴(けいれき) 경력	彼(かれ)は経歴(けいれき)を偽(いつわ)った。 그는 경력을 속였다.
70	激怒(げきど) 격노, 몹시 노함	彼(かれ)は激怒(げきど)し、答(こた)えることを拒(こば)んだ。 그는 격노하며, 대답하는 것을 거부했다.
71	傑作(けっさく) 걸작	数々(かずかず)の傑作(けっさく)を残(のこ)す。 수많은 걸작을 남기다.
72	月謝(げっしゃ) 매달 내는 사례금, 월사금	毎月(まいつき)の月謝(げっしゃ)はいくらですか。 매월 월사금은 얼마입니까?
73	血清(けっせい) 혈청	アフリカで血清不足(けっせいぶそく)の危機(きき)が迫(せま)る。 아프리카에서 혈청 부족의 위기가 닥치다.
74	牽引(けんいん) 견인	経済社会(けいざいしゃかい)の発展(はってん)を牽引(けんいん)する。 경제 사회의 발전을 견인하다.
75	言及(げんきゅう) 언급	彼(かれ)の怠惰(たいだ)について言及(げんきゅう)した。 그의 나태에 대해서 언급했다.

76	口外(こうがい) 입 밖에 냄, 발설(누설)	決(けっ)して口外(こうがい)しないと約束(やくそく)する。 결코 입 밖에 내지 않겠다고 약속하다.
77	号泣(ごうきゅう) 호읍, 소리를 높여서 욺	中学校(ちゅうがっこう)の卒業式(そつぎょうしき)で初(はじ)めて号泣(ごうきゅう)した。 중학교 졸업식에서 처음 큰 소리로 울었다.
78	更迭(こうてつ) 경질	彼(かれ)は流出(りゅうしゅつ)の責任(せきにん)を問(と)われ更迭(こうてつ)された。 그는 유출의 책임을 추궁당해 경질되었다.
79	高騰(こうとう) 고등, 앙등, 물가가 오름	紙(かみ)の価格(かかく)が高騰(こうとう)する。 종이의 가격이 치솟다.
80	互角(ごかく) 호각	両(りょう)チームとも実力(じつりょく)はほぼ互角(ごかく)だ。 두 팀 모두 실력은 거의 호각이다.
81	枯渇(こかつ) 고갈	枯渇(こかつ)することを防止(ぼうし)する。 고갈되는 것을 방지하다.
82	心当(こころあ)たり 짐작, 짚이는 데	いくら考(かんが)えても心当(こころあ)たりがない。 아무리 생각해도 짚이는 데가 없다.
83	心掛(こころが)け 마음가짐, 마음의 준비	普段(ふだん)の心掛(こころが)けがよい。 평소의 마음가짐이 좋다.
84	誤字(ごじ) 오자, 오타	書類(しょるい)に一部(いちぶ)誤字(ごじ)を発見(はっけん)した。 서류에 일부 오타를 발견했다.
85	梢(こずえ) 나뭇가지 끝, 우듬지	小鳥(ことり)が梢(こずえ)でぴよぴよ鳴(な)いている。 작은 새가 우듬지에서 삐악삐악 울고 있다
86	コンスタント 콘스턴트(constant), 항상 일정함	毎月(まいつき)コンスタントに貯金(ちょきん)する。 매월 일정하게 저금하다.
87	在庫(ざいこ) 재고	その原料(げんりょう)は在庫(ざいこ)がない。 그 원료는 재고가 없다.
88	細菌(さいきん) 세균	顕微鏡(けんびきょう)で個々(ここ)の細菌(さいきん)を観察(かんさつ)する。 현미경으로 각각의 세균을 관찰하다.
89	細工(さいく) 세공	黄金(おうごん)に輝(かがや)く繊細(せんさい)な細工(さいく)である。 황금으로 빛나는 섬세한 세공이다.
90	最高峰(さいこうほう) 최고봉	最高峰(さいこうほう)の存在感(そんざいかん)を示(しめ)す。 최고봉의 존재감을 나타내다.

플러스 단어 360

91	催促(さいそく) 재촉, 독촉	催促(さいそく)のメールを送(おく)る。 독촉 메일을 보내다.
92	細胞(さいぼう) 세포	細胞(さいぼう)が分裂(ぶんれつ)し増殖(ぞうしょく)する。 세포가 분열하여 증식하다.
93	錯誤(さくご) 착오	時代錯誤(じだいさくご)の現象(げんしょう)を見(み)る。 시대착오의 현상을 보다.
94	雑魚(ざこ) 잡어, 송사리	この川(かわ)には雑魚(ざこ)がたくさんいる。 이 강에는 송사리가 많다.
95	匙(さじ) 숟가락	医者(いしゃ)が匙(さじ)を投(な)げる。 의사가 치료를 포기하다.
96	詐取(さしゅ) 사취, 거짓으로 속여서 빼앗음	老人(ろうじん)からお金(かね)を詐取(さしゅ)した。 노인에게서 돈을 사취했다.
97	産休(さんきゅう) 출산 휴가	先生(せんせい)は今(いま)産休(さんきゅう)で休(やす)んでいる。 선생님은 지금 출산 휴가로 쉬고 있다.
98	暫時(ざんじ) 잠시, 짧은 시간	暫時(ざんじ)の間(あいだ)お待(ま)ちください。 잠시 동안 기다려 주십시오.
99	算段(さんだん) 변통수, 마련함	無理(むり)算段(さんだん)をする。 무리해서 마련하다(억지로 변통하다).
100	桟橋(さんばし) 선창, 부두	船(ふね)を桟橋(さんばし)に着(つ)ける。 배를 선창에 대다.
101	飼育(しいく) 사육	家畜(かちく)を飼育(しいく)する。 가축을 사육하다.
102	シェア 셰어(share), 상품의 시장 점유율	業界(ぎょうかい)で高(たか)いシェアを占(し)める。 업계에서 높은 점유율을 차지한다.
103	識字(しきじ) 식자, 문자를 읽고 쓸 수 있음	アフリカにはまだ識字率(しきじりつ)が低(ひく)い国(くに)がある。 아프리카에는 아직 식자율(문자 인식 비율)이 낮은 나라가 있다.
104	時期尚早(じきしょうそう) 시기상조	計画(けいかく)を実施(じっし)するのは時期尚早(じきしょうそう)である。 계획을 실시하는 것은 시기상조다.
105	資金繰(しきんぐ)り 자금조달, 자금 마련 및 운용	資金繰(しきんぐ)りに追(お)われて仕事(しごと)をする。 자금조달에 쫓겨서 일을 하다.

번호	단어	뜻	예문	해석
106	試金石(しきんせき)	시금석, 가치・능력의 평가 기준	この仕事は彼の手腕を試す試金石だ。	이 일은 그의 수완을 시험하는 시금석이다.
107	仕組み(しくみ)	구조, 장치	時計の仕組みを説明する。	시계의 구조를 설명하다.
108	地獄(じごく)	지옥	地獄に落ちた魂。	지옥에 떨어진 영혼.
109	刺繍(ししゅう)	자수	花模様を刺繍した。	꽃무늬를 자수했다.
110	自粛(じしゅく)	자숙	露骨な広告を業界が自粛する。	노골적인 광고를 업계가 자숙한다.
111	下地(したじ)	밑바탕, 소질	音楽の下地がある。	음악의 소질이 있다.
112	疾患(しっかん)	질환	疾患が複合的に現れる。	질환이 복합적으로 나타나다.
113	躾(しつけ)	예의범절을 가르침	家庭の躾がよい。	가정의 예의범절 교육이 좋다.
114	叱責(しっせき)	질책, 꾸짖음	上司の叱責を受ける。	상사의 질책을 받다.
115	十中八九(じっちゅうはっく)	십중팔구, 대개	十中八九彼は遅れるだろう。	십중팔구 그는 늦을 것이다.
116	屎尿(しにょう)	시뇨, 분뇨(배설물)	屎尿浄化槽を設置する。	분뇨 정화조를 설치한다.
117	地主(じぬし)	지주, 토지 소유자	地主が土地の所有権を売ってしまった。	지주가 토지 소유권을 팔아 버렸다.
118	地場(じば)	그 고장, 본고장	全国各地に地場産業が興った。	전국 각지에 본고장 산업이 흥했다.
119	遮断(しゃだん)	차단	周辺からの光を遮断する。	주변으로부터의 빛을 차단하다.
120	砂利(じゃり)	자갈	道路に砂利を敷く。	도로에 자갈을 깔다.

플러스 단어 360

121	しゅう し 終始 시종, 내내	いっしょう けんきゅうせいかつ しゅうし 一生を研究生活に終始する。 일생을 연구 생활로 시종하다.
122	しゅうちゃく しゅうじゃく 執着・執着 집착	か しゅうちゃく 勝つことに執着している。 이기는 것에 집착하고 있다.
123	しゅう は 秋波 추파	む がわ だんせい しゅう は おく 向かい側の男性に秋波を送る。 맞은편의 남자에게 추파를 보내다.
124	しゅうろう 就労 취로, 일에 종사하는 것	しゅうろうもくてき がいこくじんろうどうしゃ 就労目的の外国人労働者。 취로 목적의 외국인 노동자.
125	じゅすい 入水 입수, 물속으로 투신자살함	かれ みずうみ じゅすい じ さつ 彼は湖で入水自殺した。 그는 호수에서 입수 자살했다.
126	じゅっかい 述懐 술회, 생각이나 감개 따위를 말함	げんざい しんきょう じゅっかい 現在の心境を述懐する。 현재의 심경을 술회하다.
127	じゅんたく 潤沢 윤택	じゅんたく とくちょう じ だい 潤沢さが特徴となる時代。 윤택함이 특징인 시대.
128	しょうかん 償還 상환	ふ さい しょうかん 負債を償還する。 부채를 상환하다.
129	しょうごう 照合 조합, 대조 확인	い じょう ぶんしょう よ しょうごう 2つ以上の文章を読んで照合する。 두 개 이상의 문장을 읽고 대조한다.
130	しょくつう 食通 식통, 음식 맛에 정통함	しょくつう したつづみ う 食通が舌鼓を打つ。 식도락가가 입맛을 다시다.
131	しょくはつ 触発 촉발, 자극 받음	かれ し ぼうどう しょくはつ 彼の死が暴動を触発した。 그의 죽음이 폭동을 촉발했다.
132	しょくもつれん さ 食物連鎖 먹이 사슬	せいたいけい しょくもつれん さ 生態系は食物連鎖でつながっている。 생태계는 먹이 사슬로 연결되어 있다.
133	しろうとばな 素人離れ 초심자답지 않게 익숙함	しろうとばな うた 素人離れした歌いっぷり。 아마추어답지 않은 노래 솜씨.
134	し ろく じ ちゅう 四六時中 온종일, 늘	し ろく じ ちゅうくるま ゆ き た 四六時中車の行き来が絶えない。 온종일 차의 왕래가 그치지 않다.
135	しんじゅう 心中 함께 죽음, 동반 자살	おんなどう し しんじゅう 女同士で心中した。 여자끼리 자살했다.

136	侵犯(しんぱん) 침범	民間機(みんかんき)が軍事的(ぐんじてき)領域(りょういき)を侵犯(しんぱん)した。 민간기가 군사적 영역을 침범했다.
137	辛抱(しんぼう) 참음, 참고 견딤	お前(まえ)は辛抱(しんぼう)が無(な)い。 너는 참을성이 없다.
138	針路(しんろ) 침로, 나아갈 길	針路(しんろ)を変(か)えずに進(すす)む。 침로를 바꾸지 않고 나아가다.
139	睡魔(すいま) 수마, 견딜 수 없이 오는 졸음	試験勉強(しけんべんきょう)の一番(いちばん)の敵(てき)は睡魔(すいま)だ。 시험 공부의 최고의 적은 수마다.
140	寸断(すんだん) 촌단, 잘게 끊음, 토막토막 끊음	洪水(こうずい)で鉄道(てつどう)は寸断(すんだん)された。 홍수로 철도는 토막토막 끊겼다.
141	伜(せがれ) 아들, 연소한 남자를 낮추어 이르는 말	伜(せがれ)に嫁(よめ)を取(と)って安心(あんしん)した。 아들이 장가를 들어서 안심했다.
142	節操(せっそう) 절조	節操(せっそう)がない人(ひと)は、発言(はつげん)に一貫性(いっかんせい)がない。 절조가 없는 사람은 발언에 일관성이 없다.
143	閃光(せんこう) 섬광, 번쩍하는 빛	雷鳴(らいめい)とともに閃光(せんこう)が走(はし)る。 천둥소리와 함께 섬광이 번쩍이다.
144	全天候(ぜんてんこう) 전천후	最大(さいだい)の特徴(とくちょう)は全天候型(ぜんてんこうがた)であること。 최대의 특징은 전천후형인 것.
145	雑木(ぞうき) 잡목	どこにどんな雑木(ぞうき)を植(う)えるのか。 어디에 어떤 잡목을 심을 것인가?
146	象牙(ぞうげ) 상아	象牙(ぞうげ)を彫(ほ)って作(つく)った美術品(びじゅつひん)。 상아를 조각해서 만든 미술품.
147	耐震性(たいしんせい) 내진성	そのビルは耐震性(たいしんせい)に優(すぐ)れている。 그 빌딩은 내진성이 뛰어나다.
148	焚火(たきび) 모닥불	焚火(たきび)を囲(かこ)んで語(かた)り合(あ)う。 모닥불을 둘러싸고 서로 이야기하다.
149	打診(だしん) 타진, 마음이나 사정을 미리 살펴봄	首相(しゅしょう)は首脳会談(しゅのうかいだん)を打診(だしん)した。 총리는 정상 회담을 타진했다.
150	担架(たんか) 들것	病人(びょうにん)を担架(たんか)で運(はこ)ぶ。 병자를 들것으로 운반하다.

플러스 단어 360

151	窒息(ちっそく) 질식	煙(けむり)のために窒息(ちっそく)する。 연기 때문에 질식하다.
152	重複(ちょうふく)・重複(じゅうふく) 중복	予定(よてい)が重複(ちょうふく)している。 예정이 중복되어 있다.
153	勤(つと)め先(さき) 근무처, 직장	彼(かれ)は最近(さいきん)勤(つと)め先(さき)を変(か)えた。 그는 최근 근무처를 바꿨다.
154	提起(ていき) 제기	住民(じゅうみん)が提起(ていき)する訴訟(そしょう)。 주민들이 제기하는 소송.
155	手錠(てじょう) 수갑	彼(かれ)は手錠(てじょう)をかけられていた。 그는 수갑이 채워져 있었다.
156	撤回(てっかい) 철회	彼(かれ)は声明(せいめい)を撤回(てっかい)した。 그는 성명을 철회했다.
157	手配(てはい) 수배, 준비	空港(くうこう)からの送迎(そうげい)を手配(てはい)する。 공항에서의 송영을 준비하다.
158	土手(どて) 둑	地震(じしん)で土手(どて)が崩(くず)れた。 지진으로 둑이 무너졌다.
159	度忘(どわす)れ 깜빡 잊음	彼(かれ)の名前(なまえ)を度忘(どわす)れした。 그의 이름을 깜빡 잊어 버렸다.
160	難点(なんてん) 곤란한 점, 결점	値段(ねだん)が高(たか)いのが難点(なんてん)だ。 값이 비싼 것이 결점이다.
161	音色(ねいろ) 음색	それぞれ音色(ねいろ)が異(こと)なる。 각각 음색이 다르다.
162	念願(ねんがん) 염원	ついに念願(ねんがん)の優勝(ゆうしょう)を成(な)し遂(と)げた。 드디어 염원하던 우승을 이뤘다.
163	脳裏(のうり) 뇌리, 머릿속	脳裏(のうり)に焼(や)き付(つ)いて離(はな)れない。 뇌리에 새겨져서 떠나지 않다.
164	延(の)べ 연, 합계, 총계	延(の)べ100人(にん)が参加(さんか)した。 총 100명이 참가했다.
165	媒介(ばいかい) 매개	言葉(ことば)を媒介(ばいかい)としたコミュニケーション。 언어를 매개로 한 커뮤니케이션.

166	ばいきん **黴菌** 미균, 세균	すいどう　みず　ばいきん　のぞ 水道の水は黴菌が除いてある。 수돗물은 미균이 제거되어 있다.
167	はいせき **排斥** 배척	がいこくせいひん　はいせき 外国製品を排斥する。 외국 제품을 배척하다.
168	はいぞく **配属** 배속	ちほう　ししゃ　はいぞく 地方の支社に配属される。 지방의 지사에 배속되다.
169	はしわた **橋渡し** 다리를 놓음, 중개함	ゆうじん　はしわた　かいしゃ　はい 友人の橋渡しで会社へ入った。 친구의 중개로 회사에 들어갔다.
170	はいふ **配布** 배포	かいぎ　ぎだい　はいふ 会議の議題が配布された。 회의의 의제가 배포되었다.
171	はつみみ **初耳** 처음 들음	はなし　はつみみ その話は初耳だ。 그 이야기는 처음 듣는다.
172	はとば **波止場** 부두, 선창	ふね　はとば　つ 船が波止場に着く。 배가 부두에 닿다.
173	はんらん **氾濫** 범람	たいふう　かわ　はんらん 台風で川が氾濫した。 태풍으로 강이 범람했다.
174	ひとご **人込み** 사람으로 붐빔, 북적임	ひとご　わ　とお 人込みを分けて通る。 인파를 가르고 지나가다.
175	ひとで **人出** 인파, 많은 사람이 그곳에 모임	れんきゅう　うみ　やま　ひとで 連休で海も山もたいへんな人出だ。 연휴로 바다도 산도 대단한 인파다.
176	ひなた **日向** 양지, 양달	ひなた　ほ　さっきんしょうどく 日向に干して殺菌消毒する。 양지에 말려서 살균 소독한다.
177	ひめん **罷免** 파면	さいばんかん　ひめん　かん　さいばん 裁判官の罷免に関する裁判。 재판관의 파면에 관한 재판.
178	ぼうがい **妨害** 방해	ひと　ぎょうむ　ぼうがい 人の業務を妨害する。 남의 업무를 방해하다.
179	ほうふ **抱負** 포부	しんかいちょう　ほうふ　かた 新会長が抱負を語った。 새 회장이 포부를 말했다.
180	ぼっとう **没頭** 몰두	ぼっとう ゲームに没頭していた。 게임에 몰두하고 있었다.

플러스 단어 360

181	撲滅(ぼくめつ) 박멸	害虫を撲滅する。 해충을 박멸하다.
182	的(まと) 과녁(목표), 대상(표적)	セクハラが社会の関心の的になった。 성희롱이 사회 관심의 표적이 되었다.
183	真っ先(まっさき) 맨 앞, 맨 먼저	真っ先に彼が駆けつけた。 맨 먼저 그가 달려갔다.
184	水入らず(みずいらず) 남이 끼지 않은 집안끼리	家族水入らずで過ごす。 가족끼리 지내다.
185	目当て(めあて) 목적, 목표	身代金目当てに子どもを誘拐する。 몸값 목적으로 아이를 유괴하다.
186	面識(めんしき) 면식	面識のない相続人がいる。 면식이 없는 상속인이 있다.
187	巡り(めぐり) 돎, 여기저기 들름, 순회	島巡りをする。 섬을 순회하다.
188	野次(やじ) 야유, 놀림	観客は野次を飛ばした。 관객은 야유를 퍼부었다.
189	山分け(やまわけ) 눈대중으로 똑같이 나눔	利益は二人で山分けしよう。 이익은 둘이서 절반씩 나누자.
190	有数(ゆうすう) 유수, 손꼽힘	世界有数の画家。 세계에서 손꼽히는 화가.
191	猶予(ゆうよ) 유예	輸入関税を猶予する。 수입 관세를 유예하다.
192	ゆとり 여유	読書をするゆとりがない。 독서를 할 여유가 없다.
193	リスク 리스크(risk), 위험, 모험	リスク低減の施策を行う。 리스크 저감 시책을 실시하다.
194	狼狽(ろうばい) 낭패, 당황, 허둥지둥함	突然の訪問で狼狽した。 갑작스러운 방문으로 당황했다.
195	災い(わざわい) 화, 재앙, 재난	災い転じて福となる。 전화위복이 되다.

196	相次(あいつ)ぐ 잇따르다	事故(じこ)が相次(あいつ)いで起(お)こる。 사고가 연달아 일어나다.
197	仰(あお)ぐ 우러러보다, 받들다	会長(かいちょう)に仰(あお)ぐ。 회장으로 모시다.
198	焦(あせ)る 안달하다 ☞ 1그룹(五段) 활용	焦(あせ)れば焦(あせ)るほどうまく出来(でき)ない。 안달하면 안달할수록 잘 되지 않는다.
199	侮(あなど)る 깔보다, 얕보다	相手(あいて)が弱(よわ)いと見(み)て侮(あなど)る。 상대방이 약하다고 보고 깔보다.
200	操(あやつ)る 다루다, 조종하다, 말을 잘 구사하다	数(すう)か国語(こくご)を自由(じゆう)に操(あやつ)る。 수 개 국어를 마음대로 구사하다.
201	言(い)い聞(き)かせる 타이르다	あきらめるように言(い)い聞(き)かせる。 단념하도록 타이르다.
202	言(い)い放(はな)つ 단언하다, 거리낌 없이 말하다	無責任(むせきにん)なことを言(い)い放(はな)つ。 무책임한 말을 지껄이다.
203	いける 상당히 잘하다, 꽤 쓸 만하다	この料理(りょうり)はなかなかいけるね。 이 요리는 꽤 먹을 만한데.
204	悼(いた)む 애도하다, 슬퍼하다	恩師(おんし)の死(し)を悼(いた)む。 스승의 죽음을 애도하다.
205	慈(いつく)しむ 귀여워하다, 애지중지하다	我(わ)が子(こ)のように慈(いつく)しんでくれた先生(せんせい)。 자기 자식처럼 귀여워해 준 선생님.
206	受(う)け止(と)める 받아내다, 인식하다	事態(じたい)を深刻(しんこく)に受(う)け止(と)める。 사태를 심각하게 인식하다.
207	打(う)ち出(だ)す 명확히 내세우다	新(あたら)しい方針(ほうしん)を打(う)ち出(だ)す。 새로운 방침을 명확히 내세우다.
208	促(うなが)す 재촉하다, 촉진시키다	借金(しゃっきん)の返済(へんさい)を促(うなが)す。 빚을 갚으라고 재촉하다.
209	売(う)り出(だ)す 대대적으로 팔다, 유명해지다	新製品(しんせいひん)を売(う)り出(だ)す。 신제품을 대대적으로 팔다.
210	彷徨(うろつ)く 헤매다, 서성거리다	怪(あや)しい男(おとこ)が家(いえ)の前(まえ)をうろつく。 수상한 남자가 집 앞을 서성거리다.

플러스 단어 360

211	追(お)い込(こ)む 몰아넣다, (곤경에) 빠뜨리다	危機(きき)に追(お)い込(こ)まれる。 위기에 몰리다.
212	臆(おく)する 겁내다, 주눅 들다	臆(おく)せず突進(とっしん)する。 겁내지 않고 돌진하다.
213	押(お)し切(き)る 강행하다, 무릅쓰다 ☞ 1그룹 활용	船(ふね)が波(なみ)を押(お)し切(き)って進(すす)む。 배가 파도를 무릅쓰고 나아가다.
214	押(お)し寄(よ)せる 몰려들다, 밀어닥치다	群衆(ぐんしゅう)がどっと押(お)し寄(よ)せた。 군중이 우르르 몰려들었다.
215	襲(おそ)う 습격하다, 느닷없이 방문하다	恐怖(きょうふ)が突然(とつぜん)彼(かれ)を襲(おそ)った。 공포가 갑자기 그를 엄습했다.
216	煽(おだ)てる 치켜세우다, 부추기다	友(とも)を煽(おだ)てて誘(さそ)い込(こ)む。 친구를 부추겨 끌어들이다.
217	折(お)り返(かえ)す 되돌아가(오)다, 곧 회신하다	終着駅(しゅうちゃくえき)から折(お)り返(かえ)す。 종착역에서 되돌아오다.
218	顧(かえり)みる 되돌아보다, 회고하다	家庭(かてい)を顧(かえり)みる暇(ひま)がない。 가정을 돌볼 겨를이 없다.
219	掲(かか)げる 게양하다, 내세우다	スローガンを掲(かか)げる。 슬로건을 내걸다.
220	霞(かす)む 안개가 끼다, 희미하게 보이다	老齢(ろうれい)で目(め)が霞(かす)む。 노령으로 눈이 침침하다.
221	気触(かぶ)れる (옻 따위를) 타다, 물들다	共産主義(きょうさんしゅぎ)に気触(かぶ)れる。 공산주의에 물들다.
222	噛(か)み合(あ)う 서로 물어뜯다, 의견이나 생각 등이 서로 맞다	意見(いけん)が噛(か)み合(あ)わない。 의견이 일치하지 않다.
223	絡(から)む 휘감기다, 얽히다	事件(じけん)には女(おんな)が絡(から)んでいる。 사건에는 여자가 얽혀 있다.
224	駆(か)る 몰다(쫓다), 마음을 강하게 사로잡다	好奇心(こうきしん)に駆(か)られる。 호기심에 사로잡히다.
225	鑑(かんが)みる 감안해서 판단하다	先例(せんれい)に鑑(かんが)みて処理(しょり)する。 선례에 비추어 처리하다.

번호	단어	예문
226	軋む(きしむ) 삐걱거리다	床(ゆか)が軋(きし)む。 마루가 삐걱거리다.
227	括る(くくる) 옭아매다, 한데 묶다	括弧(かっこ)で括(くく)る。 괄호로 묶다.
228	潜る(くぐる) 빠져나가다, 잠수하다	法網(ほうもう)を潜(くぐ)る。 법망을 뚫고 빠져나가다.
229	覆る(くつがえる) 뒤집히다 ☞ 1그룹(五段) 활용	判決(はんけつ)が覆(くつがえ)る。 판결이 뒤집히다.
230	寛ぐ(くつろぐ) 유유자적하다, 편안하게 하다	温泉(おんせん)で寛(くつろ)ぐ。 온천에서 유유자적하다.
231	口説く(くどく) 설명하다, 설득하다	親(おや)を口説(くど)いて留学(りゅうがく)を許(ゆる)してもらう。 부모를 설득하여 유학을 허락받다.
232	捏ねる(こねる) 반죽하다, 억지 부리다	小麦粉(こむぎこ)を捏(こ)ねる。 밀가루를 반죽하다.
233	拒む(こばむ) 거부하다, 저지하다, 막다	修正要求(しゅうせいようきゅう)を拒(こば)む。 수정 요구를 거부하다.
234	込み上げる(こみあげる) 치밀어 오르다, 복받치다	悲(かな)しみが込(こ)み上(あ)げる。 슬픔이 복받치다.
235	篭る(こもる) 자욱하다, 두문불출하다	煙(けむり)が部屋(へや)に篭(こも)る。 연기가 방에 자욱하다.
236	囀る(さえずる) (새가) 지저귀다, 재잘거리다	小鳥(ことり)の囀(さえず)る声(こえ)で目(め)が覚(さ)めた。 작은 새가 지저귀는 소리에 잠이 깼다.
237	諭す(さとす) 잘 타이르다, 깨우치다	子供(こども)を諭(さと)してやる。 아이를 깨우쳐 주다(잘 타일러 주다).
238	裁く(さばく) 중재하다, 재판하다	喧嘩(けんか)を裁(さば)く。 싸움을 중재하다.
239	さ迷う(さまよう) 헤매다, 방황하다, 떠돌다	吹雪(ふぶき)の中(なか)をさ迷(まよ)う。 눈보라 속을 헤매다.
240	仕込む(しこむ) 가르치다, (재료 등을) 사들이다	市場(いちば)で材料(ざいりょう)を仕込(しこ)む。 시장에서 재료를 사들이다.

플러스 단어 360

241	仕付(しつ)ける 가르치다, 늘 해서 길들다	あまり仕付(しつ)けない仕事(しごと)。 그다지 해 보지 않아 익숙하지 않은 일.
242	凌(しの)ぐ 참고 견디어 내다, 헤어나다	暑(あつ)さを凌(しの)ぐ。 더위를 참고 견디어 내다.
243	偲(しの)ぶ 그리워하다	故郷(こきょう)を偲(しの)ぶ。 고향을 그리워하다.
244	締(し)め切(き)る 마감하다 ☞ 1그룹 활용	生徒(せいと)の募集(ぼしゅう)を締(し)め切(き)る。 학생 모집을 마감하다.
245	退(しりぞ)く 후퇴하다, 물러가다	政界(せいかい)から退(しりぞ)く。 정계에서 물러나다.
246	廃(すた)れる 쓰이지 않게 되다, 유행이 지나다	すっかり廃(すた)れてしまった器具(きぐ)。 아주 소용없게 되어 버린 기구.
247	急(せ)かす 재촉하다	出発(しゅっぱつ)を急(せ)かす。 출발을 재촉하다.
248	聳(そび)える 우뚝 솟다	高層住宅(こうそうじゅうたく)が聳(そび)える。 고층 주택이 우뚝 솟다.
249	背(そむ)く 등을 돌리다, 거역하다	太陽(たいよう)に背(そむ)いて立(た)つ。 태양을 등지고 서다.
250	嗜(たしな)む 즐기다, 평소에 익히다	酒(さけ)を嗜(たしな)む。 술을 즐기다.
251	漂(ただよ)う 표류하다, (향기가) 감돌다	和(なご)やかな雰囲気(ふんいき)が漂(ただよ)う。 온화한 분위기가 감돈다.
252	称(たた)える 칭찬하다, 찬양하다	監督(かんとく)が選手(せんしゅ)の健闘(けんとう)を称(たた)えている。 감독이 선수의 건투를 칭찬하고 있다.
253	辿(たど)り着(つ)く 우여곡절 끝에 겨우 도달하다	やっと結論(けつろん)に辿(たど)り着(つ)く。 간신히 결론에 당도하다.
254	束(たば)ねる 한 뭉치로 하다, 통괄하다	紙幣(しへい)を束(たば)ねる。 지폐를 묶다.
255	費(つい)やす 다 소비하다, 낭비하다	時間(じかん)を費(つい)やすだけ損(そん)だ。 시간을 허비한 만큼 손해다.

256	慎(つつし)む 조심하다, 삼가다	言動(げんどう)を慎(つつし)む。 언동을 조심하다.
257	募(つの)る 점점 심해지다, 모집하다(모으다)	寄付(きふ)を募(つの)る。 기부금을 모으다.
258	滞(とどこお)る 정체하다, 막히다, 밀리다	交渉(こうしょう)が滞(とどこお)って進(すす)まない。 교섭이 정체되어 진전이 없다.
259	とぼける 얼빠지다, 짐짓 시치미 떼다	とぼけずに答(こた)えろ。 딴청부리지 말고 대답해.
260	粘(ねば)る 잘 달라붙다, 끈기 있게 견디어 내다	最後(さいご)まで粘(ねば)る。 끝까지 끈덕지게 버티다.
261	則(のっと)る 기준으로 삼고 따르다, 준하다	規約(きやく)に則(のっと)って処理(しょり)する。 규약에 준해서 처리하다.
262	捗(はかど)る 일이 순조롭게 되어 가다, 진척되다	スムーズに捗(はかど)る。 순조롭게 진행되다.
263	踏(ふ)まえる 밟아 누르다, 근거로 하다	事実(じじつ)を踏(ふ)まえた立論(りつろん)。 사실에 근거한 입론.
264	隔(へだ)たる 떨어지다, 사이를 두다	二人(ふたり)の仲(なか)が次第(しだい)に隔(へだ)たる。 두 사람의 사이가 점차 멀어지다.
265	賄(まかな)う 조달하다, 경비를 맡아 처리하다	会費(かいひ)だけで経費(けいひ)を賄(まかな)う。 회비만으로 경비를 꾸려나가다.
266	導(みちび)く 인도하다, 지도하다	人類(じんるい)を破滅(はめつ)に導(みちび)く。 인류를 파멸로 이끌다.
267	盛(も)り上(あ)がる 부풀어 오르다, 높아지다	大会(たいかい)のムードが盛(も)り上(あ)がる。 대회 분위기가 고조되다.
268	割(わ)り当(あ)てる 할당하다, 분배하다	それぞれ役(やく)を割(わ)り当(あ)てる。 각기 역할을 분담시키다.
269	味気(あじけ)ない 무미건조하다, 따분하다	世(よ)の中(なか)が味気(あじけ)なくなった。 세상이 따분해졌다.
270	荒(あら)っぽい 난폭하다, 거칠다	あらっぽい性質(せいしつ)。 난폭한 성질.

플러스 단어 360

271	粗(あら)っぽい 조잡하다, 엉성하다	あらっぽい翻訳(ほんやく)。 조잡한 번역.
272	折(お)り目正(めただ)しい 예의바르다, 깍듯하다	折(お)り目正(めただ)しい挨拶(あいさつ)をする。 깍듯한 인사를 하다.
273	汚(けが)らわしい 추접스럽다, 더럽다	奴(やつ)の名(な)は口(くち)にするのもけがらわしい。 그 놈의 이름은 입에 담기에도 더럽다.
274	けばけばしい 현란하다, 야단스럽다	けばけばしい広告(こうこく)。 요란한 광고.
275	ごつい 거칠다, 완고하다	農夫(のうふ)の手(て)はごつい。 농부의 손은 투박하다.
276	焦(じ)れったい 감질나다, 애타다	焦(じ)れったい、早(はや)くやれ。 속이 탄다, 빨리 해라.
277	何気無(なにげな)い 아무렇지도 않다, 무심하다	男(おとこ)は何気無(なにげな)く彼女(かのじょ)に近付(ちかづ)こうとした。 남자는 아무렇지도 않게 그녀에게 접근하려고 했다.
278	粘(ねば)り強(づよ)い 끈기 있다, 끈질기다	契約交渉(けいやくこうしょう)を粘(ねば)り強(づよ)くする。 계약 협상을 끈질기게 하다.
279	眠(ねむ)たい 졸리다	眠(ねむ)たくてあくびが出(で)る。 졸려서 하품이 나오다.
280	馬鹿馬鹿(ばかばか)しい 매우 어리석다, 엄청나다	ばかばかしい値段(ねだん)。 터무니없는 가격.
281	わざとらしい 고의적인 듯하다	いかにもわざとらしい感(かん)じがした。 정말이지 고의적인 듯한 느낌이 들었다.
282	安穏(あんのん)だ 안온하다, 별일 없이 평온하다	安穏無事(あんのんぶじ)な人生(じんせい)を送(おく)ってきた。 안온 무사한 인생을 보내왔다.
283	いい加減(かげん)だ 적당하다, 무책임하다	もういい加減(かげん)にしなさい。 이제 적당히 해라.
284	粋(いき)だ 세련되다(운치와 매력이 있는 모양)	粋(いき)な職人(しょくにん)の技(わざ)。 세련된 장인의 솜씨.
285	一様(いちよう)だ 한결같다, 똑같다, 보통이다	全員(ぜんいん)は一様(いちよう)に反対(はんたい)した。 전원은 한결같이 반대했다.

286	鋭敏(えいびん)だ 예민하다	犬(いぬ)は嗅覚(きゅうかく)が鋭敏(えいびん)だ。 개는 후각이 예민하다.
287	円滑(えんかつ)だ 원활하다	今後(こんご)の取引(とりひき)を円滑(えんかつ)にする。 향후 거래를 원활히 한다.
288	遠大(えんだい)だ 원대하다	遠大(えんだい)な目的(もくてき)をもって働(はたら)く。 원대한 목적을 갖고 일하다.
289	横暴(おうぼう)だ 횡포하다, 난폭하다	横暴(おうぼう)な態度(たいど)を取(と)る。 횡포한 태도를 취하다.
290	臆病(おくびょう)だ 겁이 많다	臆病(おくびょう)で卑怯(ひきょう)な人(ひと)。 겁이 많고 비겁한 사람.
291	画一的(かくいつてき)だ 획일적이다	画一的(かくいつてき)なサービスを提供(ていきょう)する。 획일적인 서비스를 제공하다.
292	画期的(かっきてき)だ 획기적이다	画期的(かっきてき)な防犯(ぼうはん)グッズを発明(はつめい)した。 획기적인 방범 용품을 발명했다.
293	気(き)まぐれだ 변덕스럽다	気(き)まぐれなお天気(てんき)だ。 변덕스러운 날씨이다.
294	緊密(きんみつ)だ 긴밀하다	一層緊密(いっそうきんみつ)に協力(きょうりょく)していく。 한층 긴밀히 협력해 가다.
295	堅実(けんじつ)だ 견실하다	堅実(けんじつ)な経営(けいえい)を続(つづ)けている。 견실한 경영을 계속하고 있다.
296	早急(さっきゅう)だ・早急(そうきゅう)だ 몹시 급하다	文書(ぶんしょ)を早急(さっきゅう)に速達(そくたつ)で送(おく)る。 문서를 조속히 속달로 보내다.
297	清純(せいじゅん)だ 청순하다	清純(せいじゅん)な心(こころ)を持(も)っている。 청순한 마음을 가지고 있다.
298	壮大(そうだい)だ 장대하다	そこには壮大(そうだい)な風景(ふうけい)があった。 거기에는 장대한 풍경이 있었다.
299	重宝(ちょうほう)だ 편리하게 여기다, 소중히 여기다	車(くるま)は持(も)っていると重宝(ちょうほう)なものだ。 차는 갖고 있으면 편리한 것이다.
300	半端(はんぱ)だ 다 갖춰지지 않다, 어중간하다	半端(はんぱ)ではない上昇率(じょうしょうりつ)だ。 장난이 아닌 상승률이다.

플러스 단어 360

번호	단어	뜻	예문	해석
301	悲惨(ひさん)だ	비참하다	投票率(とうひょうりつ)は悲惨(ひさん)なほど低(ひく)かった。	투표율은 비참할 정도로 낮았다.
302	肥沃(ひよく)だ	비옥하다	農耕(のうこう)に適(てき)している肥沃(ひよく)な土壌(どじょう)。	농경에 적합한 비옥한 토양.
303	非力(ひりき)だ	힘이 약하다, 역량이 모자라다	非力(ひりき)な猫(ねこ)の命(いのち)がかかっている。	무력한 고양이의 목숨이 걸려 있다.
304	不吉(ふきつ)だ	불길하다	陰気(いんき)で不吉(ふきつ)な感(かん)じがする。	음침하고 불길한 느낌이 들다.
305	不興(ふきょう)だ	흥이 깨지다, 기분을 상하게 하다	父(ちち)の不興(ふきょう)を買(か)う。	아버지의 역정을 사다.
306	不遇(ふぐう)だ	불우하다	不遇(ふぐう)な晩年(ばんねん)を送(おく)る。	불우한 만년을 보내다.
307	不順(ふじゅん)だ	불순하다, 순탄하지 못하다	不順(ふじゅん)な天候(てんこう)が続(つづ)いている。	불순한 날씨가 계속되고 있다.
308	不毛(ふもう)だ	불모하다, 성과나 발전이 없다	不毛(ふもう)な論争(ろんそう)に終(お)わる。	소모성 논쟁으로 그치다.
309	放漫(ほうまん)だ	방만하다	放漫(ほうまん)な経営(けいえい)をしている。	방만한 경영을 하고 있다.
310	無為(むい)だ	무위하다, 하는 일이 없다	無為(むい)な毎日(まいにち)を過(す)ごす。	무위한 매일을 보내다.
311	無造作(むぞうさ)だ	손쉽다, 대수롭지 않게 여기다	無造作(むぞうさ)にやってのける。	손쉽게 해치우다.
312	無茶苦茶(むちゃくちゃ)だ	당치않다, 엉망이다	彼(かれ)の運転(うんてん)はむちゃくちゃだ。	그의 운전은 엉망이다.
313	無謀(むぼう)だ	무모하다	無謀(むぼう)な冒険(ぼうけん)をする。	무모한 모험을 하다.
314	綿密(めんみつ)だ	면밀하다	綿密(めんみつ)な分析(ぶんせき)をした。	면밀한 분석을 했다.
315	憂鬱(ゆううつ)だ	우울하다	意気消沈(いきしょうちん)して憂鬱(ゆううつ)な雰囲気(ふんいき)。	의기소침하고 우울한 분위기.

No.	단어	예문
316	勇敢(ゆうかん)だ 용감하다	強(つよ)く勇敢(ゆうかん)な男性(だんせい)だ。 강하며 용감한 남성이다.
317	悠長(ゆうちょう)だ 유장하다, 침착하며 느긋하다	悠長(ゆうちょう)に構(かま)えてなかなか動(うご)かない。 느긋하게 태도를 취하고 좀처럼 움직이지 않는다.
318	優美(ゆうび)だ 우미하다, 우아하고 아름답다	簡素(かんそ)で優美(ゆうび)である。 간소하며 우아하고 아름답다.
319	利便(りべん)だ 편리하다	その店(みせ)はアクセス利便(りべん)なところにある。 그 가게는 접근이 편리한 곳에 있다.
320	冷酷(れいこく)だ 냉혹하다	冷酷(れいこく)な言葉(ことば)は人(ひと)を傷(きず)つける。 냉혹한 말은 사람에게 상처를 준다.
321	冷淡(れいたん)だ 냉담하다	冷淡(れいたん)な態度(たいど)をとる。 냉담한 태도를 취하다.
322	冷徹(れいてつ)だ 냉철하다	冷徹(れいてつ)な表情(ひょうじょう)を浮(う)かべる。 냉철한 표정을 짓다.
323	露骨(ろこつ)だ 노골적이다	露骨(ろこつ)な干渉(かんしょう)を受(う)ける。 노골적인 간섭을 받다.
324	あたふた 허둥지둥, 당황하는 모양	あたふたと家(いえ)にかけこむ。 허둥지둥 집으로 뛰어들다.
325	あっさり 산뜻하게, 깨끗이	あっさりと断(ことわ)られた。 깨끗이 거절당했다.
326	暗(あん)に 넌지시, 은근히	暗(あん)に人(ひと)を非難(ひなん)する。 은근히 남을 비난하다.
327	幾重(いくえ)に 겹겹이, 거듭거듭, 몇 번이고	幾重(いくえ)にも重(かさ)なった山々(やまやま)。 첩첩이 겹쳐 있는 산들.
328	幾多(いくた) 수많이	幾多(いくた)の困難(こんなん)が横(よこ)たわっている。 수많은 곤란이 가로놓여 있다.
329	いそいそ 부리나케, 부랴부랴	いそいそと帰(かえ)る。 부리나케 돌아가다.
330	一挙(いっきょ)に 일거에, 단번에	難事(なんじ)を一挙(いっきょ)に解決(かいけつ)する。 어려운 일을 단번에 해결하다.

플러스 단어 360

331	うすうす 희미하게, 어렴풋이	彼(かれ)の真意(しんい)がうすうすわかった。 그의 진의를 어렴풋이 알았다.
332	大凡(おおよそ) 대강, 대략	経過(けいか)の大凡(おおよそ)を説明(せつめい)する。 경과의 대강을 설명하다.
333	がっくり 부러지거나 풀이 죽거나 맥이 풀리는 모양. 푹, 탁, 풀썩	悲報(ひほう)を聞(き)いてがっくりする。 비보를 듣고 풀이 탁 죽다.
334	がらりと 갑자기 변하는 모양(싹), 무너지는 모양(와르르)	内容(ないよう)ががらりと変(か)わった。 내용이 싹 바뀌었다.
335	頑(がん)として 완강히, 막무가내로	頑(がん)として反対(はんたい)する。 완강히 반대하다.
336	きっちり 꼭 맞는 모양, 수량 등에 우수리가 없는 모양	きっちり一時間(いちじかん)で終(お)わった。 꼭 한 시간에 끝났다.
337	急遽(きゅうきょ) 급거, 갑작스럽게	急遽出張(きゅうきょしゅっちょう)することになった。 급거 출장하게 되었다.
338	ぐったり 녹초가 됨, 축 늘어짐	暑(あつ)さでぐったりとなる。 더위로 녹초가 되다.
339	くまなく 구석구석까지(빠짐없이)	部屋(へや)をくまなく探(さが)した。 방을 구석구석까지 찾았다.
340	こそこそ 살금살금, 소곤소곤	こそこそと話(はな)す。 소곤소곤 이야기하다.
341	小(こ)ぢんまり 아담스레, 조촐히	こぢんまりとした店(みせ)。 아담하게 꾸민 가게.
342	ごっそり 몽땅, 죄다	土砂(どしゃ)がごっそり崩(くず)れる。 토사가 몽땅 무너지다.
343	ごろごろ 데굴데굴, 빈둥빈둥, 우르르	失業(しつぎょう)してごろごろしている。 실직해서 빈둥빈둥 놀고 있다.
344	若干(じゃっかん) 약간	若干(じゃっかん)ゆっくりと話(はな)してくれた。 약간 천천히 이야기해 주었다.
345	じっくり 차분하게, 곰곰이	じっくり考(かんが)えて行動(こうどう)する。 차분하게 생각하고 행동하다.

No.	단어	뜻	예문
346	じめじめ	습기가 많거나 음침한 모양, 구질구질, 축축이	今週(こんしゅう)はじめじめした天気(てんき)が続(つづ)きそうだ。 이번 주는 습한 날씨가 계속될 것 같다.
347	しょんぼり	기운 없이, 풀죽은 모양	しょんぼりと立(た)っている。 맥없이 서 있다.
348	ちやほや	응석을 받아주며 비위를 맞추는 모양	ちやほやされていい気(き)になる。 추어올리는 통에 우쭐해지다.
349	漠然(ばくぜん)と	막연하게	漠然(ばくぜん)とした不安(ふあん)を抱(いだ)いていた。 막연한 불안감을 갖고 있었다.
350	ひょっと	불쑥, 어쩌다가	ひょっと顔(かお)を出(だ)す。 불쑥 얼굴을 내밀다.
351	ぶつぶつ	중얼중얼, 투덜투덜, 부글부글, 도톨도톨	ぶつぶつ文句(もんく)を言(い)う。 투덜투덜 불평을 하다.
352	ぺこぺこ	몹시 배가 고픈 모양, 머리를 조아리는 모양(굽실굽실)	権力者(けんりょくしゃ)にぺこぺこする。 권력자에게 굽실거리다.
353	むっと	화가 치밀지만 꾹 참는 모양, 열기나 냄새로 숨이 막히는 모양	彼(かれ)はむっとしたような顔(かお)をしていた。 그는 부루퉁한 듯한 얼굴을 하고 있었다.
354	やんわり	부드럽게, 살며시	やんわりと手(て)を握(にぎ)る。 부드럽게 손을 잡다.
355	優(ゆう)に	족히, 충분히, 넉넉히	優(ゆう)に1万(まん)を越(こ)える観衆(かんしゅう)。 족히 1만을 넘는 관중.
356	ろくに	제대로, 충분히	昨夜(さくや)はろくに眠(ねむ)れなかった。 어젯밤은 제대로 못 잤다.
357	おまけに	게다가, 그 위에	おまけに雨(あめ)まで降(ふ)り出(だ)した。 게다가 비까지 오기 시작했다.
358	かつ	또, 게다가, 또한	必要(ひつよう)にしてかつ十分(じゅうぶん)な条件(じょうけん)。 필요하고 또한 충분한 조건.
359	それはさておき	그것은 어쨌든, 그건 그렇다 치고	それはさておき、この問題(もんだい)についてまず話(はな)そう。 그건 그렇다 치고, 이 문제에 대해 먼저 이야기하자.
360	ならびに	및, 또한	賞状(しょうじょう)、賞杯(しょうはい)ならびに賞金(しょうきん)を授与(じゅよ)する。 상장, 상배 및 상금을 수여하다.

색인

あ행

색인

색인

か행

색인

색인

색인

색인

さ 행

색인

색인

색인

た행

색인

な행

색인

は행

색인

색인

색인

や행

색인

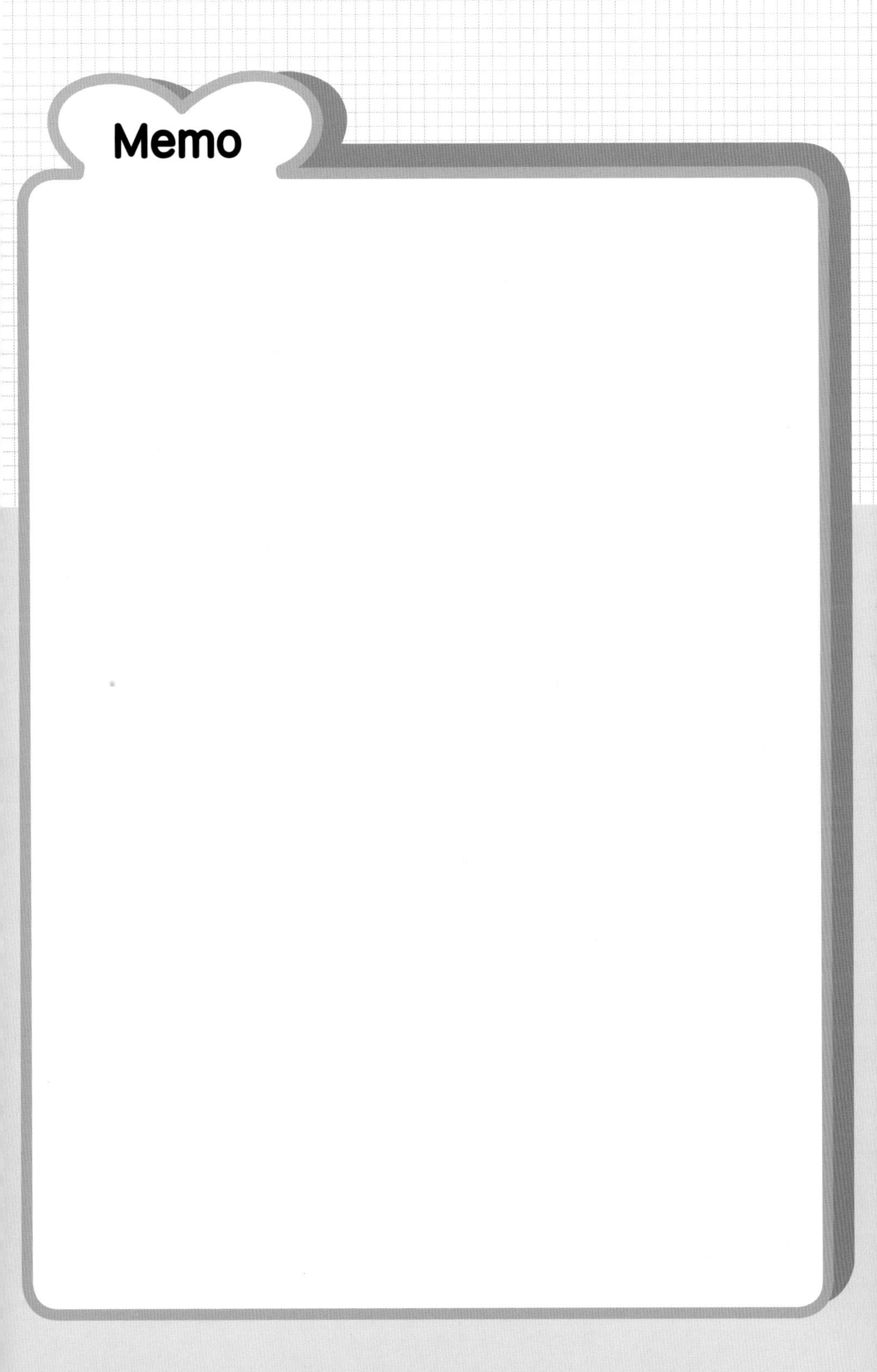
Memo

Memo

중요 단어

시험장에서 중요도 높은 단어를 빠르게 훑어볼 수 있도록 본책의 1순위 단어를 정리했습니다.

중요 단어

단어	뜻	단어	뜻
頭打ち(あたまうち)	한계점	時宜(じぎ)	시의, 시기적절함
荒療治(あらりょうじ)	과감한 조치	地道(じみち)	견실함, 착실함
案の定(あんのじょう)	생각한 대로	素潜り(すもぐり)	맨몸으로 잠수함
言いそびれる(い)	말을 꺼낼 기회를 놓치다	選考(せんこう)	선고, 전형
一堂(いちどう)	한 자리, 같은 건물(장소)	添える(そ)	첨부하다, 곁들이다
襟(えり)	옷깃	台無し(だいな)	엉망이 됨, 잡침
縁起(えんぎ)	길흉의 조짐	月極(つきぎめ)	월정(月定)
オブラート	오블라토	ねた(ネタ)	기삿거리, 증거
寡占(かせん)	과점(소수 기업의 독차지)	白日(はくじつ)	백일, 대낮(백주)
牛耳る(ぎゅうじ)	좌지우지하다	弾く(はじ)	튀기다, (주판을) 놓다
口調(くちょう)	어조, 말투	端役(はやく)	단역, 하찮은 역할
工面(くめん)	마련, 자금 사정	便乗(びんじょう)	편승
繰り上げる(く・あ)	(날짜 등을) 앞당기다	分別(ふんべつ)	분별, 지각
けじめ	구분, 분간	返却(へんきゃく)	반각, 반환
根性(こんじょう)	근성, 타고난 성질	暴投(ぼうとう)	폭투
差入れ(さしい)	일하는 사람에게 보내는 음식물	補足(ほそく)	보족, 보충
指図(さしず)	지시, 지휘	山場(やまば)	절정, 고비
参上(さんじょう)	찾아뵘, 뵈러 감	融通(ゆうずう)	융통, 융통성

단어	뜻	단어	뜻
誂(あつら)える	주문하다, 맞추다	ねだる	조르다
脅(おびや)かす	위협하다, 위태롭게 하다	飲(の)み込(こ)む	삼키다, 이해하다
介護(かいご)	개호	抜粋(ばっすい)	발췌
朽(く)ちる	썩다, 쇠퇴하다	早(はや)とちり	지레짐작하여 실수함
拷問(ごうもん)	고문	不登校(ふとうこう)	등교 거부
極楽(ごくらく)	극락	別途(べっと)	별도
主眼(しゅがん)	주안	屁理屈(へりくつ)	억지스러운 이론
裾(すそ)	옷자락, 기슭	呆然(ぼうぜん)	어이없어함
図星(ずぼし)	급소, 핵심, 적중함	発端(ほったん)	발단
静粛(せいしゅく)	정숙	補導(ほどう)	보도
前途(ぜんと)	전도, 장래	本領(ほんりょう)	본령
そしり	비난, 비방	前向(まえむ)き	적극적임
長(た)ける	뛰어나다	密封(みっぷう)	밀봉
端(たん)	실마리, 발단	明瞭(めいりょう)	명료
月並(つきな)み・月並(つきなみ)	평범함, 진부함	役目(やくめ)	임무, 직무
手取(てど)り	실수입	遣(や)り繰(く)り	변통
添付(てんぷ)	첨부	世渡(よわた)り	세상살이, 처세
入念(にゅうねん)	공을 들임	累卵(るいらん)	누란(몹시 위태로운 형편)

중요 단어

단어	뜻	단어	뜻
斡旋(あっせん)	알선	弛緩(しかん)	이완
異議(いぎ)	이의	軸(じく)	축
一抹(いちまつ)	일말	重箱(じゅうばこ)	찬합
一掃(いっそう)	일소(한번에 제거함)	手腕(しゅわん)	수완
憂(うれ)い	근심, 걱정	瀬戸際(せとぎわ)	운명의 갈림길
餌食(えじき)	먹이, 희생물	堕落(だらく)	타락
絵空事(えそらごと)	새빨간 거짓, 허풍	低迷(ていめい)	저미(침체)
お開(ひら)き	끝냄, 폐회	手掛(てが)かり	단서
折(お)り合(あ)い	타협	徒労(とろう)	도로, 헛수고
替(か)え玉(だま)	대역, 사리(추가되는 면)	詰(なじ)る	힐책하다
糧(かて)	식량, 양식	労(ねぎら)う	위로하다
庇(かば)う	두둔하다	軒並(のきな)み	집집마다
疑念(ぎねん)	의념, 의심	破綻(はたん)	파탄
逆上(ぎゃくじょう)	욱함	憚(はばか)る	꺼리다
悔(く)いる	뉘우치다	微細(びさい)	미세
口走(くちばし)る	엉겁결에 말하다	フィッシング	피싱(phishing)
玄人(くろうと)	전문가	袋小路(ふくろこうじ)	막다른 골목
細心(さいしん)	세심	網羅(もうら)	망라

Day 03 ~ 04

단어	뜻	단어	뜻
あざむ 欺く	속이다	せ あ 競り合う	서로 다투다
いまし 戒める	훈계하다	そう で 総出	총출동
エール	엘(yell), 성원	ちんしゃ 陳謝	진사(사과하고 용서를 빎)
き 機	계기, 기회	ちんちょう 珍重	진중(아주 소중히 여김)
き ぜん 毅然	의연	ついきゅう 追及	뒤쫓음, 추궁
きゃくしょく 脚色	각색	つか ま 束の間	잠깐 동안
きょうしゅう 郷愁	향수	つぐな 償い	보상, 속죄
げ ば ひょう 下馬評	하마평	て がら 手柄	공적
こころ え 心得	마음가짐, 소양	て すう 手数	수고, 귀찮음
さいさき 幸先	좋은 징조	てんこう 転向	전향
さと 悟る	깨닫다	なだ 宥める	달래다
さん じ 惨事	참사	な あ 馴れ合い	담합
さんしょう 参照	참조	ね まわ 根回し	사전 교섭
し と 使途	(돈의) 용도	ひ づけ 日付	일부, 날짜
しぼ 搾る	짜내다, 호되게 혼내다	ふ だ 踏み出す	착수하다, 진출하다
しゅうそく 終息	종식	ふんがい 憤慨	분개
せき 籍	적, 호적	へいこう 閉口	항복
せつじょく 雪辱	설욕	もくろく 目録	목록

중요 단어

단어	뜻	단어	뜻
逸(いっ)する	놓치다, 빠뜨리다	袂(たもと)	소매, 기슭
繰(く)り延(の)べる	(날짜나 시각을) 미루다	低落(ていらく)	저락, 하락
試(こころ)みる	시도해 보다	撤去(てっきょ)	철거
根拠(こんきょ)	근거	徳用(とくよう)	덕용, 쓸모가 있음
差(さ)し控(ひか)える	보류하다, 삼가다	戸惑(とまど)う	당황하다, 망설이다
しきたり	관습, 관례	取(と)り柄(え)	좋은 점, 장점
示唆(しさ)	시사	内緒(ないしょ)	비밀, 몰래 함
仕立(した)てる	옷을 만들다, 양성하다	配偶者(はいぐうしゃ)	배우자
嫉妬(しっと)	질투	繁盛(はんじょう)	번성
術中(じゅっちゅう)	술중, 술책	二(ふた)つ返事(へんじ)	쾌히 승낙함
商戦(しょうせん)	상전, 판매 경쟁	返済(へんさい)	반제(변제)
正念場(しょうねんば)	중요한 국면	水際(みずぎわ)	물가, 상륙하기 직전
随所(ずいしょ)	도처	見通(みとお)し	조망, 전망
接種(せっしゅ)	접종	誘惑(ゆうわく)	유혹
装飾(そうしょく)	장식	預金(よきん)	예금
損(そこ)ねる	파손하다, 상하게 하다	利便性(りべんせい)	편의성
立(た)て替(か)える	대신 치르다	了解(りょうかい)	이해, 양해
魂(たましい)	혼, 영혼	レート	레이트(rate), 비율, 율

단어	뜻	단어	뜻
アポ	약속	こら 堪える	참다, 억제하다
あんやく 暗躍	암약(남 몰래 행동함)	こ 凝る	열중하다, 공들이다
いたで 痛手	큰 상처(손해)	しっく 疾駆	질구, 질주
いっそくと 一足飛び	일약, 한달음	しゅうしょう 愁傷	수상, 슬퍼함
いどう 異動	이동	しょうだく 承諾	승낙
いにん 委任	위임	しょうび 焦眉	초미
う も 受け持ち	담당, 담임	しょうみきげん 賞味期限	상미 기한(유통 기한)
あいそ お愛想	대접, 계산서	じんじょう 尋常	심상, 보통, 평범
おんしゃ 御社	귀사	せいさん 精算	정산
か だ 買い溜め	사재기	そくばく 束縛	속박
き ふう 利いた風	아는 체함	そこね 底値	최저 가격
きずな 絆	끊기 어려운 정, 유대	た 耐える	참다, 견디다
きょうばい 競売	경매	たくら 企む	계획하다, 못된 일을 꾸미다
きわ つ 極め付き	감정서가 붙어 있음, (정평이 남)	ちくせき 蓄積	축적
くさわ 草分け	황무지를 개척함, 선구자	ばてる	지치다, 녹초가 되다
けっさい 決裁	결재	ゆうぜい 遊説	유세
こうむ 被る	(양해를) 받다, (손해를) 입다	ようじん 用心	조심
こな 熟す	익숙하게 다루다	れいしょう 冷笑	냉소

중요 단어

단어	뜻	단어	뜻
崇(あが)める	우러러 받들다, 숭상하다	染(し)みる	스며들다, 깊이 느끼다
頭(あたま)ごなし	불문곡직	祝儀(しゅうぎ)	축의, 축의금, 팁
圧巻(あっかん)	압권	新米(しんまい)	햅쌀, 풋내기
圧倒(あっとう)	압도	尽力(じんりょく)	진력
過(あやま)ち	잘못, 과실	絶句(ぜっく)	절구, 말이 막힘
誤(あやま)り	잘못, 오류	疎開(そかい)	소개(분산・분리시킴)
言(い)い張(は)る	우겨대다, 주장하다	存否(そんぴ)	존재(생존) 여부
一段落(いちだんらく)	일단락	断腸(だんちょう)	단장(애가 끊어짐)
一喝(いっかつ)	일갈	通常(つうじょう)	통상
意表(いひょう)	의표, 뜻밖	手口(てぐち)	(범죄 등의) 수법
有頂天(うちょうてん)	기뻐서 어찌할 줄 모름	峠(とうげ)	산마루, 고비
乙(おつ)	을, 제2위	尊(とうと)ぶ	공경하다, 존중하다
表舞台(おもてぶたい)	정식 무대(표면)	吐露(とろ)	토로
垣間見(かいまみ)る	틈 사이로 보다	滲(にじ)む	번지다, 배다
クレーマー	클레이머(claimer)	人相(にんそう)	인상, 관상
興行(こうぎょう)	흥행	伴奏(ばんそう)	반주
控除(こうじょ)	공제	人質(ひとじち)	인질
しくじる	실패하다, 실수하다	行(ゆ)き届(とど)く	구석구석까지 미치다

단어	뜻	단어	뜻
潔い (いさぎよ)	미련 없이 깨끗하다	拙劣だ (せつれつ)	졸렬하다
著しい (いちじる)	현저하다	巧みだ (たく)	교묘하다
うっとうしい	찌무룩하여 개운치 않다, 성가시다	丹念だ (たんねん)	단념하다, 꼼꼼히 하다
穏やかだ (おだ)	평온하다, 온건하다	手軽だ (て がる)	손쉽다, 간편하다
億劫だ (おっくう)	귀찮다	乏しい (とぼ)	모자라다, 결핍하다
恩着せがましい (おん き)	생색을 내다	和やかだ (なご)	온화하다, 화목하다
微かだ (かす)	희미하다, 어렴풋하다	馴れ馴れしい (な な)	허물없다, 버릇없다
頑なだ (かたく)	완고하다, 고집스럽다	望ましい (のぞ)	바람직하다
頑固だ (がん こ)	완고하다, 끈질기다	のどかだ	화창하다, 한가롭다
気兼ねだ (き が)	어렵게 여기다	歯痒い (は がゆ)	조바심이 나다, 답답하다
気軽だ (き がる)	소탈하다, 마음 편하다	紛らわしい (まぎ)	헷갈리기 쉽다
気まずい (き)	서먹서먹하다, 거북하다	待ち遠しい (ま どお)	몹시 기다려지다
気ままだ (き)	내키는 대로다	疎らだ (まば)	드문드문하다
決まり悪い (き わる)	쑥스럽다, 멋쩍다	水臭い (みずくさ)	싱겁다, 남 대하듯 하다
清い (きよ)	깨끗하다, 순수하다	物足りない (もの た)	어딘가 부족하다
強情だ (ごうじょう)	고집이 세다, 완강하다	やばい	위태롭다, 위험하다
好ましい (この)	마음에 들다, 바람직하다	ややこしい	까다롭다
差し出がましい (さ で)	주제넘다	煩わしい (わずら)	번거롭다, 성가시다

중요 단어

단어	뜻	단어	뜻
あくどい	색이 칙칙하다, 악랄하다	快(こころよ)い	유쾌하다, 기분 좋다
暑苦(あつくる)しい	숨 막힐 듯이 덥다	シビアだ	냉엄하다, 혹독하다
呆気(あっけ)ない	싱겁다, 어이없다	渋(しぶ)い	떫다, (표정이) 떠름하다
息苦(いきぐる)しい	숨이 막히다	しぶとい	고집이 세다, 강인하다
初々(ういうい)しい	싱싱하고 청순하다	甚大(じんだい)だ	심대하다, 지대하다
遠慮深(えんりょぶか)い	조심성이 많다	すばしこい	재빠르다, 민첩하다
おっかない	무섭다, 두렵다	素早(すばや)い	재빠르다, 약삭빠르다
夥(おびただ)しい	매우 많다, (정도가) 심하다	せっかちだ	성급하다, 조급하다
愚(おろ)かだ	어리석다	素(そ)っ気(け)ない	무정하다, 냉담하다
疎(おろそ)かだ	소홀하다, 등한히 하다	ぞんざいだ	소홀하다, 조략하다
温厚(おんこう)だ	온순하다, 온후하다	貪欲(どんよく)だ	탐욕스럽다
温和(おんわ)だ	온화하다	滑(なめ)らかだ	매끄럽다, 순조롭다
堅苦(かたくる)しい	너무 엄격하다, 딱딱하다	懇(ねんご)ろだ	공손하다, 정성스럽다
頑丈(がんじょう)だ	튼튼하다, 옹골차다	莫大(ばくだい)だ	막대하다
几帳面(きちょうめん)だ	꼼꼼하다	貧弱(ひんじゃく)だ	빈약하다
清(きよ)らかだ	맑다, 깨끗하다	見苦(みぐる)しい	보기 흉하다
心強(こころづよ)い	마음 든든하다	見窄(みすぼ)らしい	초라하다, 빈약하다
心細(こころぼそ)い	어쩐지 마음이 안 놓이다	侘(わび)しい	쓸쓸하다, 적적하다

단어	뜻	단어	뜻
敢(あ)えて	굳이, 특별히, 별로	総(そう)じて	대체로, 전체적으로
強(あなが)ち	반드시, 꼭	ぞっと	오싹
うんざり	지긋지긋, 몹시 싫증남	それから	그리고, 그 다음에
押(お)して	무리하게, 억지로	それでは	그렇다면, 그럼
自(おの)ずから	자연히, 당연히	それなのに	그런데도
自(おの)ずと	저절로, 자연히	それなら	그러면, 그럼
折(お)り入(い)って	긴히, 각별히	そればかりか	그것뿐인가
概(がい)して	대체로, 일반적으로	つくづく	곰곰이, 절실히
必(かなら)ずしも	반드시, 꼭	とりわけ	특히, 그중에서도
軽々(かるがる)	가뿐히, 가볍게	はっと	퍼뜩, 깜짝
ぐっと	꿀꺽(쭉), 뭉클	独(ひと)りでに	저절로, 자연히
軽々(けいけい)に	경솔하게, 가볍게	ふっと	갑자기, 문득
けれども	그러나, 하지만	ほっと	안심하는 모양
こつこつ	꾸준히 노력하는 모양	また	또한, 게다가
殊(こと)に	각별히, 특히	満更(まんざら)	반드시, 꼭, 아주
強(し)いて	억지로, 굳이	自(みずか)ら	자기 자신, 스스로
すると	그러자, 그랬더니	無理(むり)に	억지로, 무리하게
せっせと	부지런히, 열심히	よくよく	차근차근히, 꼼꼼히

Memo

꿀팁 정리

틀리기 쉬운 한자 읽기, 틀리기 쉬운 단어,
틀리기 쉬운 표현 등 고득점 획득을 위한
팁들을 한눈에 볼 수 있도록 정리했습니다.

꿀팁 정리

틀리기 쉬운 한자 읽기

街 거리 가	街道(かいどう) 가도
	街頭(がいとう) 가두
	街路樹(がいろじゅ) 가로수
	繁華街(はんかがい) 번화가
角 뿔 각	直角(ちょっかく) 직각
	方角(ほうがく) 방위, 방향
脚 다리 각	脚本(きゃくほん) 각본
	脚光(きゃっこう) 각광
	行脚(あんぎゃ) 행각, 도보 여행
強 강할 강	強引(ごういん) 억지
	強盗(ごうとう) 강도
	強奪(ごうだつ) 강탈
	最強(さいきょう) 최강
	強敵(きょうてき) 강적
	強打(きょうだ) 강타(세게 침)
拠 의거할 거	証拠(しょうこ) 증거
	根拠(こんきょ) 근거
	拠点(きょてん) 거점
競 다툴 경	競売(きょうばい) 경매
	競争(きょうそう) 경쟁
	競技(きょうぎ) 경기
	競馬(けいば) 경마
	競輪(けいりん) 경륜
固 굳을 고	堅固(けんご) 견고
	頑固(がんこ) 완고
	固執(こしゅう) 고집
	断固(だんこ) 단호
果 열매 과	因果(いんが) 인과(원인과 결과)
	成果(せいか) 성과
	結果(けっか) 결과
国 나라 국	天国(てんごく) 천국
	中国(ちゅうごく) 중국
	本国(ほんごく) 본국
	隣国(りんごく) 인국(이웃 나라)
	戦国(せんごく) 전국

한자	단어
	ぜんこく 全国 전국
	りょうこく 両国 양국
極 극진할 극, 다할 극	なんきょく 南極 남극
	ごくらく 極楽 극락
金 쇠 금	おうごん 黄金 황금
	よ きん 預金 예금
	ぜいきん 税金 세금
	かねもち 金持 부자
気 기운 기	け はい 気配 기색, 낌새
	ひと け 人気 인기척
	にん き 人気 인기
起 일어날 기	き げん 起源 기원
	き どう 起動 기동
	えん ぎ 縁起 운수, 재수
内 안 내	こくない 国内 국내
	けいだい 境内 경내
	うちわけ 内訳 내역
答 대답할 답	もんどう 問答 문답
	かいとう 回答 회답
	とうべん 答弁 답변
代 대신할 대	こうたい 交代 교대
	しんちんたいしゃ 新陳代謝 신진대사
	げんだい 現代 현대
	せ だい 世代 세대
図 그림 도	せっけい ず 設計図 설계도
	と しょかん 図書館 도서관
道 길 도	しんとう 神道 신도(일본 고유 신앙)
	しゃどう 車道 차도
	どう ろ 道路 도로
読 읽을 독	とうてん 読点 구두점(쉼표)
	とくほん 読本 독본
	どっかい 読解 독해
	かいどく 解読 해독
頭 머리 두	ず のう 頭脳 두뇌
	ず つう 頭痛 두통
	ねんとう 念頭 염두

꿀팁 정리

한자	단어
	店頭(てんとう) 점두, 점포 앞
等 등급 등	高等(こうとう) 고등
	平等(びょうどう) 평등
登 오를 등	登山(とざん) 등산
	登校(とうこう) 등교
	登場(とうじょう) 등장
楽 즐길 락, 풍류 락, 좋아할 요	楽屋(がくや) 분장실
	楽園(らくえん) 낙원
	楽観(らっかん) 낙관
力 힘 력	非力(ひりき) 힘이 약함, 세력(능력)이 모자람
	力士(りきし) 씨름꾼(힘센 사람)
	力説(りきせつ) 역설
	努力(どりょく) 노력
礼 예절 례, 예도 례	礼儀(れいぎ) 예의
	礼賛(らいさん) 예찬
露 이슬 로	披露宴(ひろうえん) 피로연
	露骨(ろこつ) 노골
	露(つゆ) 이슬

한자	단어
流 흐를 류	流域(りゅういき) 유역
	流布(るふ) 유포
木 나무 목	土木(どぼく) 토목
	大木(たいぼく) 거목, 큰 나무
	木造(もくぞう) 목조
	木馬(もくば) 목마
	木彫(きぼり) 목각
物 만물 물	作物(さくもつ) 작물
	食物(しょくもつ) 음식물
	農作物(のうさくぶつ) 농작물
	植物(しょくぶつ) 식물
伴 짝 반	同伴(どうはん) 동반
	随伴(ずいはん) 수반
	伴奏(ばんそう) 반주(음악)
	伴走(ばんそう) 반주(마라톤)
発 필 발	揮発(きはつ) 휘발
	発明(はつめい) 발명
	発育(はついく) 발육

	発達(はったつ) 발달
	発覚(はっかく) 발각
	発布(はっぷ) 발포(공포)
	発作(ほっさ) 발작
	発足(ほっそく) 발족
	発端(ほったん) 발단
訪 찾을 방	探訪(たんぼう) 탐방
	来訪(らいほう) 내방
	訪問(ほうもん) 방문
法 법 법	法度(はっと) 법도
	法典(ほうてん) 법전
病 병 병	仮病(けびょう) 꾀병
	疾病(しっぺい) 질병
封 봉할 봉	封印(ふういん) 봉인
	封鎖(ふうさ) 봉쇄
	密封(みっぷう) 밀봉
	封建(ほうけん) 봉건

夫 지아비 부	工夫(くふう) 궁리
	夫婦(ふうふ) 부부
	夫妻(ふさい) 부처, 부부
	夫人(ふじん) 부인(남의 아내의 경칭)
	丈夫(じょうぶ) 건강, 튼튼함
	人夫(にんぷ) 인부, 막일 노동자
否 아니 부	安否(あんぴ) 안부
	賛否(さんぴ) 찬부(찬반)
	否定(ひてい) 부정
	否決(ひけつ) 부결
負 질 부	勝負(しょうぶ) 승부
	負傷(ふしょう) 부상
	負債(ふさい) 부채
北 북녘 북, 달아날 배	南北(なんぼく) 남북
	敗北(はいぼく) 패배
	北上(ほくじょう) 북상
	東北(とうほく) 동북
	北極(ほっきょく) 북극

꿀팁 정리

分 나눌 분	ふんべつ	分別	분별, 지각
	ぶんかい	分解	분해
	ぶんさん	分散	분산
仕 벼슬 사	きゅう じ	給仕	급사(잔심부름꾼)
	ほう し	奉仕	봉사
	し ごと	仕事	일
山 메 산	か ざん	火山	화산
	げ ざん	下山	하산
	と ざん	登山	등산
	こうざん	鉱山	광산
	さんがく	山岳	산악
似 같을 사	ま ね	真似	흉내
	るい じ	類似	유사
算 셀 산	あんざん	暗算	암산
	けいさん	計算	계산
	さんすう	算数	산수
	そろばん	算盤	주판

殺 죽일 살, 빠를 쇄	せっしょう	殺生	살생
	そうさい	相殺	상쇄
	そうさつ	相殺	서로 죽임
	まっさつ	抹殺	말살
	もくさつ	黙殺	묵살
	さっきん	殺菌	살균
	さっとう	殺到	쇄도
	さっぷうけい	殺風景	살풍경
色 빛 색	きゃくしょく	脚色	각색
	け しき	景色	경치
生 날 생	へいぜい	平生	평소
	せいけい	生計	생계
	しょうがい	生涯	생애
	いっしょう	一生	일생
	たんじょう	誕生	탄생
西 서쪽 서	とうざい	東西	동서
	せいよう	西洋	서양
	せい ぶ	西部	서부

石 돌 석	磐石(ばんじゃく) 반석
	磁石(じしゃく) 자석
	石炭(せきたん) 석탄
	岩石(がんせき) 암석
説 말씀 설	伝説(でんせつ) 전설
	通説(つうせつ) 통설
	演説(えんぜつ) 연설
	遊説(ゆうぜい) 유세
性 성품 성	理性(りせい) 이성
	性格(せいかく) 성격
	性別(せいべつ) 성별
	相性(あいしょう) 궁합이 맞음
	性分(しょうぶん) 성분(성품)
	根性(こんじょう) 근성
省 살필 성	帰省(きせい) 귀성
	反省(はんせい) 반성
	大蔵省(おおくらしょう) 대장성
	省略(しょうりゃく) 생략

盛 성할 성	盛衰(せいすい) 성쇠
	繁盛(はんじょう) 번성
勢 기세 세	軍勢(ぐんぜい) 군세(군대의 세력)
	運勢(うんせい) 운세
	勢力(せいりょく) 세력
所 바 소	近所(きんじょ) 근처, 근방
	事務所(じむしょ) 사무실
	所得(しょとく) 소득
率 거느릴 솔, 비율 율	軽率(けいそつ) 경솔
	統率(とうそつ) 통솔
	率直(そっちょく) 솔직
	率先(そっせん) 솔선
	比率(ひりつ) 비율
	利率(りりつ) 이율
修 닦을 수	研修(けんしゅう) 연수
	修行(しゅぎょう) 수행
示 보일 시	指示(しじ) 지시
	展示(てんじ) 전시

	しさ 示唆 시사
臣 신하 신	だいじん 大臣 대신, 장관
	しんか 臣下 신하
	くんしん 君臣 군신
心 마음 심	むしん 無心 무심
	しんぱい 心配 걱정
	ようじん 用心 조심, 주의
	かんじん 肝心 중요
	こころえ 心得 마음가짐
児 아이 아	じどう 児童 아동
	こじ 孤児 고아
	しょうにか 小児科 소아과
悪 악할 악, 미워할 오	あくい 悪意 악의
	けんお 嫌悪 혐오
言 말씀 언	でんごん 伝言 전언
	むごん 無言 무언
	ゆいごん 遺言 유언
	げんご 言語 언어

然 그럴 연	こうぜん 公然 공연
	てんねん 天然 천연
有 있을 유	うむ 有無 유무
	うちょうてん 有頂天 기뻐서 어찌 할 바를 모름
	みぞう 未曾有 미증유(지금까지 한 번도 없었음)
	けう 稀有 희유(희한)
	ゆうき 有機 유기
	ゆうこう 有効 유효
	ゆうぼう 有望 유망
由 말미암을 유	けいゆ 経由 경유
	じゆう 自由 자유
	ゆいしょ 由緒 유서
柔 부드러울 유	にゅうわ 柔和 유화
	じゅうどう 柔道 유도
	じゅうなん 柔軟 유연
遺 남길 유	いえい 遺影 유영
	いさん 遺産 유산

	遺族(いぞく)	유족
	遺跡(いせき)	유적
	遺言(ゆいごん)	유언
子 아들 자	王子(おうじ)	왕자
	男子(だんし)	남자
	子孫(しそん)	자손
	子供(こども)	어린이
者 놈 자	患者(かんじゃ)	환자
	医者(いしゃ)	의사
	人気者(にんきもの)	인기가 있는 사람
作 지을 작	作用(さよう)	작용
	作業(さぎょう)	작업
	作法(さほう)	작법
	作動(さどう)	작동
	動作(どうさ)	동작
	操作(そうさ)	조작
	発作(ほっさ)	발작
	作者(さくしゃ)	작자
	作文(さくぶん)	작문
	傑作(けっさく)	걸작
装 꾸밀 장	装飾(そうしょく)	장식
	舗装(ほそう)	(도로) 포장
	包装(ほうそう)	(선물) 포장
	装置(そうち)	장치
	装備(そうび)	장비
	衣装(いしょう)	의상
寂 고요할 적	静寂(せいじゃく)	정적
	閑寂(かんじゃく)	한적
	寂寥(せきりょう)	적요(고요하고 쓸쓸함)
典 법 전	辞典(じてん)	사전
	香典(こうでん)	향전, 부의(賻儀)
正 바를 정	更正(こうせい)	경정
	正面(しょうめん)	정면
定 정할 정	鑑定(かんてい)	감정
	定義(ていぎ)	정의
	定番(ていばん)	고정(상품)

꿀팁 정리

한자	단어	읽기	뜻
	勘定	かんじょう	계산
	定規	じょうぎ	(치수를 재는) 자
情 뜻 정	情景	じょうけい	정경
	風情	ふぜい	운치
精 정할 정	精巧	せいこう	정교
	精密	せいみつ	정밀
	精進	しょうじん	정진
済 건널 제	返済	へんさい	반제(빌린 돈을 갚음)
	決済	けっさい	결제
	経済	けいざい	경제
除 덜 제	掃除	そうじ	청소
	削除	さくじょ	삭제
	除外	じょがい	제외
	除去	じょきょ	제거
祖 조상 조	先祖	せんぞ	선조
	祖先	そせん	선조
存 있을 존	存分	ぞんぶん	마음껏
	現存	げんぞん	현존

한자	단어	읽기	뜻
	存在	そんざい	존재
	存続	そんぞく	존속
終 마칠 종	始終	しじゅう	시종
	終点	しゅうてん	종점
	最終	さいしゅう	최종
重 무거울 중	重箱	じゅうばこ	찬합
	慎重	しんちょう	신중
地 땅 지	跡地	あとち	건물 등을 헌 터
	地図	ちず	지도
	地球	ちきゅう	지구
	地道	じみち	견실함(착실함)
	路地	ろじ	골목(골목길)
	地獄	じごく	지옥
	地味	じみ	수수함
	地震	じしん	지진
	地元	じもと	자신의 생활 근거지
	地盤	じばん	지반
	地雷	じらい	지뢰

한자	단어	읽기	뜻
	地面	じめん	지면
	意気地	いくじ	패기(의지, 기개)
至 이를 지	冬至	とうじ	동지
	夏至	げし	하지
	至急	しきゅう	아주 급함
	至難	しなん	극히 어려움
直 곧을 직	率直	そっちょく	솔직
	直接	ちょくせつ	직접
	直球	ちょっきゅう	직구
	正直	しょうじき	정직
質 바탕 질, 폐백 지	素質	そしつ	소질
	質屋	しちや	전당포
	言質	げんち	언질
次 버금 차	次第	しだい	순서
	次男	じなん	차남
	次席	じせき	차석
参 간여할 참	新参	しんざん	신입
	古参	こさん	고참
	参加	さんか	참가
	降参	こうさん	항복
惨 참혹할 참	惨事	さんじ	참사
	悲惨	ひさん	비참
	惨酷	ざんこく	참혹
	惨殺	ざんさつ	참살
菜 나물 채	菜食	さいしょく	채식
	野菜	やさい	야채
	白菜	はくさい	배추
	総菜	そうざい	반찬
体 몸 체	体裁	ていさい	체재(외관), 세상 이목
	世間体	せけんてい	세상에 대한 체면
	体操	たいそう	체조
	体制	たいせい	체제
治 다스릴 치	全治	ぜんち	전치
	治療	ちりょう	치료
	政治	せいじ	정치
	退治	たいじ	퇴치

꿀팁 정리

한자	읽기	단어	뜻
態 모양 태	ようだい	容態	모양, 모습
	たいど	態度	태도
	せいたいけい	生態系	생태계
土 흙 토	とち	土地	토지
	どしつ	土質	토질
	どじょう	土壌	토양
	どだい	土台	토대
通 통할 통	ゆうずう	融通	융통
	つや	通夜	밤샘
	つうせつ	痛切	뼈에 사무치도록 느낌
版 널 판	げんていばん	限定版	한정판
	さいはん	再版	재판
	はんが	版画	판화
	けいじばん	掲示板	게시판
平 평평할 평	びょうどう	平等	평등
	へいわ	平和	평화
抱 안을 포	しんぼう	辛抱	인내
	ほうふ	抱負	포부
	かいほう	介抱	간호
胞 세포 포	さいぼう	細胞	세포
	どうほう	同胞	동포
暴 사나울 폭, 사나울 포	ぼうとう	暴投	폭투
	ぼうげん	暴言	폭언
	ぼうそう	暴走	폭주
	ぼうとう	暴騰	폭등
	ぼうらく	暴落	폭락
	ばくろ	暴露	폭로
合 합할 합	がっさく	合作	합작
	がってん・がてん	合点・合点	수긍
	がっち	合致	합치, 일치
	かっせん	合戦	전투
	ごうかく	合格	합격
	とうごう	統合	통합
	しあい	試合	시합
行 다닐 행, 항렬 항	こうどう	行動	행동
	どうこう	同行	동행

한자	단어
	孝行(こうこう) 효행
	行樂地(こうらくち) 행락지
	行列(ぎょうれつ) 행렬
	行事(ぎょうじ) 행사
	行政(ぎょうせい) 행정
	行儀(ぎょうぎ) 예의범절
	興行(こうぎょう) 흥행
	行脚(あんぎゃ) 행각(도보 여행)
好 좋을 호	相好(そうごう) 얼굴 표정
	好意(こうい) 호의
	友好(ゆうこう) 우호
華 빛날 화	華麗(かれい) 화려
	中華(ちゅうか) 중화
	豪華(ごうか) 호화
	栄華(えいが) 영화
会 모을 회	会談(かいだん) 회담
	会釈(えしゃく) 가볍게 인사함

한자	단어
后 임금 후	皇后(こうごう) 황후
	后妃(こうひ) 왕비
後 뒤 후	後手(ごて) 후수
	後悔(こうかい) 후회
興 일 흥	興行(こうぎょう) 흥행
	興奮(こうふん) 흥분
	振興(しんこう) 진흥
	復興(ふっこう) 부흥
	興味(きょうみ) 흥미

꿀팁 정리

틀리기 쉬운 단어

단어	뜻
合図(あいず)	신호
間柄(あいだがら)	관계
哀悼(あいとう)	애도
相反(あいはん)する	상반되다
合間(あいま)	틈, 짬
斡旋(あっせん)	알선
宛先(あてさき)	보낼 곳
強(あなが)ち	반드시, 꼭, 일률적으로, 억지로, 무리하게, 굳이
雨具(あまぐ)	비옷
行脚(あんぎゃ)	중의 행각(여러 곳을 순회하며 수행하는 것), 도보 여행
安泰(あんたい)	안태, 평안하고 무사함
一分(いちぶん)	체면, 면목
稲妻(いなずま)・ 稲光(いなびかり)	번개 ☞ 雷(かみなり) 천둥, 벼락
植木鉢(うえきばち)	화분
受付(うけつけ)	접수
腕前(うでまえ)	솜씨
浮気(うわき)	바람기
運河(うんが)	운하
笑顔(えがお)	웃는 얼굴
会釈(えしゃく)	(가볍게 하는) 인사
会得(えとく)	터득
獲物(えもの)	사냥감
煙突(えんとつ)	굴뚝
大筋(おおすじ)	대강의 줄거리, 요점
大手(おおて)	큰 거래처, 큰 회사
大晦日(おおみそか)	섣달그믐날
幼馴染(おさななじみ)	어렸을 때부터 친하게 사귄 사이, 소꿉친구
お辞儀(じぎ)	(꾸벅 머리를 숙이는) 인사
怪獣(かいじゅう)	괴수(괴물)
介抱(かいほう)	비전문가(아마추어)가 부상자나 환자를 돌보는 행위, 병구완, 간호 ☞ 介護(かいご) 비의료행위로 노인이나 장애자 등 일상생활이 불편한 사람을 돌봄, 간병, 병구완 ☞ 看護(かんご) 의료행위로 부상자나 환자를 간호

書留(かきとめ)	등기
箇条書(かじょうがき)	각 조항별로 적은 것
寡占(かせん)	과점(어떤 상품 시장의 대부분을 소수 기업이 독차지함)
肩書き(かたがき)	직함, 직위
渦中(かちゅう)	와중, 소용돌이 속, 사건(분쟁) 속
要(かなめ)	요점, 요소, 급소, 가장 중요한 대목
為替(かわせ)	환율
感無量(かんむりょう)	감개무량
喚問(かんもん)	환문, 소환하여 신문함
緩和(かんわ)	완화
機嫌(きげん)	기분
気障(きざ)	(언어, 동작, 복장 등이) 같잖음, 아니꼬움
生地(きじ)	본바탕, 옷감(천)
几帳面(きちょうめん)	꼼꼼한 모양
丘陵(きゅうりょう)	구릉(언덕)
強靭(きょうじん)	강인
興じる(きょう)	흥겨워하다, 즐거워하다
亀裂(きれつ)	균열

空前(くうぜん)	공전, 전례(前例)가 없음
空疎(くうそ)	공소, 공허, 글이나 말이 내용이 없고 짜임도 없어 허술함
苦渋(くじゅう)	쓰고 떫음, 일이 잘 안 되어 고민함
玄人(くろうと)	프로 ☞ 素人(しろうと) 아마추어
敬具(けいぐ)	경구, "공경하여 말씀 드립니다"의 뜻으로 서간문 등의 끝 부분에 사용 ☞ 拝啓(はいけい) 근계, "삼가 아룁니다"의 뜻으로 편지 첫 머리에 씀
境内(けいだい)	(신사/사찰의) 경내, 구내
毛糸(けいと)	털실
稀有(けう)・ 希有(けう)	희유, 희한 ☞ 未曾有(みぞう) 미증유 前代未聞(ぜんだいみもん) 전대미문 空前(くうぜん) 공전
戯作(げさく)	희작, 실없이 지은 글, 江戸(えど) 시대 후기의 통속 오락 소설
景色(けしき)	경치
月賦(げっぷ)	월부
解熱剤(げねつざい)	해열제 ☞ 下痢(げり) 설사
現像(げんぞう)	(필름을) 현상 ☞ 現象(げんしょう) 현상
言質(げんち)	언질

꿀팁 정리

단어	뜻
轟音(ごうおん)	굉음, 크게 울리는 소리
控除(こうじょ)	공제
強情(ごうじょう)	고집이 셈, 완강함
洪水(こうずい)	홍수
拘泥(こうでい)	구애, 집착
心地(ここち)	기분, 마음
骨頂(こっちょう)	최상, 더없는 것
小包(こづつみ)	소포
金色(こんじき)	금색
献立(こんだて)	메뉴
昆布(こんぶ)	다시마
建立(こんりゅう)	건립
最期(さいご)	임종, 생의 최후
指図(さしず)	지시(지휘)
刷新(さっしん)	쇄신
直に(じかに)	직접, 바로
視座(しざ)	시좌, 견지, 관점
市井(しせい)	시정, 항간, 거리, 서민 사회

단어	뜻
支度(したく)	준비
質屋(しちや)	전당포
疾病(しっぺい)	질병, 병
老舗(しにせ)	노포, 대대로 내려온 유명한 가게
芝生(しばふ)	잔디
至福(しふく)	지복, 더없는 행복
重箱(じゅうばこ)	찬합(층층이 포갤 수 있는 서너 개의 그릇을 한 벌로 하여 만든 음식 그릇)
収賄(しゅうわい)	수회, 뇌물을 받음 ☞ 贈賄(ぞうわい) 증회, 뇌물을 줌
成就(じょうじゅ)	성취
招聘(しょうへい)	초빙
素人(しろうと)	아마추어 ☞ 玄人(くろうと) 프로
神社(じんじゃ)	신사
真珠(しんじゅ)	진주
進捗(しんちょく)	진척
陣痛(じんつう)	진통 ☞ 陳述(ちんじゅつ) 진술 ☞ 陣: 진칠 진 ☞ 陳: 베풀 진, 묵을 진
出納(すいとう)	출납

단어	뜻
随筆(ずいひつ)	수필
素直(すなお)	순진함, 순수함
相撲(すもう)	일본의 전통적인 씨름
寸法(すんぽう)	치수
精緻(せいち)	정치, 정교하고 치밀함
折衷(せっちゅう)	절충
瀬戸物(せともの)	도자기
繊細(せんさい)	섬세
前代未聞(ぜんだいみもん)	전대미문
怠惰(たいだ)	태만
足算(たしざん)	덧셈
手綱(たづな)	(말)고삐
痴呆(ちほう)	치매
中枢(ちゅうすう)	중추(가장 중요한 부분)
賃金(ちんぎん)	임금
追随(ついずい)	추종
都合(つごう)	사정
津波(つなみ)	해일
通夜(つや)	밤샘
梅雨(つゆ)	장마
手形(てがた)	어음
溺死(できし)	익사
手間(てま)	수고
出前(でまえ)	배달
手元(てもと)	자기 주위, 바로 옆
投函(とうかん)	(우편물의) 투함
淘汰(とうた)	도태
床屋(とこや)	이발소
徒労(とろう)	도로, 헛수고
貪欲(どんよく)	탐욕
仲人(なこうど)	중매인, 중매쟁이
名残(なごり)	자취, 흔적
雪崩(なだれ)	눈사태
生身(なまみ)	날고기, 생고기
苦手(にがて)	서투름
忍耐(にんたい)	인내

꿀팁 정리

단어	뜻
音色(ねいろ)	음색
値打(ねうち)	값어치
捻挫(ねんざ)	염좌, 관절을 삠
軒並(のきなみ)	집집마다, 모두
拝啓(はいけい)	근계. "삼가 아룁니다"의 뜻으로 편지 첫 머리에 씀 ☞ 敬具(けいぐ) 경구. "공경하여 말씀 드립니다"의 뜻으로 서간문 등의 끝 부분에 사용
爆弾(ばくだん)	폭탄 ☞ 爆笑(ばくしょう) 폭소 爆竹(ばくちく) 폭죽
端数(はすう)	우수리, 끝수
肌着(はだぎ)	내의
破綻(はたん)	파탄
発芽(はつが)	발아
抜擢(ばってき)	발탁
浜辺(はまべ)	해변
端役(はやく)	단역, 하찮은 역할, 또는 그것을 맡은 사람
繁盛(はんじょう)	번성
繁茂(はんも)	번무, 초목이 무성함
干潟(ひがた)	간석지
彼岸(ひがん)	춘분이나 추분의 전후 각 3일 동안을 합한 7일
人質(ひとじち)	인질
人手(ひとで)	일손
日向(ひなた)	양지
罷免(ひめん)	파면
拍子(ひょうし)	박자
日和(ひより)	(~하기 좋은) 날씨
便箋(びんせん)	편지지
頻繁(ひんぱん)	빈번
貧乏(びんぼう)	빈핍(가난함)
夫婦(ふうふ)	부부
不細工(ぶさいく)	만듦새가 서투르고 모양이 없음, 못생김
風情(ふぜい)	운치
布置(ふち)	포치(배치)
懐刀(ふところがたな)	호신용 칼, 심복
方方(ほうぼう)	여기저기
勃興(ぼっこう)	발흥, 갑자기 세력이 강해짐

真面目腐る(まじめくさる)	진지한 체하다
待合室(まちあいしつ)	대합실
見方(みかた)	아군
水着(みずぎ)	수영복
見出(みだし)	표제어
身代金(みのしろきん)	(인질 등의) 몸값
目方(めかた)	무게, 중량
目印(めじるし)	표지
目処(めど)	목적, 목표
目盛(めもり)	눈금
面倒(めんどう)	성가심, 돌봄
猛者(もさ)	맹자, 수완가, 강자, 고수
物語(ものがたり)	이야기, 전설
喪服(もふく)	상복
家主(やぬし)	가구 주, 집 주인
屋根(やね)	지붕
厄介(やっかい)	성가심, 폐
夕立(ゆうだち)	소나기

浴衣(ゆかた)	목욕을 한 뒤 또는 여름철에 입는 무명 옷(여름 기모노)
行方不明(ゆくえふめい)	행방불명
四角(よつかど)	네 모퉁이, 네거리
選り取り(よどり) 見取り(みどり)	마음대로 고름, 골라잡기
累卵(るいらん)	누란, 매우 불안정하고 위태로운 상태
漏洩(ろうえい)	누설, 기체나 액체 따위가 밖으로 새어 나감, 비밀이 새어 나감
賄賂(わいろ)	뇌물
割算(わりざん)	나눗셈

틀리기 쉬운 표현

愛想(あいそ)	붙임성, 정나미, 대접, (요리 집에서의) 계산	愛想(あいそ)を尽(つ)かす。 정나미가 떨어지다. お愛想(あいそ)お願(ねが)いします。 계산을 부탁합니다.
秋晴(あきば)れ	가을의 쾌청한 날씨(일반적으로 가을에 사용)	秋晴(あきば)れのからっとした天気(てんき)。 활짝 갠 가을 날씨
秋日和(あきびより)	가을처럼 맑은 날씨(일반적으로 가을이 아닌 경우에 사용)	運動会(うんどうかい)にはもってこいの秋日和(あきびより)。 운동회에는 더없이 좋은 가을처럼 맑은 날씨
意地(いじ)	고집	意地(いじ)を張(は)る 고집을 부리다
危篤(きとく)	위독, 중태	危篤(きとく)に陥(おちい)る 중태에 빠지다. 위독한 상태에 빠지다
杞憂(きゆう)	기우	杞憂(きゆう)をいだく。 쓸데없는 걱정을 하다 杞憂(きゆう)に終(お)わる。 기우에 그치다
取(と)り越(こ)し苦労(くろう)	쓸데없는 걱정(근심)	取(と)り越(こ)し苦労(くろう)かも知(し)れない。 기우일지 모른다
愚痴(ぐち)	푸념	愚痴(ぐち)をこぼす 푸념하다, 투덜거리다
工面(くめん)	금품을 애써 마련함(변통, 융통), 자금 사정, 주머니 사정	工面(くめん)がいい 주머니 사정이 좋다

消印(けしいん)	소인	消印(けしいん)を押(お)す 소인을 찍다
三軒(さんげん)	세 채(건물)	向(む)こう三軒両隣(さんげんりょうどなり) 가장 가까운 이웃(맞은편 세 집과 좌우의 두 집)
指南(しなん)	지도, 지도함, 지도하는 사람	剣術(けんじゅつ)を指南(しなん)する 검술을 지도하다
相好(そうごう)	얼굴 표정	相好(そうごう)を崩(くず)す 싱글벙글하며 좋아하다
分別(ぶんべつ)	분별, 종류에 따라 나누어 가름	ごみの分別作業(ぶんべつさぎょう) 쓰레기 분별 작업 分別書法(ぶんべつしょほう) 띄어쓰기
坊主(ぼうず)	중(스님), 사내아이의 애칭(꼬마 녀석), 중처 럼 민 머리	坊主(ぼうず)刈(が)りにする 머리를 빡빡 깎다
溝(みぞ)	① 도랑, 개천 ≒ 溝(どぶ) ② 홈 ③ 사람 사이를 떼어놓 는 감정적 거리, 틈, 장벽 ≒ ギャップ	溝(みぞ)を飛(と)び越(こ)える 도랑을 뛰어 넘다 溝(みぞ)を掘(ほ)る 홈을 파다 二人(ふたり)の間(あいだ)に深(ふか)い溝(みぞ)ができる 두 사람 사이에 깊은 틈이 벌어지다

경어

경어 정리(6분류법)

① 尊敬語(そんけいご)(존경어)
주어를 높이는 표현 방식.

② 謙譲語(けんじょうご)A(겸양어A)
보어를 높임으로써 주어를 보어보다도 상대적으로 낮게 하는 표현 방식.

③ 謙譲語(けんじょうご)B(겸양어B)
주어를 낮추고 듣는 사람에게 정중하게 하는 표현 방식.

④ 謙譲語(けんじょうご)AB(겸양어AB)
보어를 높이고, 주어를 상대적으로 낮추며, 듣는 사람에게 정중하게 하는 표현 방식.

⑤ 丁重語(ていちょうご)(정중어)
겸양어B를, 특별하게 주어를 낮추는 것이 아니고, 단지 듣는 사람에게 정중함을 나타내기 위해서 사용하는 표현 방식. 단, 주어는 높일 필요가 없는 3인칭이어야만 한다.

⑥ 丁寧語(ていねいご)(공손어)
듣는 사람에게 공손하게 하는 표현 방식.

※ 美化語(びかご)(미화어)
사물이나 물건을 미화해서 말하는 것.

お酒(さけ) 술	お店(みせ) 가게	お茶(ちゃ) 차
お菓子(かし) 과자	お食事(しょくじ) 식사	お飲(の)み物(もの) 음료(마실 것)
おなか 배	お手洗(てあら)い 화장실	ごはん 밥(식사)

겸양어A & 겸양어B 비교 설명

존경어와 겸양어는 말하는 이와 듣는 이, 그리고 문장 속의 인물 등이 맞물리면서 서로의 관계를 형성하기 때문에 매우 주의해서 듣거나 말해야 한다. 다음에 예를 통해 겸양어A와 겸양어B의 구분을 확실하게 이해하도록 하자.

① 私(わたし)はそのやくざに、早(はや)く足(あし)を洗(あら)うように申(もう)し上(あ)げました。

② 私はそのやくざに、早く足を洗うように申しました。

위 문장의 뜻은 다음과 같다.

나는 그 야쿠자에게, 빨리 손을 씻도록 말했습니다.

그럼, ①번 문장과 ②번 문장 중 어떤 것이 맞고 어떤 것이 틀렸을까?
①번 문장은 겸양어A로 やくざ에 대한 경어가 되기 때문에 잘못된 표현이다.
②번 문장은 겸양어B로 やくざ에 대한 경어가 아니라 이 문장을 듣고 있는 사람에 대한 경어이기 때문에 알맞은 표현이다.
즉 겸양어A는 화제의 대상(인물)에 대한 경어이고, 겸양어B는 듣는 사람에 대한 경어이다.
다음과 같이 구분하면 쉽다.

弟(おとうと)のところに参(まい)ります。 남동생에게 갔습니다.

☞ 듣는 사람에 대한 경어 표현이기 때문에 알맞은 표현이다.

弟(おとうと)のところに伺(うかが)います。

☞ 화제의 대상(弟)을 높이는 경어 표현이기 때문에 잘못된 표현이다.

경어

경어 동사 정리

	존경어	겸양어A	겸양어B	정중어/공손어
会(あ)う (만나다)	お会(あ)いになる 会(あ)われる (만나시다)	お目(め)にかかる お会(あ)いする (만나 뵙다)		会(あ)います (만납니다)
あげる (주다)	おあげになる① (드리다)	さしあげる (해 드리다)		あげます (줍니다)
言(い)う (말하다)	おっしゃる 言(い)われる (말씀하시다)	申(もう)し上(あ)げる (말씀드리다)	申(もう)す (말하다)	申(もう)す⑦ (말합니다)
行(い)く (가다)	いらっしゃる おいでになる お越(こ)しになる 行(い)かれる (가시다)	伺(うかが)う② お伺(うかが)いする (찾아뵙다)	まいる (가다)	行(い)きます (갑니다)
いる (있다)	いらっしゃる おいでになる (계시다)		おる⑪ (있다)	おります⑫ (있습니다)
思(おも)う (생각하다)	お思(おも)いになる 思(おも)われる (생각하시다)		存(ぞん)じる (생각하다)	思(おも)います (생각합니다)
借(か)りる (빌리다)	お借(か)りになる 借(か)りられる (빌리시다)	拝借(はいしゃく)する お借(か)りする (빌리다)		借(か)ります (빌립니다)

買(か)う (사다)	お求(もと)めになる 求(もと)められる お買(か)いになる 買(か)われる (사시다)			買(か)います (삽니다)
聞(き)く (묻다, 듣다)	お聞(き)きになる 聞(き)かれる (물으시다, 들으시다)	伺(うかが)う 承(うけたまわ)る (삼가 듣다) お伺(うかが)いする② お聞(き)きする (묻다, 듣다)		聞(き)きます (듣습니다)
気(き)に入(い)る (마음에 들다)	お気(き)に召(め)す (마음에 드시다)			気(き)に入(い)ります (마음에 듭니다)
着(き)る (입다)	召(め)す/お召(め)しになる 着(き)られる (입으시다)			着(き)ます (입습니다)
来(く)る (오다)	いらっしゃる おいでになる 見(み)える(가벼운 경어) お見(み)えになる お越(こ)しになる 来(こ)られる (오시다)	伺(うかが)う② お伺(うかが)いする② (찾아뵙다)	まいる (오다)	来(き)ます まいる⑩ (옵니다)
くれる (주다)	くださる たまわる(문어체에서) (주시다)			くれます (줍니다)

경어

	존경어	겸양어A	겸양어B	정중어/공손어
死ぬ (죽다)	お亡くなりになる 亡くなられる (돌아가시다)			亡くなる③ 死にます (죽습니다)
知る (알다)	ご存じ 知られる (아시다)	存じ上げる (알다)	存じる (알다)	知ります (압니다)
住む (살다)	お住まいになる (お住みになる) 住まれる (사시다)			住みます (삽니다)
する (하다)	なさる (하시다)		いたす (하다)	します いたす⑬ (합니다)
尋ねる (묻다)	お尋ねになる 尋ねられる (물으시다)	伺う お伺いする お尋ねする (여쭙다)		尋ねます (묻습니다)
訪ねる (방문하다)	お訪ねになる 訪ねられる (방문하시다)	あがる 参上する 伺う お伺いする お訪ねする (찾아뵙다)		訪ねます (방문합니다)

食べる (먹다)	あがる 召し上がる お召しあがりになる④ 食べられる (드시다)		いただく (먹다)	いただく⑧ 食べます (먹습니다)
飲む (마시다)	あがる お飲みになる 召しあがる お召しあがりになる④ 飲まれる (드시다)		いただく (먹다)	いただく⑨ 飲みます (마십니다)
(風邪を)ひく (〈감기〉 들다)	お召しになる おひきになる (〈감기〉 걸리시다)			ひきます (걸립니다)
見せる (보이다)	お見せになる 見せられる (보이시다)	ご覧に入れる お目にかける お見せする (보여 드리다)		見せます (보입니다)
見る (보다)	ご覧になる 見られる (보시다)	拝見する (보다)		見ます (봅니다)
もらう (받다)	おもらいになる⑤ もらわれる (받으시다)	いただく (받다)		もらいます (받습니다)
やる (하다)	なさる (하시다)		いたす (하다)	やります (합니다)

경어

	존경어	겸양어A	겸양어B	정중어/공손어
やる (주다)	下(くだ)さる おやりになる⑥ (주시다)	さしあげる (드리다)		やります (줍니다)
読(よ)む (읽다)	お読(よ)みになる 読(よ)まれる (읽으시다)	拝読(はいどく)する (읽다)		
ある (있다)	おありになる (있으시다)			あります ございます (있습니다)

기타 알아 두어야 할 내용 – 위의 표와 연계해서

① あげる

원래는 겸양어A이지만, 근래에는 미화어의 경향을 나타냄.

② 伺(うかが)う

엄밀하게는 行(い)く, 来(く)る의 겸양어A라기보다 訪(たず)ねる의 뜻을 가진 겸양어A로 보는 것이 좋다. 따라서 이중경어가 되지만, 일반적으로 사용되고 있으므로 틀린 표현이라고 하기도 어렵다. 더 높은 경의를 나타낸다고 보는 것이 옳다.

③ 亡(な)くなる

死(し)ぬ(죽다)의 완곡한 표현 혹은 미화어로 준경어에 해당된다.

④ 召(め)し上(あ)がる

이 자체로 존경어이기 때문에 이중경어가 되지만, 일반적으로 사용되고 있으므로 틀린 표현이라고 하기 어렵다. 더욱 더 높은 경의를 나타낸다.

⑤ 先生(せんせい)は女子学生(じょしがくせい)から花束(はなたば)をおもらいになった。

선생님은 여학생으로부터 꽃다발을 받으셨다.

⑥ 奥様(おくさま)は毎朝(まいあさ)花(はな)に水(みず)をおやりになる。 사모님은 매일 아침 꽃에 물을 주신다.

⑦ 論(ろん)より証拠(しょうこ)と申(もう)します。말보다 증거입니다.

⑧ さめないうちにいただきましょう。식기 전에 먹읍시다.

⑨ ご一緒(いっしょ)にコーヒーでもいただきましょう。같이 커피라도 마십시다.

⑩ 郵便(ゆうびん)がまいりました。우편이 왔습니다.

⑪ 孫(まご)がおります。손자가 있습니다.

⑫ あそこに犬(いぬ)がおります。저쪽에 개가 있습니다.

⑬ 波(なみ)の音(おと)がいたします。파도 소리가 납니다.

⑭ ます형의 어간이 1음절인 동사

아래 표의 동사들처럼 ます형의 어간이 1음절인 동사는 경어 표현 시, 「お/ご~する」, 「お/ご~になる」 형태를 사용하지 않고, 특별한 형태를 사용한다.

見(み)る 보다 →	お見(み)する(×)	拝見(はいけん)する(○) 삼가보다
居(い)る 있다 →	お居(い)になる(×)	いらっしゃる・おいでになる(○) 계시다
来(く)る 오다 →	お来(き)になる(×)	いらっしゃる・おいでになる(○) 오시다
寝(ね)る 자다 →	お寝(ね)になる(×)	お休(やす)みになる(○) 주무시다
着(き)る 입다 →	お着(き)になる(×)	お召(め)しになる(○) 입으시다
する 하다 →	おしになる(×)	なさる(○) 하시다
似(に)る 닮다 →	お似(に)になる(×)	似(に)ていらっしゃる(○) 닮으시다

Memo

다시 보기

잘 외워지지 않는 단어들은 그날그날 이곳에 정리하여 효율적으로 복습하고 시험장에서 최종 점검용으로 활용합니다.

다시 보기

공부한 날짜 :　　　월　　　일

단어	읽기	뜻	페이지
			p.
			p.
			p.
			p.
			p.
			p.
			p.
			p.
			p.
			p.
			p.
			p.
			p.
			p.

공부한 날짜 :　　　월　　　일

단어	읽기	뜻	페이지
			p.
			p.
			p.
			p.
			p.
			p.
			p.
			p.
			p.
			p.
			p.
			p.
			p.
			p.

다시 보기

공부한 날짜 :　　월　　일

단어	읽기	뜻	페이지
			p.
			p.
			p.
			p.
			p.
			p.
			p.
			p.
			p.
			p.
			p.
			p.
			p.
			p.

공부한 날짜 : 월 일

단어	읽기	뜻	페이지
			p.
			p.
			p.
			p.
			p.
			p.
			p.
			p.
			p.
			p.
			p.
			p.
			p.
			p.

다시 보기

공부한 날짜 : 월 일

단어	읽기	뜻	페이지
			p.
			p.
			p.
			p.
			p.
			p.
			p.
			p.
			p.
			p.
			p.
			p.
			p.
			p.

공부한 날짜 : 월 일

단어	읽기	뜻	페이지
			p.
			p.
			p.
			p.
			p.
			p.
			p.
			p.
			p.
			p.
			p.
			p.
			p.
			p.

다시 보기

공부한 날짜 : 월 일

단어	읽기	뜻	페이지
			p.
			p.
			p.
			p.
			p.
			p.
			p.
			p.
			p.
			p.
			p.
			p.
			p.
			p.

공부한 날짜 : 월 일

단어	읽기	뜻	페이지
			p.
			p.
			p.
			p.
			p.
			p.
			p.
			p.
			p.
			p.
			p.
			p.
			p.
			p.

다시 보기

공부한 날짜 :　　월　　일

단어	읽기	뜻	페이지
			p.
			p.
			p.
			p.
			p.
			p.
			p.
			p.
			p.
			p.
			p.
			p.
			p.
			p.

공부한 날짜 : 월 일

단어	읽기	뜻	페이지
			p.
			p.
			p.
			p.
			p.
			p.
			p.
			p.
			p.
			p.
			p.
			p.
			p.
			p.

다시 보기

공부한 날짜 : 월 일

단어	읽기	뜻	페이지
			p.
			p.
			p.
			p.
			p.
			p.
			p.
			p.
			p.
			p.
			p.
			p.
			p.
			p.

공부한 날짜 : 월 일

단어	읽기	뜻	페이지
			p.
			p.
			p.
			p.
			p.
			p.
			p.
			p.
			p.
			p.
			p.
			p.
			p.
			p.

Memo